本书是沈阳师范大学创新管理系列丛书之一，受以下研究项目资助：

1. 2015 年沈阳师范大学学术文库专著资助出版项目；

2. 2015 年度沈阳师范大学重大孵化项目；

3. 沈阳市科技计划项目"'活力沈阳'建设中沈阳企业创新活力水平测度及政府的推进策略研究"（项目编号：F12－276－5－25）；

4. 2015 年辽宁省社科联高校合作课题"辽宁工业旅游产业发展研究"（项目号：lslgslhl－126）。

企业创新活力研究
基于沈阳的实证分析

隋鑫 著

中国社会科学出版社

图书在版编目(CIP)数据

企业创新活力研究：基于沈阳的实证分析/隋鑫著 .—北京：中国社会科学出版社，2016.10

ISBN 978 – 7 – 5161 – 9277 – 1

Ⅰ.①企… Ⅱ.①隋… Ⅲ.①企业创新—研究—沈阳 Ⅳ.①F279.273.11

中国版本图书馆 CIP 数据核字(2016)第 270861 号

出 版 人	赵剑英
责任编辑	姜阿平
特约编辑	苏 南
责任校对	邓晓春
责任印制	张雪娇

出　　版	中国社会科学出版社
社　　址	北京鼓楼西大街甲 158 号
邮　　编	100720
网　　址	http://www.csspw.cn
发 行 部	010 – 84083685
门 市 部	010 – 84029450
经　　销	新华书店及其他书店
印　　刷	北京君升印刷有限公司
装　　订	廊坊市广阳区广增装订厂
版　　次	2016 年 10 月第 1 版
印　　次	2016 年 10 月第 1 次印刷
开　　本	710×1000　1/16
印　　张	20.5
字　　数	347 千字
定　　价	76.00 元

凡购买中国社会科学出版社图书，如有质量问题请与本社营销中心联系调换
电话：010 – 84083683
版权所有　侵权必究

目 录

前 言 …………………………………………………………………… (1)

第一章 导论 …………………………………………………………… (1)
  第一节 研究的背景和依据 ………………………………………… (1)
  第二节 研究意义 …………………………………………………… (2)
  第三节 国内外研究现状综述 ……………………………………… (3)
    一 创新理论国内外研究综述 …………………………………… (3)
    二 企业活力研究历史及现状 …………………………………… (5)
    三 企业创新活力研究现状及评价 ……………………………… (7)
  第四节 研究的思路及方法 ………………………………………… (8)
    一 研究的逻辑思路 ……………………………………………… (8)
    二 研究的技术方法与手段 ……………………………………… (9)
  第五节 研究的主要内容及创新之处 ……………………………… (10)
    一 具体研究内容和重点解决的关键问题 ……………………… (10)
    二 研究的创新之处 ……………………………………………… (11)

第一编 创新活力相关理论研究

第二章 创新活力的内涵及其相关理论基础 ………………………… (15)
  第一节 创新活力及其研究现状 …………………………………… (15)
    一 "活力"的内涵与"活力论"思想 ………………………… (15)
    二 企业活力及其相关研究 ……………………………………… (16)
    三 企业创新活力研究 …………………………………………… (19)
  第二节 创新活力相关理论基础 …………………………………… (20)

一　创新基本理论 …………………………………………… (20)
　　二　国家创新体系 …………………………………………… (25)
　　三　区域创新体系 …………………………………………… (26)
　　四　创新型城市 ……………………………………………… (32)
　　五　自主创新 ………………………………………………… (34)
　　六　企业自主创新体系与能力 ……………………………… (44)

第二编　我国企业创新活力现状
——基于沈阳的实证分析

第三章　沈阳城市创新活力基础及环境分析 ………………… (55)
　第一节　沈阳城市创新发展的基础条件 …………………… (55)
　　一　沈阳城市创新发展的经济基础 ………………………… (55)
　　二　沈阳城市创新发展的资源基础 ………………………… (59)
　　三　沈阳城市创新发展的体制环境基础 …………………… (61)
　　四　沈阳城市创新发展的区位条件优势 …………………… (63)
　第二节　沈阳创新型城市建设基本状况 …………………… (64)
　　一　沈阳创新型城市建设"十一五"规划 ………………… (64)
　　二　沈阳创新型城市建设"十二五"规划 ………………… (67)
第四章　沈阳企业创新活力现状的实地调研分析 …………… (71)
　第一节　研究目的及手段 …………………………………… (71)
　　一　调查的目的 ……………………………………………… (71)
　　二　调查的方法和手段 ……………………………………… (71)
　　三　调查问卷设计 …………………………………………… (72)
　　四　调查对象 ………………………………………………… (72)
　第二节　调查统计描述 ……………………………………… (72)
　　一　沈阳企业创新活力现状调查 …………………………… (73)
　　二　企业管理者和员工的创新意识及对当前创新环境的
　　　　态度 ……………………………………………………… (82)
　第三节　调研结论和启示 …………………………………… (89)
第五章　基于DEA的沈阳企业创新活力水平测度与评价 …… (92)
　第一节　数据包络分析（DEA）技术简介 ………………… (92)

一　数据包络技术及其特点 …………………………………… (92)
　　二　DEA 的基本模型 …………………………………………… (93)
第二节　基于 DEA 的沈阳企业创新活力水平测度与评价 …………… (97)
　　一　沈阳企业创新活力水平测度评价体系的构建 ……………… (97)
　　二　沈阳企业创新活力水平的 C^2R 模型分析 ………………… (101)
　　三　沈阳企业创新活力水平的 BC^2 模型分析 ………………… (104)
第三节　沈阳企业创新活力水平的评价分析结果 …………………… (107)
　　一　沈阳企业创新活力的综合效率处于中上水平 …………… (107)
　　二　沈阳企业创新的科技人员和项目投入过多，效率偏低 …… (107)
　　三　沈阳企业创新活力的综合水平受其规模效率所牵制 …… (108)
　　四　沈阳企业创新投入与产出当前属于规模报酬递增阶段 …… (108)

第六章　沈阳制造业各行业创新活力水平测度与评价 ……………… (109)
　第一节　沈阳制造业各行业创新活力评价体系构建 ……………… (109)
　　一　创新活力水平测度的目的 ………………………………… (109)
　　二　决策单元（DMU）的选取 ………………………………… (110)
　　三　投入/产出指标体系的构建 ………………………………… (110)
　　四　数据的收集和整理 ………………………………………… (112)
　　五　DEA 模型的选择和运算 …………………………………… (113)
　第二节　沈阳制造业各行业创新活力水平的 C^2R 模型分析 ……… (114)
　　一　制造业各行业创新活力的综合效率分析 ………………… (114)
　　二　规模报酬不变条件下沈阳制造业典型行业创新活力
　　　　具体分析 ……………………………………………………… (116)
　第三节　沈阳制造业各行业创新活力水平的 BC^2 模型分析 ……… (130)
　　一　制造业各行业创新活力水平的综合分析 ………………… (130)
　　二　规模报酬可变条件下沈阳制造业典型行业创新活力
　　　　具体分析 ……………………………………………………… (132)
　第四节　沈阳制造业各行业创新活力水平的评价分析结果 ……… (138)
　　一　沈阳制造业创新活力水平的平均综合效率值为 0.857 … (139)
　　二　沈阳制造业创新投入与产出的纯技术效率为 0.978 …… (139)
　　三　沈阳制造业典型行业规模以上企业创新活力分析及
　　　　发展对策 ……………………………………………………… (140)

第七章　当前沈阳企业创新活力提升中存在的问题分析 …………（142）
第一节　沈阳企业创新活力的综合水平不高 ………………（142）
　　一　沈阳企业创新活力的综合效率仍处于中等水平 ………（142）
　　二　沈阳企业创新的科技人员和项目投入过多，效率偏低 …（142）
　　三　沈阳制造业创新活力仍有提高的空间 …………………（143）
第二节　沈阳企业创新活力的投入规模不足 ………………（143）
　　一　沈阳企业创新活力的综合效率受其规模效率所牵制 ……（143）
　　二　沈阳企业创新投入与产出当前属于规模报酬递增阶段 …（143）
　　三　企业创新投入水平不高 …………………………………（144）
第三节　沈阳制造业企业创新活力发展不均衡 ……………（144）
第四节　沈阳企业创新的整体意识不强 ……………………（145）
第五节　沈阳企业的原始创新能力不足 ……………………（146）
第六节　沈阳企业的创新活力体系不健全 …………………（146）
　　一　创新型人才短缺 …………………………………………（147）
　　二　高校知识创新体系与企业技术创新体系衔接不够 ………（147）
　　三　企业技术创新方式单一 …………………………………（148）
　　四　企业创新的管理体系和管理能力有待完善 ……………（148）
　　五　缺乏有效的技术创新中介服务体系 ……………………（149）
第七节　企业创新活力的激励机制不完善 …………………（149）
第八节　创新活力环境有待进一步改善 ……………………（150）

第八章　沈阳高新技术产业及高新技术产品创新活力现状分析 …（151）
第一节　我国高技术产业发展活力分析 ……………………（151）
　　一　高技术产业总体保持平稳较快增长，电子及通信设备制造
　　　　业最具规模，医疗设备及仪器仪表制造业增长最快 ……（151）
　　二　与发达国家相比我国高技术产业的总体技术水平相对
　　　　较低 ………………………………………………………（153）
　　三　航空航天器制造业是我国唯一的真正高技术产业 ………（153）
　　四　劳动生产率国际差距较大，产业区域发展不均衡 ………（155）
　　五　高技术产品进出口以加工贸易为主，技术依赖和外资
　　　　依赖严重 …………………………………………………（157）
　　六　我国"高新技术"产业发展迅猛，企业经营活力明显
　　　　增强 ………………………………………………………（160）

第二节 沈阳"高技术"产业发展活力分析 …………………… (161)
  一 产业基础雄厚、省内优势明显，但绩效产出并不突出 … (161)
  二 沈阳高新技术产品生产仍以传统产业为主 ……………… (162)
  三 高技术产业各行业绩效产出差异明显 …………………… (166)
  四 交通运输及装备制造业是沈阳的相对高技术产业 ……… (172)
第三节 沈阳"高新技术"产业发展活力分析 …………………… (175)
  一 "高新技术改造传统产业"仍是沈阳高新技术企业的
    主体 ………………………………………………………… (175)
  二 沈阳高新技术产业产值集中趋势明显 …………………… (176)
  三 汽车及相关配套企业是沈阳高新技术产业的重要支柱 … (178)
第四节 沈阳高新技术产品创新发展活力及问题 ………………… (180)
  一 沈阳市高新技术产品创新活力现状分析 ………………… (180)
  二 沈阳高新技术产品创新发展中存在的问题及其原因 …… (191)
  三 沈阳重点高新技术企业和高新技术产品创新活力分析 … (192)

第三编 活力提升影响因素及其作用机理

第九章 企业创新活力提升的影响因素构成及其作用机理 ……… (203)
第一节 企业创新活力提升的内部影响因素及其作用机理 …… (203)
  一 企业可持续竞争优势的来源 ……………………………… (204)
  二 企业创新活力提升的影响要素分析 ……………………… (206)
  三 企业创新活力提升的内部影响要素互动模型 …………… (210)
第二节 企业创新活力提升的外部影响因素及其作用机理 …… (211)
  一 国家创新系统 ……………………………………………… (212)
  二 政府的创新激励政策 ……………………………………… (213)
  三 法制环境 …………………………………………………… (216)
  四 市场结构 …………………………………………………… (217)
  五 技术市场和人才市场 ……………………………………… (217)
  六 企业规模 …………………………………………………… (218)
  七 产权制度 …………………………………………………… (219)
  八 产业开放程度 ……………………………………………… (220)
  九 技术发展阶段 ……………………………………………… (220)

第十章　企业创新活力提升的自我实现机理
——创新导向管理实践 …………………………… (222)
 第一节　提高人力资本存量和开发水平 ………………… (223)
 第二节　加强创新导向的激励管理 ……………………… (224)
 第三节　科学构建知识创造的培养基 …………………… (225)
 第四节　实现创新导向的制度结构安排 ………………… (225)

第四编　政府创新活力建设的国际比较

第十一章　政府提升企业创新活力政策的国际比较分析 ……… (229)
 第一节　政府促进创新活力提升的理论及现实意义 …… (229)
  一　政府介入企业创新的内在机理 ……………………… (229)
  二　政府促进企业创新的现实意义 ……………………… (230)
 第二节　政府提升企业创新活力政策的国际比较分析 … (230)
  一　法律法规政策的比较 ………………………………… (231)
  二　财政投入与金融政策的比较 ………………………… (231)
  三　税收政策的比较 ……………………………………… (232)
  四　政府采购政策比较 …………………………………… (233)
  五　产学研机制比较 ……………………………………… (234)
  六　科技人才政策比较 …………………………………… (235)
 第三节　各国政府创新活力提升政策对我国的启示 …… (235)
  一　政策法律法规建议 …………………………………… (236)
  二　财政投入政策体系建议 ……………………………… (236)
  三　税收优惠政策体系建议 ……………………………… (237)
  四　产学研政策建议 ……………………………………… (237)
  五　培养创新人才建议 …………………………………… (238)

第十二章　政府在创新活力体系建设中职能性作用的比较研究 … (239)
 第一节　美国政府在创新活力体系中的"软环境支持"战略 … (239)
  一　为市场主体提供创新的法律、政策环境 …………… (240)
  二　大力资助基础科学研究 ……………………………… (240)
  三　支持大学等科研机构的技术转让 …………………… (240)

四　制定有效的激励机制 ………………………………………（241）
　第二节　日本政府在创新活力体系中的"强干预"战略 ………（242）
　　一　对关键产业重点干涉 ………………………………………（242）
　　二　政府对创新体系提供正确的战略导向和法律保障 ………（242）
　　三　政府对科技创新进行强大的资金投入 ……………………（243）
　第三节　韩国政府的创新活力扶持战略 …………………………（243）
　　一　法律提供保证 ………………………………………………（243）
　　二　政策上给予导向和支持 ……………………………………（243）
　　三　进行大规模研发投入 ………………………………………（244）
　　四　注重培养高层次人才 ………………………………………（244）
　第四节　我国政府在创新活力体系建设中的职能作用探析 ……（244）
　　一　加强宏观规划指导，制定科学的创新发展战略 …………（244）
　　二　塑造良好的政策法律环境 …………………………………（245）
　　三　加强对基础性研究的财政投入 ……………………………（245）
　　四　促进创新体系中主体的沟通和协调 ………………………（245）
　　五　促进知识产权意识，维护市场秩序 ………………………（246）
　　六　积极营造培养科技人才的良好环境 ………………………（246）

第五编　企业创新活力体系构建

第十三章　沈阳企业创新活力体系构建策略 ……………………（249）
　第一节　沈阳企业创新活力体系建设指导思想、基本原则和
　　　　　战略目标 …………………………………………………（249）
　　一　指导思想 ……………………………………………………（249）
　　二　基本思路 ……………………………………………………（250）
　　三　基本原则 ……………………………………………………（250）
　　四　战略目标 ……………………………………………………（251）
　第二节　沈阳企业创新活力体系的构建 …………………………（252）
　第三节　企业内部全面创新管理体系（TIMS）构建 …………（253）
　　一　精神和文化创新系统 ………………………………………（254）
　　二　战略和组织创新系统 ………………………………………（256）
　　三　管理和制度创新系统 ………………………………………（261）

四　全面市场创新系统 …………………………………………（266）
　　五　产品和工艺的协同创新系统 ………………………………（266）
第四节　企业外部创新协作网络（ICN）构建……………………（268）
　　一　知识创造系统 ………………………………………………（268）
　　二　技术协作系统 ………………………………………………（270）
　　三　创新服务系统 ………………………………………………（272）
　　四　多元化投融资系统 …………………………………………（274）
　　五　宏观调控系统 ………………………………………………（277）
　　六　人才支持系统 ………………………………………………（278）
第五节　沈阳企业创新发展的重点领域和优先主题 ………………（280）
　　一　先进装备制造业 ……………………………………………（280）
　　二　信息产业 ……………………………………………………（281）
　　三　生物医药产业 ………………………………………………（282）
　　四　航空产业 ……………………………………………………（282）
　　五　新材料产业 …………………………………………………（283）
　　六　新能源产业 …………………………………………………（283）
　　七　节能环保产业 ………………………………………………（283）

第六编　提升企业创新活力水平的宏观管理策略

第十四章　政府推动企业创新活力提升的政策组合措施 ………（287）
第一节　财税政策 ……………………………………………………（287）
　　一　调整、改革财政投入和补贴政策 …………………………（288）
　　二　调整和改革税收优惠政策 …………………………………（289）
第二节　金融政策 ……………………………………………………（290）
　　一　设立专门以创新型企业为主要服务对象的金融机构 ……（291）
　　二　建立创新型企业贷款担保机构 ……………………………（291）
　　三　发展适应创新型企业需求的风险投资体制 ………………（292）
　　四　积极开拓创新型企业直接融资渠道 ………………………（292）
第三节　贸易政策 ……………………………………………………（293）
　　一　调整和完善促进创新型技术产品出口政策 ………………（294）
　　二　积极采取措施应对技术壁垒 ………………………………（295）

三　鼓励企业引进创新 …………………………………………（295）
第四节　政府采购政策 ……………………………………………（295）
　　一　建立和完善沈阳市的政府采购制度 ……………………（296）
　　二　在政府采购中重点保护沈阳的创新型企业 ……………（296）
第五节　人才政策 …………………………………………………（297）
　　一　改革分配制度，建立健全激励机制 ……………………（297）
　　二　建立有利于创新型人才引进的优惠政策 ………………（297）
　　三　实施创新型人才保护措施 ………………………………（298）

参考文献 …………………………………………………………（299）

后　记 ……………………………………………………………（314）

前　言

　　活力在生物化学中又称酶活性，是指酶催化一定化学反应的能力。企业活力，是企业内在具有的维持其生存发展的机能及其有效影响环境、与环境保持动态均衡性相互提升关系的机能。国内学者对企业活力的研究始于1984年，党的十二届三中全会通过的《中共中央关于经济体制改革的决定》中明确指出："增强企业的活力，特别是增强全民所有制的大、中型企业的活力，是以城市为重点的整个经济体制改革的中心环节。"以此为契机，国内学者开始了对企业活力的探索和研究。李维安在《现代企业活力理论与评价》（2002）一书中曾指出，"正是基于企业活力日益突出的重要性，有关企业活力的理论研究和管理实践活动越来越引起人们的关注。"目前，企业活力理论已成为美国、日本、韩国等发达国家管理学术界研究的前沿性课题。企业创新活力的研究始于对企业活力的研究，企业的创新活力是企业在进行业务经营活动的总过程中表现出来的驾驭市场、接受挑战、实现经营目标的一种应变力和创造力。企业的创新活力是一种综合能力，它包含市场应变力、科技创新力、管理凝聚力、文化培育力等多个方面。

　　随着中国工业化进程的不断深化，以技术创新为核心的技术进步在经济增长中的作用越来越大，技术创新对产业发展的关键性作用日益突出，党的十六届五中全会就明确提出，要把"增强自主技术创新能力作为科学技术发展的战略基点和调整产业结构、转变增长方式的中心环节"。伴随全球经济一体化和中国市场全面的对外开放，中国工业以至中国经济未来的发展将越来越依赖于技术创新，以技术创新推动工业进步和产业升级，将成为中国工业发展的基本主题。

　　本书以沈阳市的典型企业，特别是制造业企业为研究对象，力图找到一条提升我国企业创新活力的科学发展道路。当前，我国东北老工业基地正处于经济结构转型及产业升级调整的重要历史阶段。国家东北振兴的伟大战略能否实现，关键在于原有的经济体系及结构能否实现有效的创新发展。沈阳市作为东北老工业基地振兴的主力军，要实现经济的振兴就必须走自主创新的跨跃式发展道路。而这其中，沈阳经济能否实现跨越式的创新发展关键在于沈阳企业的创新活力水平能否得到有效提升。因此，激发和提升企业的创新活力水平是当前我国，特别是沈阳企业面临的重要的挑战。

在我国当前的市场经济环境中，任何企业要获得生存和发展就必须具有自己独特的竞争优势，而获得竞争优势的关键就是创新能力和水平，在当前国家振兴东北的大好形势下，东北老工业基地企业，特别是沈阳的企业更应通过提升创新活力水平来构建自己独特的竞争优势，从而实现地区产业的再次辉煌。因此，无论对于沈阳市政府还是沈阳企业的管理者来说，如何提升企业自身的创新活力水平都是现实的当务之急。

综上所述，在构建区域经济的创新体系过程中，微观经济主体－企业的创新活力对于整个区域经济的创新发展能否成功起着举足轻重的作用。特别是企业创新活力体系的构建和开发，对于保持企业核心竞争能力，构建企业长期竞争优势更是必不可少。因此，提升企业创新活力水平的研究对沈阳区域经济的持续快速发展以及东北经济的再次振兴有着极其重大的理论和现实意义。本书的研究对于规范企业创新活力管理，科学、系统地控制和规避企业创新过程中的风险，降低企业创新活动的盲目性，以及提升地区的综合经济实力等都具有重大的经济及社会效益。

本书旨在围绕我国企业的创新活力水平提升问题，探索提升企业创新活力的有效路径，拓展我国的企业创新行为理论研究。因此本书的研究可以为我国的创新型企业，特别是高技术企业及装备制造业企业提供提升其创新活力水平的重要理论基础及实践指导；并为政府制定相应的促进企业创新发展战略提供宝贵建议。此外还能为研究企业创新活力的国内外学者们提供学术参考。

本书的研究成果也是本人所主持的辽宁省社科联项目《提升辽宁装备制造业自主创新能力的对策研究》（项目号：2010lslktjjx－105）；《辽宁企业开放式技术创新模式研究》（项目号：2012lslktglx－08）；辽宁省社科规划基金项目《辽宁企业自主创新体系建设与政府的创新激励体制研究》（合同号：L09DJL048），以及沈阳市科技计划项目《"活力沈阳"建设中沈阳企业创新活力水平测度及政府的推进策略研究》（项目编号：F12-276-5-25）的重要研究内容。

由于本人学术水平有限，本书纰漏之处在所难免，恳请专家学者、企业界人士和广大读者批评指正，并欢迎随时与本人联系（E-Mail：suixin7761@sohu.com）。

隋鑫

2015年6月于沈阳

第一章　导论

第一节　研究的背景和依据

2011年7月，中共沈阳市第十二次党代会报告中，明确提出了未来五年实现老工业基地全面振兴的任务，即加快"五个沈阳"建设，其中"活力沈阳"旨在大力推进自主创新，切实激发经济社会发展的内在活力。而企业的创新活力正是经济社会发展内在活力的基础。

创新是一个国家或地区经济、社会发展的原动力，更是增强企业竞争能力的根本途径（D'Aveni, 1994; Hitt, Hoskisson & Kim, 1997）。企业的知识创造能够不断地为企业创造新的知识资源，并形成持续不断的新的竞争优势，企业内这种知识的创新和所具有的路径依赖，使得其他企业难以模仿这种资源（Grant, 1996）。随着环境的变化速度越来越快，企业的知识创造已被视为所有企业所必备的能力（Garvin, 1993）。因此说企业的创新活力是企业可持续竞争优势的源泉。

当前，我国东北老工业基地正处于经济结构转型及产业升级调整的重要历史阶段。国家东北振兴的伟大战略能否实现，关键在于原有的经济体系及结构能否实现有效的创新发展。沈阳市作为东北老工业基地振兴的主力军，目前正在全面推进"国家创新型城市"和"国家新型工业化综合配套改革试验区"建设，而这其中作为最基本创新主体企业的创新活力能否有效激发是决定沈阳创新型城市建设和新型工业化综合配套改革建设成败的关键。因此推进沈阳企业创新活力建设是当前沈阳市政府完成老工业基地转型升级和创新型城市建设等其他各项工作的前提和基础。

在我国当前的市场经济环境中，任何企业要获得生存和发展就必须具有自己独特的竞争优势，而获得竞争优势的关键就是创新，创新活力水平正是衡量企业创新能力的关键指标。在当前沈阳积极推进创新型城市建设和新型工业化综合配套改革的大好形势下，东北老工业基地的企业，特别是沈阳的大中型工业企业更应通过有效激发自身的创新活力水平来不断地提升自己的核心竞争能力，构建自己独特的竞争优势，从而实现地区产业的再次辉煌。

因此，无论对于沈阳市政府还是沈阳企业的管理者来说，如何提升企业的创新活力水平是当务之急。

综上所述，在沈阳积极推进创新型城市建设和新型工业化综合配套改革的过程中，微观经济主体——企业的创新活力对于整个沈阳经济的创新发展能否成功起着举足轻重的作用。特别是对于沈阳企业来说，有效激发自身的创新活力对于保持企业核心竞争能力、构建企业长期竞争优势更是必不可少。因此，有效地测度和评价沈阳企业的创新活力水平，构建沈阳企业的创新活力激发机制和政府的创新活力推进政策研究对于加快沈阳经济的持续快速发展、建立创新型城市、完善新型工业化综合配套改革，以及东北经济的再次振兴都有着极其重大的理论和现实意义。

第二节　研究意义

随着中国工业化进程的不断深化，以技术创新为核心的技术进步在经济增长中的作用越来越大，技术创新对产业发展的关键性作用日益突出，党的十六届五中全会就明确提出，要把"增强自主技术创新能力作为科学技术发展的战略基点和调整产业结构、转变增长方式的中心环节"。伴随全球经济一体化和中国市场全面的对外开放，中国工业以至中国经济未来的发展将越来越依赖于技术创新，以技术创新推动工业进步和产业升级，将成为中国工业发展的基本主题。

要实现创新驱动式跨越发展，就必须有效激发创新主体——企业的创新活力。然而，当前困扰我国，特别是沈阳企业创新活力的关键问题在于，对企业创新活力的理论缺乏深入认识，对于如何进行企业创新活力管理和控制缺少有效的理论和实践经验。因此，当前急需正确的企业创新活力管理和控制的理论和方法来指引沈阳企业，特别是装备制造企业的创新活力管理实践。

因此从这个意义上说，本书的研究对于规范我国企业创新活力管理，科学、系统地控制和规避企业创新过程中的风险，降低企业创新活动的盲目性，以及提升区域的综合经济实力等都具有重大的经济及社会效益。

此外，本书的研究还具有重大的政策效益。企业的创新行为也是一国经济增长与发展之本。企业创新活力问题的研究，对中央和地方政府在进行固定资本投资，引导企业开展创新活动，以及制定相关的政策法规等都具有重大的现实指导意义。

本书旨在围绕我国企业的创新活力提升问题，探索提升我国企业创新活力的有效路径，拓展我国的企业创新行为理论研究。因此本书的研究可以为我国的创新型企业，特别是高技术企业及装备制造业企业提供重要的提升其创新活力的理论基础及实践指导；并为政府制定相应的促进科技创新发展的战略提供宝贵建议。此外研究成果还能为研究企业创新的国内外学者们提供学术参考。

第三节　国内外研究现状综述

一　创新理论国内外研究综述

关于创新理论的研究可追溯到20世纪初，创新理论最早是由美籍奥地利经济学家约瑟夫·熊彼特在1912年德文版《经济发展理论》一书中首次提出的。熊彼特认为，所谓创新就是建立一种新的生产函数，也就是说，把一种从来没有过的关于生产要素和生产条件的"新组合"引入生产体系。这种新组合包括以下内容：（1）引入一种新的产品或者赋予产品一种新的特性。（2）引入新技术，即新的生产方法。（3）开辟新的市场。（4）开拓并利用原材料新的供应来源。（5）实现工业的新组织。后来熊彼特的"创新"理论被他的追随者发展成为当代西方众多经济学理论的两个分支——以技术变革和技术推广为对象的"技术创新"经济学和以制度变革和制度形成为对象的"制度创新"经济学。其中对于企业技术创新的认识比较有代表性的学者及其观点如下：

罗伯特·索罗（Robert Solow，1951）首次提出技术创新成立的两个条件：即新思想来源和以后阶段的实现发展的两步论，是技术创新概念界定研究上的一个里程碑。林恩（G. Lynn，1996）首次从创新时序过程来定义技术创新，认为技术创新是始于技术的商业潜力认识而终于将其完全转化为商业化产品的整个行为过程。弗里曼（C. Freeman，1973，1982）认为，技术创新是指新产品、新过程、新系统和新服务的首次商业性转化。缪尔塞（R. Mueser，1985）认为，技术创新是以其构思的新颖性和成功实现为特征的有意义的非连续事件、其突出了两方面的特殊含义：①活动的非常规性；②活动必须获得最终的成功实现。这一定义比较简练地反映了技术创新的本质和特征。

特别值得注意的是，从 20 世纪 60 年代起，管理学家们开始将创新引入管理领域。美国管理学家德鲁克（Peter F. Drucker）是较早重视创新的学者。他发展了熊彼特的创新理论，把创新定义为赋予资源以新的创造财富能力的行为。

近年来，国内许多学者对创新，特别是对企业的创新行为也进行了比较深入的研究，比较有代表性的有：傅家骥（1998）认为，创新是企业家抓住市场的潜在盈利机会，以获取商业利益为目标，重新组织生产条件和要素，建立起效能更强，效率更高和费用更低的生产经营系统，从而推出新的产品、新的生产（工艺）方法、开辟新的市场、获得新的原材料或半成品供给来源或建立企业的新组织，是包括科技、组织、商业和金融等一系列活动的综合过程。张培刚（1991）认为创新就是研究生产力的发展和变化，是新技术代替旧技术，并应用于生产，推向市场，它是一个无限循环往复而又逐步提高的过程。浙江大学的许庆瑞（1986）认为，技术创新泛指一种新思想的形成，得到利用并生产出满足市场用户需要的产品的整个过程。陈劲（2001）认为，创新是基于要素组合的市场化行为，是技术与市场的整合。

20 世纪 80 年代后，对技术创新能力的研究成为企业创新研究的一个热点问题，拉里（Larry E. West Phal，1981）从组织行为的角度，把技术创新能力看成是组织能力、适应能力、创新能力和技术与信息的获取能力的综合；Burgelman（1997）认为技术创新能力由可利用的资源、对行业竞争对手的理解、对环境的了解能力、公司的组织文化和结构、开拓性战略等方面组成。巴顿（D. L. Barton，1992）从企业技术创新行为主体出发，认为技术创新能力是由技术人员和高级技工的技能、技术系统的能力、管理能力、价值观等内容组成。

而目前关于企业创新行为的研究主要集中在以下三个方面：

一是对影响技术创新行为因素的研究，如 Mario Amendola 和 Sergio

Bruno（1990）研究了创新环境对创新企业行为的影响，Jesus Galende 和 Juan Manuel de Fuente（2003）分析了决定企业创新行为的内部因素以及如何用企业内部资源与要素来解释创新行为，Becker（2004）研究了合作研发对技术创新行为的影响等。

二是对技术创新行为结果的研究，如 Meeus 和 Oerlemans（2000）分析了企业行为与创新绩效间的相互关系，Moreno Rosina（2005）研究了创新活动"溢出"的问题，黄沛（2005）提出了技术外溢过程中创新行为模型，饶友玲（2005）提出了促进企业技术创新的政府行为选择，陈抗和郁明华（2006）发表了基于博弈论视角的企业技术创新行为研究等。

三是对技术创新合作行为的研究，如 Atallah（2004）研究了不对称知识溢出条件下的研发合作，Belderbos（2004）对研发合作战略中的差异化问题进行了研究，Bruno Roelants（2005）研究了工人与技工作为一种要素所实现的合作创新等。

二　企业活力研究历史及现状

活力在生物化学中又称酶活性，是指酶催化一定化学反应的能力。英国物理学家托马斯·杨（Thomas Young）在 1807 年指出，"活力"实际上是物质做功能的能力，并用"能"这个术语来表示这种"活力"。汉语词典中将"活力"解释为：旺盛的生命力。"活力"用英语表示为"vigor"，意为身体或精神上的力量或能量。

"活力论"的创始人是德国化学家 G. E. 斯塔尔（G. E. Georg Ernst Stahl），他主张有某种特殊的非物质的因素支配生物体的活动。20 世纪初，德国胚胎学家和哲学家杜里舒（Hans Dries-ch）提出新活力论。他把活力论定义为生命过程的自主理论，并企图依据胚胎学的成果予以证明。贝塔朗菲（Bertalanffy Ludwig Von）在创立有机系统论的过程中，批判地吸取了这些合理因素（黄天授，1999）。

国内学者对企业活力的研究始于 1984 年，党的十二届三中全会通过的《中共中央关于经济体制改革的决定》中明确指出："增强企业的活力，特别是增强全民所有制的大、中型企业的活力，是以城市为重点的整个经济体制改革的中心环节。"以此为契机，国内学者开始了对企业活力的探索和研究，如高佩义（1985）将企业活力定义为是企业的内在动力、潜在能力和外在压力这三大要素的有机结合所形成的一种生机勃勃的社会经济力量。

发展到今天,国内学术界对企业活力内涵的研究主要形成如下几种观点(朱跃,1992):其一,能力论。认为企业活力是企业特有的竞争能力、自我发展能力、对外部环境的适应能力等。其二,生命论。认为企业是一个有机的生命系统,企业活力就表现为这个系统在输入、转换、输出、反馈的全过程中的良性循环。其三,功能论。认为企业能生产满足社会需求的高数量、高质量的产品,就是具有活力。其四,状态论。认为企业活力是企业自身素质和能力与外部环境相互作用的动态平衡状态。

除上述较早的观点外,关于该问题的研究后来还呈现出如下几种进一步的认识:闻泽涛,计雷(2004)认为,企业活力是企业素质、能力及经营成果三者关系的综合反映。这种观点的合理性在于把企业活力的本质归结为企业"生存发展的能力,并进而取得经营成果的程度",但其缺陷在于未揭示这种意义上的企业活力的内在构成。刘树人等(1995)认为,企业活力是指企业作为自主经营、自负盈亏的商品生产者和经营者,通过企业自身素质与外部环境的交互作用,使企业经营者和员工的积极性、主动性及创造性得到充分发挥,在市场竞争中呈现出良性循环的自我发展状态。这种观点的合理性在于从企业内在资源之间、企业内在资源与外在环境之间的相互关系的层面来揭示企业活力,其缺陷在于仅仅着眼于竞争来理解企业活力,从而把企业活力的性质和存在形式简单化了。李维安等人(2002)认为,企业活力是指企业作为一个"生命体"在进化过程中所表现的生存力、自我发展力和再生力,它是企业"生命机能"强弱的综合体现。这种观点的合理性在于它把企业活力的本质看作企业的"生命机能"。

还有观点认为,"企业活力可以体现为企业对外部环境和内部问题灵敏而准确的反应能力、有力而正确的决策能力和果断而及时的行动能力的总体状况。"(闻泽涛,计雷,2004),这种观点的合理性在于较为准确地刻画了企业活力在认知和应激行为层面的内容,而其缺陷则在于把对企业活力的理解仅仅局限于此,忽视了企业活力其他更进一步的内涵。

综上所述,国内外学者普遍认为,追求企业活力,是企业发展的根本(Don Mark Well,1951;朱跃,1992;黄天授,1999;刘树人等,1995;闻泽涛,计雷,2004)。Don Mark Well(1981)指出,未来的管理活动是基于组织活力的管理。因为对于任何一个有机体来说，一旦失去活力，将不可能生存下去。因此，只有企业活力才可能做到企业健康生存发展。

正如李维安在《现代企业活力理论与评价》（2002）一书中指出，"正是基于企业活力日益突出的重要性，有关企业活力的理论研究和管理实践活动越来越引起人们的关注。"目前，企业活力理论已成为美国、日本、韩国等发达国家管理学术界研究的前沿性课题。

三 企业创新活力研究现状及评价

邱明锋（2008）指出，企业的创新活力是企业在进行业务经营活动的总过程中表现出来的驾驭市场、接受挑战、实现经营目标的一种应变力和创造力。企业的创新活力是一种综合能力，它包含市场应变力、科技创新力、管理凝聚力、文化培育力等方面。

企业创新活力的研究始于对企业活力的研究，其中企业创新活力测度和评价问题是当前国内学者研究的重点。在企业创新活力测度研究方面，张军（2004）对企业创新活力测评指标体系进行了深入研究；胡斌、章仁俊等（2005）运用多层次灰色评价理论构建了企业创新活力的综合评价模型；胡斌，邵汝军（2005）首先运用模糊综合评判技术构建了企业创新活力的识别模型；其后两人（邵汝军，胡斌，2008）又运用灰色模糊综合评价技术构建了基于灰色模糊理论的企业创新活力评价模型。

学者陈畴镛（2009）在《企业创新活力与路径》一书中，以企业创新动力与条件为主要对象，构建了企业创新活力测度的指标体系，并以浙江省为研究对象，对浙江企业的创新活力进行了实证测度与分析，同时还对浙江企业的创新活力与创新绩效的相关性进行了深入分析。

在企业活力的其他研究方面，刘昌明（2000）对激发企业创新活力的因素和保障条件进行了分析；曹增节（2006）对创新活力的学理环境进行了深入分析；邱明锋（2008）对企业创新活力的实现途径进行了研究。

综合来看，当前国内学者对于企业创新活力的研究仍处于起步阶段，对于企业创新活力的内涵、构成要素、影响因素，创新活力水平的测度与评价，以及如何推进企业创新活力水平的提升等重要问题的研究仍非常薄弱。但无可厚非的是,随着我国创新型国家建设的深入,对于企业创新活力的研究将是未来企业管理理论研究的重要领域。

第四节 研究的思路及方法

一 研究的逻辑思路

本书研究的一个核心是,构建有利于企业实现创新的创新活力体系设计及政府的调控管理策略措施。根据对沈阳企业创新活力现状的实地调查研究,以及对企业创新活力理论的深入挖掘和理解,我们初步认为影响企业创新活力的外部环境要素主要有如下九个,即国家创新系统、政府的创新激励政策、法制环境、市场结构、企业规模、技术市场和人才市场、产权制度、产业开放程度,以及技术发展阶段。而在企业内部,我们认为企业的人力资本存量、激励程度、有效的制度结构安排,以及良好的信息交换与整合状态是决定企业创新绩效的关键因素。

为有效提升企业的创新活力,企业应构建一套有效的创新活力体系。企业创新活力体系的构建应内外协同,即在企业内部构建全面创新管理体系(TIMS),而在企业和外部环境之间构建创新协作网络(ICN),内部创新体系和外部创新网络相互促进、互为补充,协同发展。

企业内部的全面创新管理(TIMS)体系应由5个子系统所构成,即:(1)精神和文化创新系统;(2)战略和组织创新系统;(3)管理和制度创新系统;(4)全面市场创新系统;(5)产品和工艺的协同创新系统。企业全面创新管理(TIM)体系的建设,应以构建和提高企业核心能力为中心,以价值创造和增加为目标,以战略为导向,以技术创新为核心,以组织的各种创新(战略创新、组织创新、市场创新、管理创新、文化创新、制度创新等)的有机组合与协同创新为手段,凭借有效的创新管理机制和方法,做到人人创新,事事创新,时时创新,处处创新。

企业外部创新协作网络主要包括六个要素,即:(1)知识创造系统;(2)技术协作系统;(3)创新服务系统;(4)投融资系统;(5)宏观调控系统;(6)人才支持系统。沈阳企业创新外部协作网络建设,则要结合沈阳市的创新实际,围绕提高企业创新活力,建立以企业为主体,政府、企业、中介机构、大学及科研院所等共同参与的官产学研紧密结合的创新活力体系。

从国内外情况和沈阳市老工业基地技术创新实践看,政府促进企业创新活力提升的组合政策工具主要包括:财政策政、金融政策、贸易政策、政府采购政策、人才政策等。财政政策的目标是根据公共财政的要求,支持企业共性技术、关键性技术和重大技术的研究开发,主要在研发阶段发挥作用;财政政策主要是为了引导企业立足于提高技术素质,走内涵式发展道路,它作用于企业技术创新的全过程;金融政策主要是促进企业高新技术产品产业化,同时,风险投资政策能够降低和化解企业研发和商品化过程中的风险;贸易政策是为了支持创新型企业开拓国内和国际市场,促进高新技术产品生产的规模化;政府采购政策减少了高新技术产品进入市场初期的风险,引导市场需求方向,它在技术产品进入市场初期发挥作用;人才政策从长期和根本上影响企业技术创新活动,作用于企业技术创新的全过程。

二 研究的技术方法与手段

本书采用定性与定量相结合、规范研究与实例比较相结合、动态与静态相结合等方法,尽可能弥补各种方法的劣势,同时发挥它们的优势。同时应用了经济数据统计等数学手段,对沈阳企业创新活力现状及创新投入与产出绩效进行了科学评价,并对影响企业创新活力的内、外部因素进行了系统分析,在此基础上提出了企业创新活力体系的构建策略及提升企业创新活力的宏观及微观管理策略等。

(一) 数学及系统科学分析法

1. 在对当前沈阳企业创新活力的现状研究中,运用了基本统计分析方法及统计软件(SPSS)对沈阳典型创新型企业,特别是制造业企业的创新活力现状及员工创新意识和创新态度等进行了定量统计分析。

2. 数据包络分析(DEA)技术的运用。数据包络技术是一种运用运筹学中的优化思想来处理多输入、多输出复杂系统的有效分析方法。在对沈阳企业创新活力水平测度的研究中,我们运用 DEA 分析方法,通过与国内 11 个副省级城市创新投入与产出数据的比较,对沈阳企业的创新绩效进行了全面评价。在此基础上,还对沈阳制造业各行业的创新绩效进行了全面的比较分析。

(二) 国际及区域比较分析

本书研究不仅比较了不同国家典型区域创新活力体系建设的特点,还对不同国家政府在创新激励政策等方面采取的措施进行了横向比较，并在此基础上总结出了国外创新活力建设方面的先进经验及对我国的启示。

（三）实地调研方法

在对沈阳企业创新活力管理现状的调研分析中，我们采用深度访谈和问卷询问调研相结合的调查方法，采用重点调查的方法，有选择地对沈阳企业中具有创新活动的工业企业进行了深入调研。

为深入了解沈阳企业创新活力现状及员工的创新意识等方面问题，我们于2013年3月至6月期间，走访了沈阳市的52家具有创新活动的企业，这些企业大多是制造业企业，主要涉及机械加工、工业电气、化工、医药等制造业行业，基本上代表了沈阳的制造业水平和能力，如：沈阳机床集团、沈阳黎明航空发动机（集团）有限责任公司、沈阳鼓风机集团有限公司、沈阳华晨金杯汽车有限公司等。

调查过程中通过深入访谈和问卷调查，基本摸清了沈阳企业创新活力的发展基本状况，期间共计发放了158份调研问卷，经最终整理，除去不合格问卷，有效调查问卷102份。

第五节 研究的主要内容及创新之处

一 具体研究内容和重点解决的关键问题

研究首先从我国企业创新活力现状分析入手，在对当前沈阳企业创新活力水平的现状进行科学的测度与评价的基础上，从理论上分析和评价影响沈阳企业创新活力水平提升的外部环境要素和企业内部创新机制作用机理，最终提出提升企业创新活力水平的企业层面实现途径及宏观政府层面的推进及保障措施等。本书研究的主要内容包括：

（一）对当前沈阳企业创新活力水平及创新绩效的测度分析与科学评价

研究首先通过对沈阳企业的实地调研及走访沈阳市统计局等政府部门获得沈阳企业创新活力及绩效的数据资料，在此基础上对沈阳企业当前的创新活力水平进行客观测度，并与其他国家及我国其他城市的企业进行比较分析，指出沈阳企业创新活力存在的问题。

（二）企业创新活力水平提升的影响因素及其作用机理分析

对沈阳企业创新活力水平提升的影响因素进行归纳整理和分类，最终确认对沈阳企业创新活力水平提升具有显著影响效果的影响因素,并对其作用机理进行分析。

(三) 构建企业内部创新导向的创新激活机制

通过对企业内部创新作用机理的详细分析,找到能够有效地促进企业内部创新活力提升的有效制度安排及可行的管理策略方法。

(四) 提升企业创新活力水平的微观企业层面应对策略

企业是创新活力的主体。在市场经济中,企业具有其他各类创新机构无法替代的地位和作用。只有千千万万企业的创新活力水平得到提升,才能使地区整体创新能力得到增强。本书最终提出企业提升其创新活力水平的具体管理策略措施。

(五) 研究政府在推进企业创新活力水平过程中的作用及其管理对策

在提升企业创新活力水平的过程中,政府起着关键性的引领作用,政府不但要为企业塑造一个良好的利于激发创新的环境,还要深入企业内部主动引导企业实现创新,提升其创新活力水平。

本书研究要解决的关键问题:

1. 沈阳企业创新活力水平及创新绩效的测度分析与科学评价。
2. 影响企业创新活力水平提升的内、外部因素分析。
3. 推动企业实现创新的创新激活机制设计。
4. 提升企业创新活力水平的企业层面实现途径及宏观政府层面的推进及保障政策和措施等。

二 研究的创新之处

本书以提升企业创新活力水平建设为纽带,从中外结合、学科结合、理论与实践相结合的角度,通过规范分析与案例研究等方法,不仅将前人的相关研究有机地整合起来,而且还在企业创新活力水平测度与评价、创新活力激发机制设计等方面进行大胆的探索。

研究的重要贡献之处是,综合运用各种学科理论知识,从系统的观点,运用统计分析等数学分析方法,对沈阳企业的创新活力水平进行科学的测度和评价,并构建有利于企业创新活力提升的企业内部机制设计及政府的调控管理策略措施,大大提高理论的实际应用价值。具体来说本书在以下几方面进行了创新:

(一) 科学地测度与评价沈阳企业当前的创新活力水平现状,提出影响沈阳企业创新活力水平的内外部因素及其相互作用机理。

（二）提出增强企业创新活力水平的企业内部管理体系建设策略。

（三）通过国内外比较分析，探讨政府在推进企业创新活力水平提升过程中的作用及其激励管理策略和措施。

第一编

创新活力相关理论研究

第二章 创新活力的内涵及其相关理论基础

第一节 创新活力及其研究现状

活力在生物化学中又称酶活性,是指酶催化一定化学反应的能力。汉语词典中将"活力"解释为:旺盛的生命力。"活力"用英语表示为"vigor",意为身体或精神上的力量或能量。

一 "活力"的内涵与"活力论"思想

(一)不同学科关于"活力"含义的认识

活力在生物化学中又称酶活性,是指酶催化一定化学反应的能力。英国物理学家托马斯·杨(Thomas Young)在1807年指出,"活力"实际上是物质做功能的能力,并用"能"这个术语来表示这种"活力"。显然,生物学、物理学这两个学科主要是着眼于力或能所具有的对外作用的功能、效应的角度来理解和定义活力的。

汉语词典(百度百科辞典)中将"活力"解释为:旺盛的生命力。"活力"用英语表示为"vigor",意为身体或精神上的力量或能量。目前约定俗成的"活力"涵盖了以上两种解释,包括:个体感到他们拥有的体力、情绪能量和认知灵活性三方面内容。"活力"由三个维度的能量组成,即体力、情绪能量、认知灵敏性。可见,这种解释,把"活力"看作是反映人生命力状况的具有丰富内涵的综合性概念。其核心在于认为,活力本质上是有机体内在具有的在内外因素约束下维持自身存在并有效影响环境的综合机能。在内外因素约束下能维持自身存在并能有效影响环境,即有活力;不能维持自身存在也不能有效影响环境,即没有活力。能高绩效地维持和实现自身存在发展并能高绩效地影响环境、高绩效地使环境向预期方向转化,即活力强,否则,即活力弱。

不难看出,此处关于活力的定义,有两个显著特点:其一,从外在功能和内在效应角度来定义活力,把活力理解为事物内在具有的良好的自我维持、自我支撑、自我存续发展的能力。其二,把活力看成是事物(这里主要是指人)自我存续运行的内在机能与在情感、认知层面、意志层面与外在事物相互作用,实现与外在事物协调统一的能力。显然,这种关于活力的认识,对研究企业发展问题极具有启发意义。

(二)"活力论"思想中关于"活力"的论述及其评判

"活力论"的创始人是德国化学家斯塔尔。"'活力论'主张有某种特殊的非物质的因素支配生物体的活动。活力论认为,生命物质与非生命物质之间存在着一条不可逾越的鸿沟,生命现象不能归结(还原)为基本的物理、化学现象。20世纪初,德国胚胎学家和哲学家 H. A. E. 杜里舒提出新活力论。他把活力论定义为生命过程的自主理论,并企图依据胚胎学的成果予以证明"(黄天授,1999)。活力论中的有机体的"活力"强调了有机体的自主性、目的性、整体性、组织性、协调性、有序性等生命活动特征,有一定的合理因素。贝塔朗菲在创立有机系统论的过程中,批判地吸取了这些合理因素。

历史上的活力论思想尽管是研究和探讨生命现象、生命本质问题的理论,但对企业活力问题的研究,仍具有如下启示意义:其一,把活力看作是生命体的本质和根本支撑力量,具有活力,生命体则能存在;不具有活力,生命体则不能存在。这种观点,对于理解企业活力是企业存活发展的根本支撑力量的观点,无疑具有启示意义。其二,把活力看作是一种能调节生物发育的精神实体,以保持胚胎的完整性并使机体具有自己修复和再生的能力的观点,对于理解企业活力是企业组织机体内在具有的一种自我维持、自我修复和自我再生能力,也具有积极启示意义。其三,强调活力是机体自主性、目的性、整体性、组织性、协调性、有序性等生命活动特征的基础、根据、来源和根本保障,对于理解企业活力对企业组织所具有的功能和地位,有直接的指导意义。

二 企业活力及其相关研究

当前学界关于企业活力内涵的研究,主要有如下几种观点(朱跃,1992):

其一，能力论。指企业特有的竞争能力、自我发展能力、对外部环境的适应能力等。具备这些能力的企业就具有活力。这种观点其实是对企业活力在企业能力层面的表象的描述，而不是对企业活力本质的揭示。

其二，生命论。企业是一个有机的生命系统，企业活力就表现为这个系统在输入、转换、输出、反馈的全过程中的良性循环。不难看出，这种观点实际上是用一种均衡论取向来解释和规定企业活力的本质。此外，这种观点在企业生命存在的高度来定义企业活力，把企业活力统一于企业生命存在，这是该定义的显著特性。由于没有均衡，就没有事物的稳定存在，活力与生命存在着共耦依存关系。就此而言，这种观点显然有其合理性。

其三，功能论。企业能生产满足社会需求的高数量、高质量的产品，就是具有活力。这种观点是从企业与其外部市场关系的角度来定义企业活力的，或者说主要是从企业输出的某方面的功能的角度来定义企业活力的。由于企业离不开与其外部市场的关系，必须具有对市场的某种功能，故该观点在此意义上有其合理性。然而，除此外，企业还存在着由其内部资源的相互作用所构成的内在联系。不协调好企业这种内部关系，必然会诱发企业存在的种种危机，企业活力也就无从谈起。

其四，状态论。企业活力是企业自身素质和能力与外部环境相互作用的动态平衡状态。该观点的实质，是从企业与市场、企业与社会、企业与自然环境等企业与外在约束参量相互关系的角度来理解企业活力。由于企业内在参量的约束，对企业活力的理解和认识，不能忽视企业与其内在参量之间的关系，否则，这种理解就必然是不全面的。

除上述观点外，关于企业活力问题的研究还呈现出如下几种进一步的认识。闫泽涛、计雷（2004）认为，企业活力是企业素质、能力及经营成果三者关系的综合反映，是企业在一定的社会环境下将自身的系统化为生存和发展的能力，并进而取得经营成果的程度。这种观点的合理性在于把企业活力的本质归结为企业"生存发展的能力，并进而取得经营成果的程度"，但其缺陷在于未揭示这种意义上的企业活力的内在构成。

刘树人等（1995）认为，企业活力是指企业作为自主经营、自负盈亏的商品生产者和经营者，遵循着客观经济规律的要求，在生产经营过程中，通过企业自身素质与外部环境的交互作用，使企业经营者和员工的积极性、主动性及创造性得到充分发挥，在市场竞争中呈现出良性循环的自我发展状态。这种观点的合理性在于从企业内在资源之间、企业内在资源与外在环境之间的相互关系的层面来揭示企业活力，其缺陷在于仅仅着眼于竞争来理解企业活力，从而把企业活力的性质和存在形式简单化了。

李维安等人（2002）认为，企业活力是指企业作为一个"生命体"在进化过程中所表现的生存力、自我发展力和再生力，它是企业"生命机能"强弱的综合体现。这种观点的合理性在于它把企业活力的本质看作为企业的"生命机能"，但其缺陷则主要在于：一方面，它仅从企业自身的生存、发展和再生角度来理解企业活力，而未能从企业与外在环境的相互作用，特别是企业对外在环境的影响的角度来理解企业活力；另一方面，它也未能揭示企业活力的内在构成及其存续机制，从而使得关于该问题的认识还显得模糊与抽象。

闫泽涛和计雷（2004）认为，"企业活力可以体现为企业对外部环境和内部问题灵敏而准确的反应能力、有力而正确的决策能力和果断而及时的行动能力的总体状况。"这种观点的合理性在于较为准确地刻画了企业活力在认知和应激行为层面的内容，而其缺陷则在于把对企业活力的理解仅仅局限于此，忽视了企业活力其他更进一步的内涵。

学界关于企业活力内涵的上述研究，综合起来，主要有以下几个层面的内容：首先，着眼于企业在市场和环境中的生存发展来定义企业活力内涵；其次，认为企业活力是企业运营合规律性的体现，同时也依赖于企业员工的积极性和创造性；最后，强调企业活力存在于企业与外界环境相互作用的动态平衡状态之中。学界的上述认识，揭示了企业活力内涵的一些基本内容，但对问题的上述认识分别分布在不同观点之中，并不具有系统性。因此，有待于进一步的认识。

企业作为一个开放的系统，既存在着企业内部元素之间、子系统之间、层次之间的相互作用，包括吸引与排斥、合作与竞争等（苗东升，1998），也存在着企业与环境之间的相互作用。企业系统的演化，存在于其内在相互作用和其与环境的相互作用之中。而依据活力的概念，活力是指生命体所具有的维持自身存在并有效影响环境的内在机能。对企业而言，其活力的含义问题，也就是根据其自身存续发展的机能及其有效影响环境、与环境保持相互提升性动态平衡互动的机能来理解。企业活力所必需的上述的两种机能，既相互关联又相互制约，是一个内在统一的整体过程。

一方面，企业的发展，必须通过与环境互动来实现。企业的一切构成要素都源自与环境的交换，从其投入要素的资本、人力资源、机器设备、原材料、生产技术等，到企业的产品输出，没有这种互动及其相互提升，企业就不能满足环境的需要，环境就可能变成企业存续的障碍和阻力，企业就不可能获得竞争的优势，企业活力程度必然降低。同样，企业对环境发展进步的影响与提升作用，也必须通过企业自身的健康生存发展来实现和进行。没有企业的发展，企业就不可能有效地影响、改变环境。当企业失去对环境的有效影响、没有企业与环境相互提升的动态平衡关系，企业也就无活力可言。企业活力的产生，离不开企业与环境的相互提升的动态平衡的互动关系。

另一方面，企业影响环境的最基本的方式，是通过商品的生产和供给来影响消费市场和社会。其一，通过商品的生产和供给，有效地满足消费市场和社会的需求，从而获得社会环境的支持；其二，通过高质量商品的生产和供给，提升市场和社会消费文明的水平和品质（企业对环境的这种影响，是其他任何别的社会组织所无法替代的）；其三，通过各层面的创新，追求低资源消耗性能的可持续的生产方式；其四，在市场和社会中塑造为业界和社会普遍接受的新的具有生命力的生产经营的方式、规范与标准，优化和提升业界与市场秩序和行为方式，为企业的健康发展营造有力的环境支持。

基于上述分析，参考学界关于活力以及企业活力内涵的上述研究成果，可以对企业活力内涵作如下界定：企业活力，是企业内在具有的维持其生存发展的机能及其有效影响环境、与环境保持动态均衡性相互提升关系的机能。

三　企业创新活力研究

邱明锋（2008）指出，企业的创新活力是企业在进行业务经营活动的总过程中表现出来的驾驭市场、接受挑战、实现经营目标的一种应变力和创造力。企业的创新活力是一种综合能力，它包含市场应变力、科技创新力、管理凝聚力、文化培育力等方面。

企业创新活力的研究始于对企业活力的研究，其中企业创新活力测度和评价问题是当前国内学者研究的重点。在企业创新活力测度研究方面，张军（2004）对企业创新活力测评指标体系进行了深入研究；胡斌、章仁俊等（2005）运用多层次灰色评价理论构建了企业创新活力的综合评价模型；胡斌，邵汝军（2005）首先运用模糊综合评判技术构建了企业创新活力的识别模型；其后两人（邵汝军，胡斌，2008）又运用灰色模糊综合评价技术构建了基于灰色模糊理论的企业创新活力评价模型。

学者陈畴镛（2009）在《企业创新活力与路径》一书中，以企业创新动力与条件为主要对象，构建了企业创新活力测度的指标体系，并以浙江省为研究对象，对浙江企业的创新活力进行了实证测度与分析，同时还对浙江企业的创新活力与创新绩效的相关性进行了深入分析。

在企业活力的其他研究方面，刘昌明（2000）对激发企业创新活力的因素和保障条件进行了分析；曹增节（2006）对创新活力的学理环境进行了深入分析；邱明锋（2008）对企业创新活力的实现途径进行了研究。

综合来看，当前国内学者对于企业创新活力的研究仍处于起步阶段，对于企业创新活力的内涵、构成要素、影响因素，创新活力水平的测度与评价，以及如何推进企业创新活力水平的提升等重要问题的研究仍非常薄弱。但无可厚非的是，随着我国创新型国家建设的深入，对于企业创新活力的研究将是未来企业管理理论研究的重要领域。

第二节 创新活力相关理论基础

一 创新基本理论

（一）创新理论的提出

关于创新理论的研究可追溯到20世纪初，创新理论最早是由美籍奥地利经济学家约瑟夫·熊彼特（Joseph Schumpeter）在1912年德文版《经济发展理论》一书中首次提出的。熊彼特认为，所谓创新就是建立一种新的生产函数，也就是说，把一种从来没有过的关于生产要素和生产条件的"新组合"引入生产体系。这种新组合包括以下内容：（1）引入一种新的产品或者赋予产品一种新的特性。（2）引入新技术，即新的生产方法。（3）开辟新的市场。（4）开拓并利用原材料新的供应来源。（5）实现工业的新组织。

熊彼特的创新概念比较宽泛，虽然他没有明确地将创新划分为技术创新和制度创新，但是在他关于创新的定义中实质上包含了这两层意思，并且，熊彼特创新理论在着重阐述技术创新的同时，也提出了"实现工业的新组织"这一制度创新内容。后来熊彼特的"创新"理论被他的追随者发展成为当代西方众多经济学理论的两个分支——以技术变革和技术推广为对象的"技术创新"经济学和以制度变革和制度形成为对象的"制度创新"经济学。制度创新的代表人物是兰斯·戴维斯和道格拉斯等人，他们将制度学派理论和熊皮特创新理论相结合。研究制度变革与企业经济效益之间的关系，认为制度对创新的影响巨大，只有建立起合理的制度才能保证创新顺利进行。他们创立了制度创新经济学这门学科，丰富与发展了创新理论。技术创新的代表人物是美国经济学家爱德华·曼斯菲尔德和比尔科克等人，他们从技术推广、扩散和转移的角度，以及技术创新与市场结构之间的关系等方面对技术创新进行了深入研究，创立了技术创新经济学这一学科。[1]

对于创新的概念，彼德·德鲁克（Peter Drucker）是这样定义创新的：创新由有目的地寻找改变和这些改变可能提供的机遇组成。德鲁克主张创新是和企业一起的，企业家创新，而创新是企业家的特殊工具。他还说："企业家总是在寻求创新，对创新有反应并且作为机会来开发它。"德鲁克像经济学家约瑟夫·熊彼特（Joseph Schumpeter）一样，把创新和企业家看成是经济改变的发动机，它们是为个人和社会创造财富的源泉和机会的发生器。[2]

迈克尔·波特（Michael Porter）认为在发达的工业经济和发展中经济中，创新都是竞争的驱动力。创新是一种新观念的引入，不是基于先进的技术和复杂的商业模式，而是这种新观念被接受。创新可以由个体来提出，但完成一定要在团体中。[3]

（二）创新理论的发展及其流派

熊彼特的创新理论提出之后，由于受到同时期的"凯恩斯革命"的理论影响，并没有得到广泛的重视。20世纪50年代以后，许多国家的经济出现了长达近20年的高速增长"黄金期"，这一现象已不能用传统经

---

[1] Danny Miller, "The Evolution of Strategic Simplicity: Exploring Two Models of Organizational Adaption", *Journal of Management*, 1999.22 (6).

[2] Collaborative Economics, *Innovative Regions: The Importance of Place and Networks in the Innovative Economy Pittsburgh*, Pensylvania: Heinz Endowments, 1999.

[3] K. Murphy, D. Nordfors, "Innovation Journalism Competitiveness and Economic Development", *Inovation Journalism*, Vol. 3, No. 4, May 29, 2006.

济学理论中资本、劳动力等要素加以简单解释。西方学者对技术进步与经济增长关系产生了兴趣并开展了深入的研究,从而使技术创新理论得到了长足的发展。纵观创新理论的发展,可以将对创新理论的研究分成新古典学派、新熊彼特学派、制度创新学派和国家创新系统学派等四个学派。

1. 创新的新古典学派

创新的新古典学派以罗伯特·索罗(Robert Solow)等人为代表,运用了新古典生产函数原理,表明经济增长率取决于资本和劳动的增长率、资本和劳动的产出弹性以及随时间变化的技术创新。他区分出经济增长的两种不同来源:一是由要素数量增加而产生的"增长效应",二是因要素技术水平提高而产生的"水平效应"的经济增长。在《在资本化过程中的创新:对熊彼特理论的述评》一文中,罗伯特·索罗(Robert Solow)提出了创新成立的两个条件,即新思想的来源和以后阶段的实现和发展。这种"两步论"被认为是技术创新概念界定研究上的一个里程碑。

1957年,罗伯特·索罗(Robert Solow)在其发表的《技术进步与总生产函数》一文中,推算出1909—1949年美国制造业总产出中约有88%应归功于技术进步,罗伯特·索罗(Robert Solow)残差是技术进步的结果。在继续深入研究技术进步对经济增长作用的同时,新古典学派还开展了技术创新中政府干预作用的研究,提出当市场对技术创新的供给、需求等方面出现失效时,或技术创新资源不能满足经济社会发展要求时,政府应当采取金融、税收、法律以及政府采购等间接调控手段,对技术创新活动进行干预,以提高技术进步在经济发展中的促进和带动作用。

2. 创新的新熊彼特学派

新熊彼特学派的代表人物有爱德温·曼斯菲尔德、莫尔顿·卡曼、南希·施瓦茨等,他们秉承经济分析的熊彼特传统,强调技术创新和技术进步在经济增长中的核心作用,主要是将技术创新视为一个相互作用的复杂过程,重视对"黑箱"内部运作机制的揭示,并在分析这样一个过程的基础上先后提出了许多著名的技术创新模型。研究的主要问题有:新技术推广、技术创新与市场结构的关系、企业规模与技术创新的关系等。曼斯菲尔德对新技术的推广问题进行了深入的研究,分析了新技术在同一部门内推广的速度和影响其推广的各种经济因素的作用,并建立了新技术推广模式。他提出了四个假定:①完全竞争的市场,新技术不是被垄断的,可以按模仿者的意愿自由选择和使用;②假定专利权对模仿者的影响很小,因而任何企业都可以对某种新技术进行模仿；③假定在新技术推广过程中，新技术本身不变化，从而不至于因新技术变化而影响模仿率；④假定企业规模的大小差别不至于影响采用新技术。在上述假定的前提下，曼斯菲尔德认为有三个基本因素和四个补充因素影响新技术的推广速度。这三个基本因素为：①模仿比例，模仿比例越高，采用新技术的速度就越快；②模仿相对盈利率，相对盈利率越高，推广速度就越快；③采用新技术要求的投资额，在相对盈利率相同的情况下，采用新技术要求的投资额越大，推广速度就越慢。而四个补充因素具体包括：一是旧设备还可使用的年限，年限越长，推广速度就越慢；二是一定时间内该部门销售量的增长情况，增长越快，推广速度就越快；三是某项新技术首次被某个企业采用的年份与后来被其他企业采用的时间间隔，间隔越长，推广速度就越慢；四是该项新技术初次被采用的时间在经济周期中所处的阶段，阶段不同，推广速度也不同。

卡曼、施瓦茨等人从垄断与竞争的角度对技术创新的过程进行了研究，把市场竞争强度、企业规模和垄断强度三个因素综合于市场结构之中来考察，探讨了技术创新与市场结构的关系，提出了最有利于技术创新的市场结构模型。卡曼、施瓦茨等人认为：竞争越激烈，创新动力就越强；企业规模越大，在技术创新上所开辟的市场就越大；垄断程度越高，控制市场能力就越强，技术创新就越持久。在完全竞争的市场条件下，企业的规模一般较小，缺少足以保障技术创新的持久收益所需的控制力量，而且难以筹集技术创新所需的资金，同时也难以开拓技术创新所需的广阔市场，故而难以产生较大的技术创新。而在完全垄断的条件下，垄断企业虽有能力进行技术创新，但由于缺乏竞争对手的威胁，难以激发企业重大的创新动机，所以也不利于引起大的技术创新。因此，最有利于创新的市场结构是介于垄断和完全竞争之间的所谓"中等程度竞争的市场结构"。卡曼、施瓦茨的研究成果是对熊彼特创新理论的丰富和发展。

新熊彼特学派对技术创新理论进行了系统的研究，对熊彼特的创新理论也从不同角度进行了研究和发展。该学派虽然坚持熊彼特创新理论的传统，但所关注的是不同层次的问题，熊彼特忽略了创新在扩散过程中的改进和发展，而新熊彼特主义者的着眼点则在于创新的机制，包括创新的起源、创新过程、创新的方式等内容。另外，还有一些新熊彼特学派的理论研究。总之，新熊彼特学派通过系统的、科学的研究和探索已经初步搭起了技术创新的理论框架，但没有得出更多深层次的理论规律。

3. 创新的制度创新学派

技术创新的制度创新学派以美国经济学家兰斯·戴维斯和道格拉斯·诺斯等人为代表，戴维斯和诺斯在1971年出版的《制度变革与美国经济增长》一书中，提出了制度创新理论。他们认为，所谓"制度创新"是指经济的组织形式或经营管理方式的革新。该学派利用新古典经济学理论中的一般静态均衡和比较静态均衡方法，在对技术创新环境进行制度分析后，认为经济增长的关键是设定一种能对个人提供有效刺激的制度，该制度确立一种所有权，即确立支配一定资源的机制，从而使每一活动的社会收益率和私人收益率近乎相等；产权的界定和变化是制度变化的诱因和动力，新技术的发展必须建立一个系统的产权制度，以便提高创新的私人收益率，使之接近于社会收益水平；一个社会的所有权体系若能明确规定和有效保护每个人的专有权，并通过减少革新的不确定性，促使发明者的活动得到最大的个人收益，则会促进经济增长等。戴维斯和诺斯把制度创新的全过程分为五个阶段：形成推动制度变迁的第一行动集团，即对制度变迁起主要作用的集团；提出有关制度变迁的主要方案；根据制度变迁的原则对方案进行评估和选择；形成推动制度变迁的第二行动集团，即起次要作用的集团；两个集团共同努力去实现制度变迁。

以戴维斯和诺斯等人为代表的新制度经济学家把熊彼特的"创新"理论与制度学派的"制度"理论结合起来，深入研究了制度安排对国家经济增长的影响，发展了熊彼特的制度创新思想。

4. 创新的国家创新系统学派

技术创新的国家创新系统学派以英国学者克里斯托夫·弗里曼、美国学者理查德·纳尔逊等人为代表，该学派认为技术创新不仅仅是企业家的功劳，也不是企业的孤立行为，而是由国家创新系统推动的。国家创新系统是参与和影响创新资源的配置及其利用效率的行为主体、关系网络和运行机制的综合体系，在这个系统中，企业和其他组织等创新主体通过国家制度的安排及其相互作用，推动知识的创新、引进、扩散和应用，使整个国家的技术创新取得更好的绩效。

20世纪80年代弗里曼在考察日本企业时发现，日本的创新活动无处不在，创新者包括工人、管理者、政府等。日本在技术落后的情况下，以技术创新为主导，辅以组织创新和制度创新，只用了几十年的时间，使国家的经济出现了强劲的发展势头，成为工业化大国。这个过程充分体现了国家在推动技术创新中的重要作用，也说明一个国家要实现经济的追赶和跨越，必须将技术创新与政府职能结合起来，形成国家创新系统。由此，弗里曼在《技术政策和经济绩效：来自日本的经验》一书中提出国家创新系统理论。他认为国家创新系统有广义和狭义之分，即前者包括国民经济中所涉及引入和扩散新产品、新过程和新系统的所有机构，而后者则是与创新活动直接相关的机构。

纳尔逊以美国为例，分析国家支持技术进步的一般制度结构。他在1993年出版的《国家创新系统》一书中指出，现代国家的创新系统在制度上相当复杂，既包括各种制度因素和技术行为因素，也包括致力于公共技术知识研究的大学和科研机构，以及政府部门中负责投资和规划等的机构。纳尔逊强调技术变革的必要性和制度结构的适应性，认为科学和技术的发展过程充满不确定性，因此国家创新系统中的制度安排应当具有弹性，发展战略应该具有适应性和灵活性。

弗里曼和纳尔逊的研究为国家创新系统理论建立奠定了坚实的基础，使人们认识到国家创新体系在优化创新资源配置上的重要作用，尤其可以更好地指导政府如何通过制定计划和颁布政策，来引导和激励企业、科研机构、大学和中介机构相互作用、相互影响，从而加快科技知识的生产、传播、扩散和应用。

二 国家创新体系

（一）国家创新体系的概念

20世纪70年代以来，欧美国家的工业经济就开始走向衰落，而日本等新兴工业化国家的经济则保持持续繁荣。在日本等新兴工业化国家经济不断发展的同时，20世纪80年代，一些学者开始研究日本经济成功的经验，并在此基础上提出了国家技术创新系统的概念。

国家创新体系的概念最初是由英国苏塞克斯大学的创新经济学家弗里曼（Freeman，1987）提出来的。他在1987年出版的《技术政策和经济绩效：来自日本的经验》一书中，研究了日本企业组织、生产组织、企业间的关系和政府的作用，深入探讨了日本"技术立国"政策和技术创新激励机制，将国家创新体系界定为：是国家内部系统组织及其子系统间的相互作用，是一种包含公私领域的机构网络，其活动和互动行为启发、引进和扩散新技术。[①]

丹麦人伦德华尔（Lundvall，1992）通过研究国家创新系统的构成与运作，认为国家创新系统有广义和狭义之分。狭义的国家创新系统包括介入研究和探索活动的机构和组织，如从事R&D活动的机构、技术学院和大学。广义的国家创新系统包括经济结构、影响学习和研究与探索的所有部门和方面，包括生产系统、市场系统、财政系统及其子系统，这些系统都是学习发生的地方。

我们认为，国家创新体系指的是指一个国家内各有关部门和机构间相互作用而形成的推动创新网络，是由经济和科技的组织机构组成的创新网络，它能够更加有效地提升创新能力和创新效率，使得科学技术与社会经济融为一体，协调发展。

（二）国家创新体系的构成要素

对于国家创新体系的要素构成，弗里曼（Freeman，1987）概括为政府、企业研究与发展、教育和培训、独特的产业结构等四要素；伦德华尔（Lundvall，1992）则总结为五个子系统，即企业内部组织、企业间关系、公共部门的作用、金融部门及其他部门的作用、大学和研究发展部门；纳尔逊（Nelson，1993）比较分析了美国和日本等国家的自主技术创新国家制度体系，指出现代国家创新体系在制度上相当复杂，他们包括各种制度因素以及技术行为因素，也包括致力于公共技术知识到大学和研究机构，以及政府的基金和规划之类的机构等。国内学者周元等（2007）认为，国家创新系统的构成要素主要是产业部门、政府、高等院校、科研机构、金融机构和教育培训机构。从上述学者对于国家创新体系构成的研究来看，政府是这个体系中必不可少的构成要素。

三　区域创新体系

自英国Cooke（1992）最先提出区域创新体系（Regional Innovation Systems）概念以来，国外理论研究和实践活动方兴未艾，然而缘于区域创新体系内涵的丰富性和类型的多样性，其概念迄今尚无普遍接受的定义。

[①] Freeman C., *Technology Pollcy and Economic Performance*: *Lessons from Japan*, London: Pinter. 1987.

(一) 区域创新体系的内涵特征

1. 区域创新体系的概念

Cooke (1996) 认为，区域创新体系主要是由在地理上相互分工与关联的生产企业、研究机构和高等教育机构等构成的区域性组织系统，该系统支持并产生创新。因而可定义为"地理上确定的、行政上支持的创新网络和机构的安排，这种安排以有规则的强相互作用来提高区域内企业的创新产出。"

瑞典的 Asheim 和 Isaksen (1997、2002) 认为，区域创新体系是由支持组织围绕两类主要行动者及其相互作用组成的区域集群。第一类主要行动者是域内产业集群及其支持产业的公司；第二类主要行动者是制度基础结构，包括科技机构、高等院校、技术中介机构、职业培训组织、产业协会、金融机构等，它们具有支持区域创新的重要能力。其概念突出了创新主体的多元性。

加拿大 Doloreux (2002、2003) 认为，区域创新体系是相互作用的私人与公共利益体、正规机构和其他组织的集合，其功能是按照组织和制度的安排以及人际关系促进知识的生产、利用和传播。如果说 Cooke 比较明确地点出了区域创新体系的地域性和网络性特征，Asheim 和 Isaksen 突出了创新主体的多元性，那么 Doloreux 则把主体要素和主体间互动形成的网络关系等量齐观，既重视创新主体的多元性，又注重创新的网络性。

2. 区域创新体系的基本架构

Cooke 等 (2000) 指出任何起作用的区域创新体系有两个子系统：一是知识应用与开采子系统，主要由具有垂直供应链网络的公司组成；二是知识生产与扩散子系统，主要由公共组织组成。他认为，区域创新系统建立在 5 个构成元素之上 (Cooke, 2001)：一是区域 (region)，一个行政政治单位，具有某种文化和历史的同质性，并享有某种法定权利；二是创新 (innovation)，即熊比特意义上的创新；三是网络 (networks)，可理解为基于信任、规范和契约的互惠且可靠的关系；四是学习过程 (learning processes)，特别是在制度学习意义上的学习过程；五是相互作用 (interactions)，由正式的与非正式的联系和关系所推动。

Asheim 和 Isaksen (1997、2002) 将区域创新体系概括为三个组成部分：一是区域产业集群及其支持产业的公司；二是支持的知识组织；三是这些行动者的相互作用。韩国 Dong-HoShin (2002)、Lars Coenen 等

(2003)，对 Cooke（2001）和 Doloreux（2002）的说法作了进一步的阐述。

综上所述，任何区域创新体系都是由主体要素、功能要素和环境要素构成。所谓主体要素即创新活动的行为主体，主要为企业、高等院校、科研机构、各类中介组织和地方政府五大主体。所谓功能要素即行为主体之间的关联与运行机制，包括制度创新、技术创新、管理创新的机制和能力。第一层次是各主体的内部运行机制，主要是激励机制；第二层次是在主体之间构建联系紧密、运行高效的"管道"机制，关键是解决好信息、知识存量的高效流动、创新合作和技术外溢等问题。所谓环境要素，即维系和促进创新的外部保障因素。包括体制环境、市场环境、社会文化环境、基础设施和有关资源保障条件等。

3. 区域创新体系的运行机制

Cooke（1998）认为，区域创新体系是企业及其他机构经由以根植性为特征的制度环境系统地从事交互学习的地方。这里，他引入了三个重要的概念："交互学习（interactive learning）""根植性（embed-dedness）"和"制度环境（institutional environment）"。Doloreux（2002）给出了四个相互有关的"内部动力学"：互动学习、知识生产、邻近性和社会根植性。Richard Joseph（2004）根据对新西兰创新体系的分析，归纳了系统的功能和相互作用的形式。他认为区域创新体系具有六个主要功能：政策设计、研发实施、资金筹集、教育培训、技术中介、发扬企业家精神；系统中创新行动者之间的相互作用可以有四类：合作研发、非正式交流、技术扩散、人员流动。在 Cooke（2003）看来，区域创新体系运行存在着知识流动的障碍。知识生产子系统和知识应用子系统往往缺乏紧密联系，如何有效克服，要么通过成功的市场机制、设置适当调整的环境，要么建立国家支持的实体，直接或间接寻找跨越"知识发现"与"知识应用"之间的桥梁以克服市场失效。他给出了克服这种障碍的工具——建立缓冲机构（buffer institutions），如区域科学委员会、技术中介机构、创新加速器、孵化器、风险资本等。

综合各类文献，区域创新体系运行机制应包括：第一，各类创新主体交互学习，目的是推动知识存量的流动，降低创新成本，增加创新机会。第二，对于拥有自主知识产权的新知识创造，绝大多数企业力不从心，需要强化各类创新主体之间的资源整合，推进产学研合作，提高创新效率。

这一知识创造的合作过程，也是知识分享的过程。第三，产业的空间聚集，有利于创新主体共享比较完备的基础设施和创新服务体系，有利于降低交易成本、形成比较合理的产业分工体系。第四，相对于企业、机构等正式组织联系，人际关系往往是隐性知识和技术诀窍转移的重要渠道。社会网络作为一种持久的社会资本影响着创新要素的获取，进而影响区域创新能力。

4. 区域创新体系与产业集群的关系

Porter（1998）认为，产业集群是竞争且合作的相互关联的公司、专业供应商、服务提供者、相关产业的公司，以及有关机构在地理上的集聚。产业集群是形成区域创新体系的重要模式。Cooke（2002）则将区域创新系统看作一个产生区域产业集群的系统。Isaksen 等（2001）认为，产业集群是区域创新体系发展中的一个层次，产业集群主要表现为一种自发的现象，一种企业在地理上的集中，通常通过当地的衍生公司（spin-offs）和企业家活动发展的，而区域创新体系具有更多计划的和系统的特点。因此，从产业集群转变为创新体系需要加强区域的制度基础结构，即有更多的知识组织参与到创新合作中来。Asheim 和 Isaksen（2002）进一步指出，从产业集群发展到区域创新系统，可能需要集群中更正式的公司间创新协作，包括更多的知识提供者参与到创新合作中来。Asheim（2004）还指出，产业集群与区域创新体系在一个地域可以共存，事实上一个区域创新体系可以包含若干产业集群，而一个产业集群并不必然是区域创新系统的一部分。因此，区域产业集群是区域创新体系的重要依托，同时区域创新体系也必然表现出集群创新的特征。

5. 区域创新体系的边界

Cooke（2004）认为，区域创新体系是由知识生产和开采子系统组成，与全球、国家以及其他区域系统相连接，实现新知识的商业化。与 Cooke 一样，Asheim 和 Isaksen（2004）指出，当今世界，区域创新体系依靠自身保持竞争力是不够的，需要借力经济一体化和全球化。Doloreux（2005）强调，成功的创新体系需要利用内部产生的知识以及外部可利用的知识来增强创新能力和保持竞争力。由此可见，区域创新体系既是某一具体区域的系统，更是开放的系统。由于区域是相对的，既可大至国家、省域，亦可小至市县、乡镇。因此不能强求任何区域创新体系都应要素齐全、结构完备，但这并不妨碍区域创新体系的构成。某些要素缺位，完全可以通过域外交流来弥补，关键是本区域要有吸引外部要素的能力。

综上所述，区域创新体系具有以下基本特征：一是区域邻近性。区域创新体系都是某一特定空间范围内的经济现象，由于地理邻近，节约了信息传递的时间和成本，使得技术外溢在区域创新体系中发挥更大的作用。二是主体多元性。区域创新体系是一定区域内与创新全过程相关的各种主体组成的系统。在企业、高等院校、科研机构、中介服务机构和地方政府等诸多主体中，企业是最根本的，但政府的作用也十分重要。三是文化根植性。Cooke（2001）认为，根植性代表一组适合于系统创新的特征，反映了社会社区按照共同的合作规范、互信的相互作用以及非贸易的相互依赖进行运作的程度。创新要素紧密关联和流动，需要一个彼此信任合作、互惠可靠的文化环境，包括正式的契约关系和非正式的人际关系。四是系统集成性。区域创新体系由区域范围内产业体系、科技体系、教育体系、资金体系、政府部门等子系统构成，其互动关联影响区域经济的整体发展。五是网络开放性。区域创新体系最本质的含义是一种"社会网络"，是特定区域创新资源在创新主体之间流动的网络。成功的区域创新体系应当充分挖掘利用域内要素，并尽量吸引域外可利用的要素，以增强创新能力和保持竞争力。六是创新集群性。产业集群带来了各类创新要素的集聚，为区域创新体系的形成提供了必不可少的条件，同时区域创新体系也绝非单个创新主体的创新活动，而是各类创新主体交互学习、合作分享的群体性活动、集群性创造。从某种角度讲，产业集群是一个天然的区域创新体系。

（二）区域创新体系的主要类型

Cooke 等（2000）、Asheim 等（2004）、Doloreux（2005）等指出，由于不存在区域创新体系理想的类型，也没有一个"最佳实践"的区域创新政策，因此有必要区分不同类型的区域创新体系。

Doloreux（2002）在总结诸多学者研究成果的基础上，将区域创新体系的分类归纳为五种标准，即区域发展潜力、区域一体化水平、社会凝聚力、技术转移的管制模式和区域障碍。按照区域发展潜力分类的思想，最早是由 Cooke 等人（1998）提出的。通过对欧洲 11 个区域基础设施、政策、制度和企业组织的差异调查分析，将之划分为具有最大潜力、中等潜力和不具备发展区域创新体系的地域。

韩国 Sunyang Chung（2004）也做了类似的工作，按照各地区创新主体特别是公共研究机构的多寡,将韩国划分为发达的、发展中的和欠发达的区域创新体系。这一分类有利于根据影响区域创新体系的因素,因地制宜制定符合区域发展水平的政策。Howell(1999)把区域创新体系分成了两类。一类是从属于国家创新体系的自上而下的区域创新系统;另一类是自下而上具有独立的内部特征和内部联系的区域创新体系。这一分类认识到了地域邻近性和空间聚集在促进创新中的重要作用。从某种程度上讲,这一分类的依据是区域经济一体化水平。Asheim 和 Isaksen(1997)根据社会的根植性把区域创新体系分为区域性的国家创新系统和根植于特定区域的创新系统。Braezyk 等(1998)在分析技术转让模式的基础上,将区域创新体系分成三类:基础型、网络型和统制型。Isaksen(2001)通过对区域壁垒和创新阻力的分析,也把区域创新系统分成三类:缺乏组织的、零散的和封闭的区域创新体系。这种分类方法对于制定相关政策工具沟通企业与创新资源的交流非常有意义。Doloreux(2005)根据 Braezyk 等(1998)、Cooke 等(2004)技术转移的管制类型,归纳了三类区域创新体系:即草根类、网络类、管制类。

Asheim 和 lsasken(2002)根据知识组织的位置和知识流动的特点,提出三类区域创新体系,欧盟(2004)作了进一步的阐述。第一类是本土根植的区域创新网络(Territorially embedded national innovation network)。公司创新依靠当地的学习过程,受社会和物理的邻近性激励,与知识组织并无很多相互作用,与 Cooke(1998)所称"草根类"区域创新体系十分相似。第二类是区域网络化的创新系统(Regionally networked innovation system)。公司和组织都具有前一类特点,但系统加强区域制度供给和技术基础设施,更具计划特征,促使更多的 R&D 机构、职业培训组织以及其他地方组织涉及创新过程。与 Cooke 所称的"网络类"区域创新体系基本一致。这种网络化的系统代表了一种内生的发展模式。第三类是区域化的国家创新系统(Regionalized national system innovationsystem)。功能上更多集中到国家或国际创新系统中,大范围的创新活动与区域外的行动者合作完成。代表外生的发展模式,其中科学园区和技术城最具代表性。这种大范围的协作是基于线性模型的,因为合作主要涉及特定的创新计划,以利用正式的科学知识去开发突变性的创新。Cooke 将之描述为"管制类"区域创新体系。

Cooke(2003)根据美国、英国和德国的生物技术产业研究,区分了两种区域创新体系：新经济系统，称为"企业家的区域创新体系"（E-RIS）；传统的区域创新系统，称为"制度的区域创新体系"（IRIS）。Asheim（2004）对其特点作了进一步的描述。前者主要出现在美国、英国以及其他英美系经济体，硅谷最具代表性。其特点是缺乏 IRIS 的强力系统元素，代之以来自当地风险资本、企业家、科学家、市场需求和孵化器的活力，以支持根本上由"分析的知识基础"拉动的创新。Cooke 称之为"风险资本驱动"的系统。后者主要出现在德国或北欧。如德国的巴符州。其特点是主导产业根本上由"综合的知识基础"拉动。生产结构和知识基础设施之间系统关系的正面影响根植于区域的网络管制结构之中，并且支持国家的制度架构。Asheim 和 Coenen（2005）还根据各种产业和经济部门的知识基础描绘了两种区域创新体系：基于分析知识的区域创新体系（the analytical knowledge base regional innovation system），以及基于综合知识的区域创新体系（the synthetic knowledgebase regional innovation system）。显然，"基于分析知识的区域创新系统"与 ERIS 有相当程度的对应性，而"基于综合知识的区域创新系统"可与 IRIS 相对应。如此，区域创新体系可大致分为传统产业的区域创新体系和高新技术产业的区域创新体系。也许这种粗略的分类更适合我国区域创新体系的识别和研究。

四 创新型城市

随着经济全球化和知识经济的到来，现代城市正面临着建立在知识基础上的新竞争。要适应这种竞争所提出的挑战，就必须变革传统的城市发展模式，以新的观念、新的方式为城市经济发展寻找新的经济增长点。[①]

创新型城市是城市发展理念和模式的一种创新，具备强烈的时代背景特征。西方对创新型城市的研究主要起源于两大因素，一是为了应对城市的衰退。从 20 世纪 90 年代初开始，鉴于城市发展面临的种种危机，西方学者开展了许多关于城市战略的研究，涉及的领域包括：城市规划，城市文化，城市营销，城市治理等，并提出了一些非常具有实践意义的观点，比较有代表性的包括：学习型城市，高科技城市，创新型城市等。二是为了适应全球化的发展。随着世界经济全球化的不断加快，现代国家的城市

---

① Feldman M. P., Audrestch D. B., "Innovation in cities: Science-based diversity specialization and localized ompetition", *European Economic Review*, vol. 43, 1999, pp. 409 – 429.

形态出现了重要转变，这使得原本作为城市发展所依赖的劳动力、原材料、区位等因素不再具备决定性意义，经济的发展更多取决于创新能力，创新成为驱动城市竞争力的资源，是城市未来成功的决定因素。发达国家一些城市积极提出构建创新型城市的口号，并从整体上实施了城市创新运动，创新型城市的研究应运而生。

创新型城市的理论基础可追溯到始于20世纪末期的创新系统理论。C. Freeman 于 1987 年最早提出国家创新体系（National Innovation System），Cooke 于 1992 年最早提出区域创新体系，2000 年英国学者查尔斯·兰德瑞（C. Landry）在其著作《创新型城市》（*The Creative City*）中正式提出创新型城市概念，兰德瑞认为创新型城市是一个有机的整体，城市要达到复兴，只有通过城市整体的创新，而其中的关键在于城市的创新基础、创新环境、文化因素等。创新型城市须具有开放思想、多样化、宽容、独立个性、可达到、弹性及有活力的公共空间、高质量的人居环境、源于全球化倾向的本地化等特征。[1]

从目前文献研究来看，创新型城市（或创新城市）的英文表述有两种："the Creative City" 和 "the Innovative City" 两种说法，前者强调城市的创造力，后者强调城市的革新力。the Creative City 的说法主要来自英国的一些研究文献，其中 Creative 主要是指对城市面临的问题提出具有创造性的解决办法，并由此带来城市的复兴，这些问题包括：交通管理、产业发展、城市生态、种族融合等。"the Innovative City" 的说法可以说是目前关于创新型城市的标准提法，它包含了目前关于创新型城市研究的主流含义，主要研究"创新（Innovation）"为驱动力的一种城市经济增长和经济发展模式，并融合社会发展的理念和思想。从国际上来看，一般传统发达国家（如英国）更强调 "creation"，而后发赶超型国家（如新加坡和韩国）则注重 "innovation"，这可能是由于其资源禀赋不同，发展阶段不同，对城市创新的关注点不同造成的。当前国内大多数学者也倾向于 "The innovative city" 模式，如金吾伦（2006）、杜辉（2006）、霍丽和惠宁（2006）、杨冬梅（2006）、张继飞（2007）、杨华峰（2007）等。[2]

---

[1] Charles Landry, *The creative city: a toolkit for urban innovators*, London: Earthscan Publications, 2000.

[2] 转引自朱孔来、张莹等《国内外对创新型城市评价研究现状综述》，《技术经济与管理研究》2010 年第 6 期。

我们认为,创新型城市是指主要依靠科技、知识、文化、体制等创新要素驱动发展的城市,对其他区域具有高端辐射与引领作用。创新型城市是涵盖技术创新、组织创新、制度创新、管理创新等全社会创新的一个城市治理模式,通过创新转变经济结构和经济增长方式,实现集约式高速发展。

五 自主创新

(一)自主创新概念的提出

创新是一个西方经济学名词,而自主创新是我国率先提出,并在新的发展阶段得到不断完善的一个概念,具有鲜明的中国特色。在国外的文献中,还找不到完全与之对应的英文。因此,"自主创新"是一个在发展中国家背景中提出的概念。国内学者于20世纪90年代开始涉及自主创新概念,有的学者强调自主创新就是自主开发,有的提出自主创新是形成具有自主知识产权的产品,但当时对自主创新理论并没有进行深入的研究。

20世纪末开始,我国政府在制定科技发展政策的过程中发现,众多企业、大学和科研院所在过去几十年从事的模仿活动较多,创新活动较少,特别是自主创新活动。大量企业只是将国外技术引进国内,没有注重在引进技术基础上进行消化吸收再创新,导致众多行业至今还没有掌握核心技术。经验表明,核心技术是引进不来的,自己的问题必须要靠自己的努力来解决。因此,许多学者和政界人士提出,要把自主创新作为未来我国科技发展的指导思想之一。这一思想逐渐得到中央的重视,自主创新最终成为我国经济和科技发展的重要指导思想。

1999年,全国技术创新大会在北京召开,出台了《中共中央、国务院关于加强技术创新,发展高科技,实现产业化的决定》。江泽民在会上发表重要讲话,提出"增强自主创新能力,实现技术发展的跨越"。之后,国家和各级地方政府出台了许多有关技术创新和高技术产业化的政策措施,实施技术创新战略已成为全国上下的普遍共识。

2002年初,科技部明确指出:我国科技发展战略必须加快实现从以跟踪模仿为主向以"自主创新"和实现科技跨越式发展为主的转变。[①] 同年,江泽民在中共十六大报告中也指出我国要"走新型工业化道路",

---

① 李斌、张景勇:《我国科技战略发生重大转变》,《解放军报》2002年第1期,第14页。

"以信息化带动工业化,以工业化促进信息化",实现科技的"跨越式"发展。

2004年12月以来,党和国家领导人反复强调自主创新,自主创新逐渐成为人们关注的焦点。2005年10月11日,党的十六届五中全会通过了《中共中央关于制定国民经济和社会发展第十一个五年规划的建议》,指出要深入实施科教兴国战略和人才强国战略,把增强自主创新能力作为科学技术发展的战略基点和调整产业结构、转变增长方式的中心环节。

2006年1月9日,党中央、国务院在京召开了21世纪的第一次全国科学技术大会。大会部署实施了《国家中长期科学和技术发展规划纲要(2006—2020年)》,动员全社会坚持走中国特色自主创新道路,为建设创新型国家而努力奋斗。胡锦涛总书记在讲话中指明了建设创新型国家的十六字指导方针"自主创新、重点跨越、支撑发展、引领未来",并指出"自主创新,就是从增强国家创新能力出发,加强原始创新、集成创新和引进消化吸收再创新"[①]。如今,自主创新已经成为我国经济发展工作的一个重要战略。

在学术研究领域,谢燮正(1995)较早地将自主创新定义为,"自主创新是掌握自主知识产权,使经济、技术具有自主特点的创新"。杨德林等(1997)提出自主创新是"企业主要通过自身努力,攻破技术难关,形成有价值的研究开发成果,并在此基础上依靠自身的能力推动创新的后续环节,完成技术成果的商品化,获取商业利润的创新活动",之后傅家骥(1998)在《技术创新学》中给出的定义与其基本一致。参照 Utterback 和 Teece 等对技术创新给出的定义,张炜、杨选良(2006)将自主创新定义为:在解决面临的科技问题的过程中,依靠自身的创造性努力,应用新思想、新理论、新知识、新技术、新方法和新模式等因素,研究开发出得到社会承认的新成果的一系列活动组合。

孙冰、吴勇(2006)认为,自主创新是技术创新的一种重要模式,也是技术创新的最高境界,是一个从研究开发、经设计制造、再到市场实现的价值创造过程,是一个综合性的概念。刘和东、梁东黎(2006)提出,企业层面的自主创新是以掌握对产业发展有重大影响的自主知识产权

---

① 胡锦涛:《坚持走中国特色自主创新道路,为建设创新型国家而努力奋斗》,人民出版社2006年版。

（或专有技术）、参与国际标准制定为标志，以集成创新和引进基础上的再创新为主要实现形式，以提升企业的核心竞争力，形成自主品牌为目的的创新活动。宋河发等（2006）认为，自主创新是指创新主体通过主动努力获得主导性创新产权，并获得主要创新收益而进行的能形成长期竞争优势的创新活动。

虽然国内学者关于技术创新理论与实践的著作很多，但是涉及自主创新的成果还不多。近年来，随着自主创新战略意义的提升，越来越多的学者开始就自主创新相关理论进行探讨，总体来说分为以下几种：（1）从自主创新的内涵出发，以自主创新方式的比较、自主创新关键因素的界定为主线进行阐述；（2）介绍国外自主创新的经验，注重自主创新能力差异的因素比较，结合中外具体的自主创新案例进行剖析；（3）从管理学、技术经济学、制度经济学和演化博弈相结合的角度，探索自主创新的实现路径与发展模式。虽然近期涉及自主创新的著作数量剧增，但到目前，对自主创新理论的探讨仍然不够全面、系统和深入，大多数文章仅仅停留在从经济、社会的角度，对提高自主创新能力的迫切性和意义进行分析。

（二）自主创新的内涵

对于自主创新的内涵，陈劲（1994）提出是"自主技术创新"，是在引进、消化以改进国外技术的过程中，继技术吸收、技术改进之后的一个特定的技术发展阶段。柳卸林（1997）认同该自主技术创新的提法，并提出要"在自有技术上自主创新"。谢燮正（1995）不同意将自主创新记作"自主技术创新"，认为自主创新包括了组织管理方面的创新，也包括选择发明和科技成果，使之逐步成熟到适合于生产应用，并获得市场成功，同时还包括根据市场和生产需要去开发技术的各种努力。阎军印、孙班军（2002）从系统论的角度提出了自主创新的内涵：指不引入外来因素，完全依靠企业现有的技术设备等固有的资源，在一定的目标指引下所进行的创新活动。尚勇（2005）把自主创新的内涵定位在狭义的科技创新和技术创新方面。认为科技自主创新应该包括三方面的含义：一是原始性创新，在科学技术领域努力获得更多科学发现和技术发明。二是集成创新，使各种相关技术成果融合汇聚形成具有市场竞争力的产品和产业。三是在广泛吸收全球科学成果、积极引进国外先进技术的基础上，充分进行消化吸收和再创新。朱高峰（2005）则直接指出，自主创新中的创新是通常所说的技术创新，专指经济、技术领域的创新活动，但这里的技术创新不仅仅指技术领域内的活动，而是涵盖了经济活动中能产生经济效益的各个方面，是技术与经济融为一体的。

2005年2月，科技部副部长尚勇提出，自主创新应该包含三方面的含义，即原始性创新、集成创新以及引进技术的消化吸收再创新，这为自主创新内涵的扩大奠定了基础。2005年7月，温家宝总理在国家科教领导小组全体会议上强调，要高度重视和大力推进自主创新，大力提高我国的原始创新能力、集成创新能力和引进消化吸收再创新能力[①]。

中国技术市场管理促进中心副主任毛建军（2005）认为，自主创新就是要拥有自己的核心技术和知识产权，突破发达国家的技术垄断，获得有利的贸易和国际地位，是一种实践性很强的技术实现。

在此基础上，温瑞珊等（2005）一些学者进一步对自主创新进行了分类，主要包括两类：第一类是渐进的自主创新，就是通过原有技术的融合或引入研究中技术来建立新的技术平台；第二类是根本的自主创新，就是通过自己的研究发明全新的技术，由此开发出全新的或新一代的产品。两者的共同点就是具有拥有自主知识产权的独特的核心技术以及在此基础上实现新产品的价值。

同创新的概念一样，自主创新也是一个内涵和外延都很宽泛的概念。目前，学术界对自主创新的内涵存在不同的理解，主要有以下四类观点：

1. 把自主创新的内涵定位在狭义的技术创新方面。在论及自主创新能力时，人们常常将自主创新与科技发明创新混为一谈，认为自主创新是科技实力、成果和专利数的复合体。当然，这种观点较为片面，已经受到许多学者的批判。

2. 认为自主创新是一种经济过程。随着研究的深入，一些学者也注意到自主创新与科技发明两者并不相同，自主创新并非从零起步，也绝不是单指技术，更多的是一种经济行为。[②] 这些学者从自主创新和市场的关系分析入手，把自主创新看作是一个经济过程和市场实现的过程。自主创新一个本质特点在于科技成果的转化及产业化过程，也就是要求一种市场组织形式。例如，谢燮正指出：自主创新不同于技术创新。过去的技术创

---

① 新华社：《温家宝在国家科教领导小组全体会议上强调：高度重视和大力推进自主创新》，《光明日报》2005年7月20日。

② 彭纪生、刘伯军：《模仿创新与知识产权保护》，《科学学研究》2003年第4期，第423—426页。

新省略了许多由发明至应用的中间环节,失败风险很小,所以进行的主要是学习消化,至多做一点适应性修改。自主创新则不然,必须包括选择发明和科技成果,使逐步成熟到适合于生产应用,以至于市场成功,还必须包括根据市场和生产需要去开发技术的各种努力。[①] 显然,这种观点对自主创新的内涵作了更为广义的解释。

3. 认为自主创新的本质与知识产权相一致。许多学者把是否形成自主知识产权,并以此为基础形成自主开发能力作为衡量自主创新的根本。在他们看来,自主创新就是指通过自身的学习与研发活动,探索技术前沿,突破技术难关,研究开发具有自主知识产权的技术,形成自主开发的能力。例如,毛建军(2005)认为自主创新就是要拥有自己的核心技术和知识产权,突破发达国家的技术垄断,获得有利的贸易和国际地位。徐大可、陈劲认为自主创新是以追求自主知识产权为目标的创新,对自主创新的认识,应该从两个层面来考虑:第一个层面是强调创新活动开展的自主性,以及创新成果的自主拥有,这个层面是对自主创新的根本性界定;第二个层面是关注创新涉及技术的率先性和技术支持的内在性,这个层面上的两个因素是对自主创新高级程度的一个考察。在此基础上,一些学者将自主创新分为渐进的自主创新和根本的自主创新。渐进的自主创新,就是通过原有技术的融合或引入研究中的技术来建立新的技术平台;根本的自主创新,就是通过自己的研究发明全新的技术,由此开发出全新的或新一代的产品。[②] 两者的共同点就是具有拥有自主知识产权的独特的核心技术以及在此基础上实现新产品的价值。

4. 反对将自主创新与知识产权相统一。有的学者通过将模仿创新和自主创新进行比较来界定自主创新的内涵。在他们看来,自主创新和模仿创新是一对既有区别又有联系的概念,二者的实质是一样的,均属于技术创新学的创新模式。自主创新指主要依靠自身的力量来完成技术创新全过程,关键技术上的突破由自身实现。模仿创新则是通过学习模仿率先创新者的创新行为和创新思路,吸取率先者成功的经验和失败的教训,引进购

---

① 谢燮正:《科技进步、自主创新与经济增长》,《软件工程师》1995 年第 5 期,第 6—9 页。

② 温瑞培、龚建立、王黎娜:《企业自主创新能力评价研究》,《集团经济研究》2005 第 9 期,第 68—69 页。

买或破译率先者的核心技术和技术秘密,并在此基础上改进完善,分步开发。① 二者的区别关键在于模仿创新是在率先创新者具有知识产权的科技成果基础上的"模仿",是在别人工作基础上的进一步努力,也被称为"二次创新"。自主创新模式就其本义来讲是通过自身努力和探索产生技术突破,特别强调对核心技术的突破是靠自己的力量。但是自主创新未必一定能产生自主知识产权。② 此外,模仿创新也未必不能产生自主知识产权。

(三)自主创新的主要类型

2006 年年初召开的全国科技大会提出,自主创新主要分为原始创新、集成创新和引进消化吸收再创新三种基本类型。

1. 原始创新

原始创新是自主创新的基础,属于自主创新中具有战略突破性的科学活动,是一种超前的科学思维或挑战现有理论的重大科技创新。原始创新是科技进步的先导和源泉,它的出现可能改变一个产业的发展模式,甚至引发出一个新产业。相对于其他类型的创新,原始创新面临着更大的风险,需要更大的投入和机遇。随着科学与技术界限的日益模糊,技术和产品更新换代速度不断加快,经济竞争已前移到原始创新阶段。当前,发达国家在原始创新领域占据绝对优势,原始创新能力已经成为国家间科技竞争成败的分水岭,成为决定国际产业分工地位的一个基础条件。目前,我国原始创新能力较弱,这不仅与我国科研人力资源大国的地位不相称,而且也造成了我国在关键技术、核心技术等方面长期受制于人的不利局面。当今我国科技的发展已经奠定了萌发重大科学发现和技术发明的基础,强调原始创新的条件已经成熟。加强基础研究和前沿高新技术研究以及支持科学家的自主探索和高新技术领域的开创性研究,都是提高原始创新能力的重要措施。

2. 集成创新

集成创新是将已有公知技术、已有知识产权(如有效专利)和部分创新技术,系统化地组合成一个新的创造性技术方案的研究开发行为,是

---

① 傅家骥:《技术创新学》,清华大学版社 1998 年版,第 114 页。
② 彭纪生、刘伯军:《模仿创新与知识产权保护》,《科学学研究》2003 年第 4 期,第 423—426 页。

我国开展自主创新的重要方式之一。在我国，单项技术研发多年来都是科技研发活动的主要方式。但是，以单项技术为主的研发，如果缺乏明确的市场导向和与其他相关技术的有效衔接，将很难形成有竞争力的产品和产业。此外，我国许多企业在研发能力上比较有限，缺乏研发条件，利用全球资源进行创新将是提高企业竞争力的重要途径。把集成创新纳入到自主创新的范畴里来，不仅有利于提高研发活动的效率，而且加快了科技成果转化的速度。因此，应当注重选择具有较强技术关联性和产业带动性的重大战略产品，大力促进各种相关技术的有机融合，在此基础上实现关键技术的突破和集成创新。委托研发、知识产权许可以及兼并等都是进行集成创新的有效手段。

3. 引进消化吸收再创新

自主创新也可以实施在引进基础上的消化吸收再创新。以20世纪50年代至70年代为例，日本企业取得的很多专利实际上都是"原产"自美国，但它们通过模仿和技术创新形成了自己的知识产权。比如美国杜邦公司用11年时间，花费2500万美元研究成功的合成尼龙的工艺，日本东丽公司通过外贸协定，花了700万美元购买了这个专利，仅用了两年时间就投入市场；曾给日本索尼公司带来巨额利润、一度风靡全球的晶体管便携式收音机，是索尼花2.5万美元从美国引进该项技术开发成功的，这就是模仿创新。由此，我们看到了另一种创新的模式，引进吸收再创新。

引进消化吸收再创新是对引进的技术加以消化吸收，在此基础上取得新的突破，也是我国提高技术水平的一个重要手段。在全球化背景下，任何国家和地区都不可能封闭起来发展，而且那些充分利用全球化机遇的国家和地区，已经获得了超乎寻常的发展速度，提高了经济实力和国际地位。改革开放以来，我国通过引进、消化和吸收国外先进技术，广泛开展对外科学技术合作与交流，带动了国民经济的快速发展和科学技术的进步。然而，许多企业由于只注重技术的引进，而没有重视对技术的消化吸收和再创新，进入了"引进—落后—再引进—再落后"的恶性循环。因此，今后应该在加大更深层次的技术引进以及开辟更广泛的科技合作与交流的基础上，完善引进技术的消化吸收和再创新机制，提高科技交流与合作的层次和深度，把技术引进作为实现自主创新的一种手段。

（四）自主创新的特征

正确认识自主创新的特征，有助于把握自主创新的基本要求。概括说来，自主创新主要具有以下特征：

1. 技术的内生性。多年以来的实践已经表明，真正的核心技术是买不来的，仅仅靠单纯的引进不可能拥有世界一流的领先技术。自主创新的核心技术来源于国家内部的技术突破，是国家依靠自身的力量，通过独立的研究开发活动而获得的，这是自主创新的本质特征。

2 技术的首创性。首创性是自主创新追求的目标。无论原始创新、集成创新还是引进消化吸收再创新，其创新成果均具有独占性。在同一市场中，非首创性的自主创新是没有意义的。因此，自主创新只有以技术的首创性为目标，才有可能获得成功。

3. 市场的率先性。技术的首创性必然带动市场的率先性。一个国家或者一个企业在自主创新领域领先一步，就有可能占领绝大多数市场份额。自主创新成果只有尽快商品化，才能为自主创新者带来丰厚的利润，才能有效防止跟随者抢占市场，侵蚀其技术开发的成果。自主创新的优势在很大程度上是由技术的首创性与市场的率先性奠定的。

4. 效益的显著性。发达国家及其跨国公司凭借科技优势形成了对世界市场特别是高新技术市场的高度垄断，牢牢把持着国际产业分工的高端，获取超额利润。我国许多产业尽管在规模上不断扩大，但由于缺乏核心技术，失去了许多应得的经济利益。同时，随着我国制造业规模的不断扩大，由于缺乏高效的生产技术，消耗了大量宝贵的不可再生资源，对我国的生态环境形成了巨大压力。因此，自主创新无论在经济效益还是环境效益方面的作用都将是非常显著的。

（五）自主创新的主体

目前，对于谁应该是自主创新的主体，企业是否已经成为自主创新的主体以及我国现阶段自主创新的主体是谁，学术界还存在不同的观点。

1. 绝大多数学者认为企业是自主创新的主体。企业作为自主创新的主体具有其客观规律性，因为自主创新能力不仅在于能产生科研成果，更重要的是成果转化、产业化应用和市场开拓。企业具有把科技成果转化为产品的先天优势，有直接面向市场并了解市场需求的灵敏机制，有实现持续技术创新的条件[①]。祝宝良（2005）从实际创新行为的角度出发，指出，对于科技创新，长期以来，我国更多地习惯关注科研机构和大学，但

---

① 陈至立：《加强自主创新和职业教育工作》，《人民日报》2005 年 9 月 22 日。

近百年世界产业发展的历史表明，真正起作用的技术几乎都来自企业。杨瑞龙（2005）从国家和企业分工的视角出发，认为国家是自主创新战略的制定者，战略的具体实施需要由企业来完成。企业的自主创新能力既是企业发展壮大的根本动力，也是提升国家竞争力的重要因素。因此，应该把企业自主创新能力建设置于国家战略的高度，使企业真正成为技术创新的主体。

2. 认为我国企业还没有真正成为自主创新的主体。近年来，我国企业的研发经费虽然已占总经费的60%，从数字上看似乎已成为自主创新投入的主体。实际上，这些经费绝大部分用于购买技术，确切地说是购买生产线，引进和消化之比为1∶0.08，而这一比例在韩国为1∶5—1∶8。此外，我国大中型企业研发经费占销售收入的比例多年来一直不到1%，拥有研发机构的企业只占25%，75%的企业没有一个专职人员从事研发活动，35%的企业没有研发活动。[①] 由此可见，企业自主创新主体的地位还没有真正确立。

3. 认为我国现阶段自主创新的主体是双重的。有学者认为，从我国的现实出发，把企业看作是自主创新的主体具有一定局限性。对于成熟的、发达的市场经济体系，企业必然是自主创新的主体，但对于中国这样一个二元结构显著的发展中国家，企业作为自主创新主体地位的说法就值得商榷[②]。在他们看来，企业当然应该积极主动地开展自主创新，但如果仅仅依靠企业自身的力量显然是不够的。有学者通过分析企业和科研机构的关系认为，在我国，自主创新拥有双重主体——企业和科研机构，但是企业占据着主导地位。一方面，自主创新的主体如果不是企业，不仅容易使自主创新失去坚实的实践基础，形成少数科研人员的孤军作战，同时也容易使研究工作失去有力的经济支撑和广阔的试验场所，难以转化为现实生产力，达不到自主创新的最终目的。另一方面，自主创新属于高科技项目，需要高新理论和尖端技术的支撑，而且周期长，难度大，单靠企业难以成功，需要科研部门的指导与合作。因此，科研机构和企业需要紧密结合。然而，从总体上看企业还是居于主体地

---

① 陈建辉：《激活企业创新之源——写在"2005中国自主创新品牌高层论坛"开幕前夕》，《经济日报》2005年11月3日。

② 徐长明：《中国汽车业需作大转折》，《市场报》2005年10月21日。

位。因为从自主创新的立项、选题、投入、研究、试验、鉴定、推广应用等全过程来看,任何一环都离不开企业的参与和实践。①

(六)自主创新与技术引进

"自主创新"概念最初是相对"技术引进"提出的,自主创新与技术引进的关系一直是学术界争论的焦点。将不同学者的观点进行归纳分类,主要有以下三种。②

1. 认为应当更加重视技术引进,而不要过多地去谈自主创新,因为追求自主创新的结果,在经济学意义上是不值得的。例如,有学者认为,在全球化背景下的中国产业技术发展的战略与产业结构升级,可以充分利用经济全球化的机遇,利用全球知识储备,通过跨国公司的对外直接投资引进外国的先进技术推动产业结构调整。像中国这样的发展中国家应该充分利用与发达国家的技术差距,通过引进技术推动本国的产业技术升级,这是一种可行、成本低、效益好的战略选择。

2. 反对过于依赖技术引进,因为真正的核心技术是引进不来的。例如,梅永红强调,在我国的技术引进中,属于硬件成套设备的引进占了绝大部分,技术许可和技术咨询服务等软件技术引进的合同数量很少,所占比例均不超过20%,反映出我国企业普遍存在技术依赖状况。这就难免被掌握新技术的跨国公司所利用。目前,对技术的引进有余,而消化、吸收严重不足,后者的资金投入只有前者的1/3左右。以至于许多行业表面上看起来热火朝天,实际上已经陷入"引进—落后—再引进—再落后"的陷阱,真正的核心技术是引不进来的。

3. 认为要注重引进,同时也不能忽视自主的力量,要求自主创新与技术引进之间必须形成一种有效的联动机制。例如,胡鞍刚认为,在技术引进与自主开发两者之间应选择某种平衡,主张继续鼓励企业、厂商引进技术,又要强化本国企业和科技界技术创新能力。引进技术与自主创新两者之间并不是截然对立的,而是具有互补性。王子君认为,不能盲目地以为外资引进得越多越好,应通过适当的政策引导外资走上能够有助于我国自主创新的轨道上来,而不是像泰国和印度尼西亚一样形成一个脆弱的依

---

① 胡晓鹏:《中国学界关于自主创新问题的观点论证与启示》,《财经问题研究》2006年第6期,第10—11页。

② 赵忆宁:《"技术引进"与"自主创新"的论争》,《瞭望新闻周刊》2003年第27期,第14—17页。

赖于外资的经济。①

六 企业自主创新体系与能力

（一）企业自主创新及其条件

1. 企业自主创新的界定

在自主创新理论基础上，我们研究认为：企业自主创新是指以企业为主体，以企业技术和制度的创造性变革为媒介，以追求资源配置、使用的有效性为目的的活动。企业的自主创新活动具有如下基本特征：①创新的连续性；②创性的跳跃性；③创新具有较高的风险性；④企业的创新具有资产性；⑤创新的高效性。这种创新同样有两种方式：一种是技术创新，它在自然界中为某种自然物找到新的应用，并赋予新的经济价值；一种是制度创新，它在经济与社会中创造一种新的管理机构、管理方式或管理手段，从而在资源配置中取得更大的经济价值与社会价值。

2. 自主创新企业的一般性条件

由于自主创新具有技术突破的内生性、技术与市场方面的率先性、知识和能力支持的内在性和高投入、高风险等特征，实施自主创新的企业必须具有良好的基础，拥有完备的创新链，其一般性条件包括6个方面。

（1）在技术方面。企业具有完善的研究开发机构，拥有一批具有较高水平的科技人才，形成了完备的技术体系，知识和技术的积累能力和研究开发能力比较强，在主业方面已经形成了一批具有自主知识产权的技术和产品。

（2）在制度方面。实行了产权制度改革，建立了规范的法人治理结构，制订和实施了知识产权保护制度和对科技人员的激励制度，形成了良好的技术创新运行机制。

（3）在管理方面。企业的主业比较突出，围绕主业制订和实施了科学的发展战略和技术创新战略，建立了学习型组织，形成了创新型的企业文化。企业内部管理制度健全，信息化管理水平较高，研究开发与生产、销售等职能部门之间的界面管理良好。

（4）在经济实力方面。企业在同行业中具有较高的竞争地位，产品

---

① 王子君：《外商直接投资与国家自主创新》，《财经科学》2004年第6期，第78—82页。

品牌的知名度高，经济效益较好，具有较强的资金实力，并且不断加大研究开发经费的投入，研发经费占销售收入的比例占5%以上。

（5）在外部合作方面。企业有与国内高校、科研机构合作的经验，并保持着良好的合作关系。同时，对境外同行业企业产品的技术发展和市场状况比较了解。

（6）在行业特征方面。一般来说，自主创新企业的主业属于高新技术产业，技术推动和市场拉动的力量比较强，创新的技术与市场空间大。但这并不表明其他产业没有自主创新的空间或者没有必要自主创新，实际上，在一些技术和市场比较成熟的产业，通过技术的集成创新和市场细分，自主创新的空间和效益仍然很大。

（二）企业自主创新体系

1. 企业自主创新体系的含义

企业自主创新体系是企业为了实现其关键核心技术的突破，取得自主知识产权而建立的创新网络、组织和制度。由企业自主创新的含义可知，企业自主创新体系不是封闭的创新体系，而是开放式的创新体系。自主创新并不排斥合作创新和引进创新，合作创新和引进创新有利于企业利用外部资源，提高企业自主创新能力。

亨利·切萨布鲁夫认为：（1）开放式创新是指当企业着眼于发展新技术的时候，可以并应当同时利用内部和外部的所有有价值的创意，同时使用内部、外部两条市场通道使其商业化。（2）创意仍然产生于企业内部的研发过程，技术商业化以内部条件为基础。因此，开放式创新模式并不是一种简单地依靠外部技术资源进行创新的模式，停止企业内部的研发工作，完全依靠企业外部技术资源注定要失败。（3）由于企业外部有大量潜在的好想法、好创意，创意也可以产生于企业以外的实验室，或者在科研阶段，或者在产品开发阶段流入企业内部。同时，企业内部一部分创意、想法也会从企业内部渗透出去，这种漏出的主要媒介就是新建企业，通常是由企业自己雇员创立的。其他的漏出机制包括专利权转让和员工离职。除开放性特征外，企业自主创新体系还具有系统性、多元性、动态性、环境制约性、边界性等特征。①

---

① [美]亨利·切萨布鲁夫：《开放式创新——进行技术创新并从中赢利的新规则》，金马译，清华大学出版社2005年版。

2. 企业自主创新体系的结构

企业自主创新体系是在企业技术创新体系的基础上发展而来的。当前对企业技术创新体系结构的研究主要是从以下三个方面进行：

一是从企业技术创新过程中涉及的企业内部各项职能及相互关系角度进行研究。如许庆瑞（2000）认为：企业技术创新体系必须加强研究与发展部门、生产制造部门和营销部门的关系，并依托企业高层领导的企业家精神、完善的研究与发展体系和教育培训体系、资金和管理工具，以及企业文化和企业制度的全方位支持。[①] 夏保华（2001）认为，一个完善的企业技术创新体系主要由下列子系统构成，即企业生产—学习系统、企业技术创新搜寻系统、企业技术创新探索系统和企业文化创新系统。四个子系统各有不同的功能和主体，相互之间有着复杂的作用关系。[②]

二是从企业技术创新过程中需要投入的各种要素角度进行研究。郭斌等人（1997）认为，一个完善的企业技术创新体系应包括六个要素，即企业家、企业家精神、战略、组织结构、研究与开发、资金与人才。前三个要素决定了企业创新活动的有效性和效率，而后三个要素则构成了企业的创新资源。

三是从企业技术创新的影响因素角度进行研究。克里斯托弗·梅耶认为，创新体系的核心因素由领导与管理、战略协调、过程、组织与人、衡量标准等5个相互依赖的因素构成。各要素如何交互影响则是由第六个因素即企业文化所决定。[③]

（三）企业自主创新能力

企业自主创新能力的研究始于国外学者对技术创新能力的研究。技术创新能力是企业核心竞争力的重要因素，由于对技术创新能力所包括的因素各有差异，导致国内外对企业技术创新能力的看法也不一致。拉里（Larry E. West Phal, 1981）从组织行为的角度，把技术创新能力看成是组织能力、适应能力、创新能力和技术与信息的获取能力的综合；Burgelman（1997）认为技术创新能力由可利用的资源、对行业竞争对手的理解、对环境的了解能力、公司的组织文化和结构、开拓性战略等方面

[①] 许庆瑞：《研究、发展与技术创新管理》，高等教育出版社2000年版。
[②] 夏保华：《企业持续技术创新的结构》，东北大学出版社2001年版。
[③] 翁君奕、林迎星：《创新激励驱动知识经济的发展》，经济管理出版社2003年版。

组成。

巴顿（D. L. Barton，1992）从企业技术创新行为主体出发，认为技术创新能力是由技术人员和高级技工的技能、技术系统的能力、管理能力、价值观等内容组成；根据国外对技术能力的研究总结，技术能力由生产能力、吸收能力和创新能力构成。生产能力指生产系统的效率和产品、工艺的技术水平；吸收能力指企业获得、存储、学习和转化新知识的能力；创新能力指担负着提高技术能力的重任，它的大小可用技术创新的贡献大小衡量。技术创新能力是技术能力的关键组成部分，企业提高技术能力最终应以提高技术创新能力为依托。吸收能力和生产能力只停留在掌握已有技术上，而不具备超越技术领先者的技术能力，只有拥有技术创新能力，经过不断创新，企业在技术创新能力上才能最终战胜技术领先者。

在自主创新研究背景下，国内学者对于企业自主创新能力也进行了深入研究。王一鸣、王君（2005）认为，自主创新能力是一种综合能力，是有效组合各种技术资源从而获得自主知识产权和开发新产品的能力，包括选择能力、研发能力、集成能力和学习能力。温瑞珺等（2005）提出，企业自主创新能力就是企业在市场竞争中，通过有效运用企业内外的各种创新资源，通过建立新的技术平台或改变核心技术，并取得自主知识产权，使企业能不断增强其核心竞争力，从而获得持续竞争优势，在技术创新过程中所表现出来的各种能力的有机综合。马建新（2006）认为，自主创新能力是一个不断积累、逐步持续形成的过程，是企业技术能力不断提高的结果，包括技术吸收能力、技术融合能力和技术变革能力。孙冰、吴勇（2006）认为，自主创新能力是指在一定的技术条件和经济条件下，依靠自身（或主要依靠自身）的力量掌握对企业发展有重大影响的自主知识产权（或专有技术），以集成创新和引进消化吸收基础上的再创新为主要实现形式，使企业不断增强其核心竞争力，从而获得市场竞争优势所表现出来的各种能力的有机综合。

综合国内外学者的观点，我们研究认为：企业自主创新能力是支持企业创新战略实现的多种能力的总合，是组织能力、适应能力、创新能力和技术与信息的获取能力的综合，它是"能独立进行产品技术、工艺技术的研发乃至开发出面向市场的有竞争力的全新产品"的能力，是通过自主创新来提高产品或服务的科技含量和竞争能力，也是提升企业核心竞争力的能力。

(四)企业自主创新模式

在对自主创新模式的研究方面,国内学者进行了大量研究,从不同视角提出了多种不同的自主创新模式,其中比较有代表性的研究有:

田能瑾、解洪成(2000)比较早地研究了企业技术创新的模式选择问题。他们将企业自主创新的模式概括为以下五种,即①自主创新模式:分为进攻型,防守型和补缺型;②合作创新模式;③委托研究模式;④引进创新模式;⑤综合创新模式。

许文兴等(2001)通过对林业企业技术水平和技术创新需求的分析,提出国内林业企业整体技术水平与国外林业企业和国内其他行业的企业存在着巨大的差距,与此同时也存在着巨大的技术创新需求。他进一步指出我国林业企业的长期创新模式选择应是模仿创新为主、合作创新为辅,而独立自主创新是我国林业企业技术创新的最终模式。

李国平、韩振海(2003)以青岛市为案例,客观分析了青岛市企业技术创新的行为环境,针对青岛市企业技术创新的优势与不足,提出了青岛市企业未来技术创新的基本模式:①青岛市企业技术创新的基本模式是:自主创新与引进创新并重,独立创新与联合创新结合。②青岛市企业技术创新模式的近期选择是:以引进创新为主,加大企业间联合创新力度。③青岛市企业技术创新模式的远期选择是:建立自主创新为主的技术创新模式,形成企业技术创新战略联盟网。

王森等(2005)总结了国内外成功企业的经验并结合我国企业的创新环境,提出了我国企业可行的几种自主创新模式:①围绕产品生产技术、工艺进行改进提升的创新模式,如 TCL 的成长之路。②围绕要素来源的创新模式。企业要在引进技术的基础上搞自主创新,可采用围绕要素来源进行自主创新的创新模式。要素来源专指企业生产所需的原材料,即通过创新性的研究,发掘新材料从而实现产品品质的提升。以近年来汽车材料的进步为例,说明材料的创新在整个创新体系中的重要性及所产生的价值。③围绕市场的创新模式。企业不单单要盯住现有产品,从改进产品技术工艺、优化要素来源入手搞创新,更要学会观察市场、研究市场,从市场中发现需求,根据需求创造产品。④围绕高新技术、发明的创新模式。如像北大方正这样集国家重点实验室、国家工程研究中心、博士、硕士点等科研教育于一身的企业。

宋艳、银路(2006)研究了企业基于新兴技术的自主创新模式。

①原始性自主创新。这种模式类似自主创新内涵所定义的创新模式。虽然对企业具有十分明显的优势,但往往对企业的经济实力、技术研发能力、抗风险能力和组织管理能力都有较高要求。一般只有经济和技术实力超群的大型跨国公司才具有一开始就采取这种模式的条件。②移植式自主创新。这种模式很容易对企业原有价值链造成破坏甚至毁灭,但又能促使企业在新的技术平台上构筑技术壁垒,实现技术的率先和市场的领先。③应用式自主创新。这种模式是企业通过外部技术的模仿或购买,在消化、吸收的同时,强调与新环境的适应,基于需求创造的应用研究,在此基础上实现技术再创新,逐渐培养企业技术研发能力,摆脱受制于他人的局面,最终实现具备自主创新的能力。④集成式自主创新。这种模式需要企业与其他企业或科研机构形成技术联盟,充分利用外部资源为实现某一技术创新战略目标而协同合作,凭各自的技术优势共同完成技术创新活动。

李刚、陈昌柏(2006)在实证调研的基础上,分析了企业自主创新能力现状和存在的主要问题,确立了企业进行自主创新的几种主要模式:①基本发明创新,即原始性创新,是建立在一整套不同的科学技术原理上的新的发明创新,属于基础性研究,一般是基于科学原理产生的。②核心技术创新,是指企业通过自身研发取得产品关键部件或部位、元器件的制作工艺、技术,并在此基础上继续推动核心技术创新的后续环节,完成技术和产品商品化的创新活动。③改进技术创新,是指企业引进技术后,通过消化吸收,在掌握其基本原理和专有技术后,在自身技术积累的基础上逐步形成自己的研发能力,再根据市场需求,对引进技术进行改进和创新,纵深挖掘其价值,并实现质的突破,进而摆脱对原技术的依赖。④产品设计创新,是对产品的外在造型、内在结构和整体性能等方面进行综合性的设计,包括内部设计和外部设计。⑤传统文化创新。

王立军(2006)研究总结了浙江民营企业自主创新的两种主要模式。一种是基于块状经济的集群创新。浙江省是我国块状经济比较发达和企业集群发展比较突出的地区之一。正是由于民营企业集群的不断形成,使得浙江区域特色块状经济十分发达。目前,产值超亿元的块状经济有519个。在块状经济发展过程中,企业逐渐形成了以企业间技术合作为主的集群创新。另一种是基于资源配置全球化的跨界创新。这种模式主要表现在以下几个方面:①研究开发活动国际化程度提高。②科学技术知识供应的全球化。③专利活动的国际化水平提高。④国际科学技术合作大量增加。

目前，浙江省民营企业已在4个国家设立了5家研发机构，这主要有以下几种模式：以万向为代表的循序渐进模式；以华立为代表的高端介入模式；以飞跃为代表的引进专家模式；以艾康生物为代表的两头在外模式。

马锋、张玉芳（2006）研究了美国的封闭式和开放式技术创新模式。美国的第一代创新模式就是封闭创新模式。这种模式认为，技术创新是企业的灵魂，因此只能由企业自己去发现新的产品和服务，从而保证技术保密，技术独享，进而在技术上保持领先地位。美国最新一代的创新模式是开放式创新模式。开放式创新模式特征主要表现在：企业边界是模糊的，企业内部的创新思想可能来源于企业内部的研发部门或其他部门，但也可能来源于企业外部。作者认为开放创新、集成创新是中国企业技术创新的学习方向。

孙岚等（2007）通过对LG的自主创新情况进行SWOT分析，为LG自主创新模式的选择与实施提出了建议：①以设计创新为突破口，从根本上提高原始创新。②以营销创新为依托，努力提高全球市场的开拓能力。③以管理创新为支撑，快速提高企业的综合竞争能力。

牛虎明（2007）研究了企业技术创新开发模式，指出企业通常采用的模式主要有自主创新开发模式、合作开发模式、引进技术开发模式、测绘模仿技术的开发模式等几种。其中，自主开发的技术创新模式是以企业自身的实力，整合各种技术资源自行研究开发出新的技术和新的产品的创新方式；合作开发是整合外部资源，利用他人的技术资源或采取优势互补的一种创新模式；引进技术是根据企业技术的发展或市场产品的需要，尽快缩小与竞争对手的研发能力或者产品技术差距，将他人先进技术或产品引进过来。

周林洋（2007）研究了创新模式的演变。20世纪60年代以前，创新以"技术推动"为主要模式。其特征是在技术导向下的线性、自发的转化过程，强调的是研究开发（R&D），认为市场是R&D成果的被动接受者；20世纪60年代至70年代中期，以"需求拉动"为主要模式，其强调的是市场营销，认为市场是指导R&D行动的构思来源，R&D是一种被动的反应；20世纪70年代至80年代，是"交互作用"模式，该模式是一种有连续反馈的环形过程，强调的是研究开发和市场二者的共同作用对创新成功的重要性；20世纪80年代至90年代，为"一体化"整合模式，该模式的特征是把创新作为R&D、设计开发、生产等要素同时展开的平行过程，强调 R&D 与市场相交界面的整合，企业与上游供应者的联系，与先行性用户的联系，研究开发和制造相结合的"可制造的设计"；近年来的集成创新模式，显著特征则是整个创新过程大范围的电子化和信息化，以及运用网络与专家系统来辅助开发工作。而信息技术、管理技术的快速发展为集成创新提供了强有力支撑。

第二编

我国企业创新活力现状
——基于沈阳的实证分析

第三章 沈阳城市创新活力基础及环境分析

第一节 沈阳城市创新发展的基础条件

沈阳是中国"一五"期间重点投资建立起来的老工业基地。经过几十年的发展，目前全市工业企业达5800多家，工业固定资产净值达267多亿元；产业门类达140多个，形成了以机械加工为主，包括冶金、化工、医药、轻纺、电子、汽车、航空、建材等行业在内的门类齐全的工业体系，具有较强的综合加工能力和成套能力。其中，机械工业驰名中外，机床、输变电设备、通用机械、大型矿山机械、汽车等重点产品在国民经济中占有十分重要的地位，并具有参与国际竞争的能力和潜力。

沈阳的科技力量庞大，全市拥有各类科技人才55余万人，其中自然科学领域25万人，在全国大城市中居于前列。全市每万人中有大学生578人，比全国平均数高3倍多。全市拥有各类高等院校30所，各类科研院所400多家。其中，中科院沈阳金属研究所、林土研究所、化工部沈阳化工研究院、机械部沈阳铸造研究所等科研院所的学科和专项研究，不仅在国内居于领先地位，某些领域的研究成果在国际上也崭露头角。

一 沈阳城市创新发展的经济基础

（一）地区经济快速增长

当前沈阳的城市综合实力不断增强，国民经济保持快速增长，经济总量实现大幅提高。2011年，面对严峻复杂的国内外环境，全市经济实现了平稳较快发展，保持了社会和谐稳定。全市实现地区生产总值（GDP）5915.7亿元，比上年增长10%。其中，第一产业增长5.1%，第二产业增长11.4%，第三产业增长8.9%。三次产业对经济增长的贡献率分别为

2.5%、57.4%和40.1%。按常住人口计算，人均GDP为72648元，增长11%。近年来沈阳市经济发展总体状况及沈阳市地区生产总值发展状况如表3-1和表3-2所示。

2011年地方财政一般预算收入620.1亿元，比上年增长33.3%。地方财政一般预算支出639.3亿元，增长23.7%。其中，医疗卫生支出增长21.3%，城乡社区事务支出增长47.9%，环境保护支出增长33.9%，农林水事务支出增长12.06%，教育支出增长24.44%，科学技术支出增长32.47%。[①]

表3-1　　　　　2001—2011年沈阳市经济发展总体状况一览

指标	单位	2001年	2002年	2003年	2004年	2005年	2006年	2007年	2008年	2009年	2010年	2011年
国内生产总值	亿元	1238.0	1400.0	1602.0	1900.7	2084.1	2482.5	3073.9	3860.5	4359.2	5017.5	5915.7
年工业增加值	亿元	482.0	545.7	681.5	830.3	786.3	1008.2	1233.4	1714.2	2017.5	2361.4	2960.9
高新技术产值	亿元	434.8	620	601.8	755.2	977.8	1419.7	2048	2699.8	3216.2	3890.6	4617.7
工业经济效益综合指数	%	89.34	96.2	112.46	129.91	148.6	167.2	226.8	247.7	273.25	302.31	340.73

资料来源：《沈阳市国民经济和社会发展统计公报》（2000—2012年），沈阳市统计局发布。

表3-2　　　1985—2012年沈阳市地区生产总值发展状况　　　单位：万元

年份	地区生产总值	第一产业	第二产业	工　业	第三产业	人均地区生产总值（元）
1985	1100104	106981	630891	584110	362232	1824
1986	1255307	115992	720955	657448	418360	2056
1987	1541602	145997	852985	761494	542620	2491
1988	1937656	201048	993239	883341	743369	3089
1989	2175936	164028	1104194	996775	907714	3424

---

① 资料来源：《2012年沈阳统计年鉴》。

续表

年份	地区生产总值	第一产业	第二产业	工业	第三产业	人均地区生产总值（元）
1990	2348819	238243	1071207	961049	1039369	3653
1991	2547241	254456	1133609	1013653	1159176	3930
1992	3266072	292526	1506390	1338471	1467156	5012
1993	4245977	349600	1955557	1689503	1940820	6478
1994	5520457	447409	2464203	2119774	2608845	8364
1995	6728642	513541	2848009	2469283	3367091	10125
1996	7476656	549340	3021457	2679236	3905859	11177
1997	8258248	590113	3364808	2981064	4303326	12281
1998	9070368	653720	3620331	3197391	4796317	13451
1999	9716730	703659	3815358	3371582	5197713	14374
2000	10669908	742519	4163501	3676780	5763887	15666
2001	11740239	801228	4463658	3923564	6475353	17084
2002	13260183	874178	4956707	4340643	7429298	19242
2003	15018961	893233	5974341	5300692	8151387	21798
2004	17729334	1140852	7262813	6309000	9325668	25640
2005	20841339	1263299	9062862	7862825	10515178	29935
2006	25196339	1351958	11391228	10088171	12453153	35940
2007	32211508	1661506	15557413	14034506	14992589	45582
2008	38604745	1836782	19341180	17573907	17426783	54248
2009	42685000	2071000	21274000	19245000	19340000	53794
2010	50175000	2327000	25299000	22835000	22549000	62357
2011	59157000	2791000	30269000	27258000	26098000	72648

资料来源：《沈阳统计年鉴》（1985—2012年）。

（二）工业及高新技术产业迅猛发展

1. 沈阳市工业经济迅猛发展

2011年全市规模以上工业增加值2960.9亿元，比上年增长11%。其中，重工业增加值1478.6122亿元，增长18.48%；轻工业增加值499.0969亿元，增长17.3%。国有及国有控股工业企业实现增加值增长

11.8%；股份制企业实现增加值增长21.5%；外商及港澳台商投资企业实现增加值增长16.0%。汽车及零部件、建筑产品制造业、化工产品制造业、农副产品加工、钢铁及有色金属冶炼及压延等五大优势产业实现增加值增长13.8%。装备制造业实现增加值增长12.6%，占全市规模以上工业增加值的48.0%。2011年，规模以上工业实现高新技术产品产值1219.4576亿元，增长19.1%。工业拥有市级以上名牌产品146种，其中国家级名优产品19种，省级名优产品91种。沈阳规模以上工业企业发展状况如表3-3所示。

2011年全市规模以上工业企业实现利税总额1058.7亿元，比上年增长3.9%；利润总额712.6亿元，增长0.5%。工业经济效益综合指数354.34%，比上年提高3.9个百分点；工业产品产销率98.65%。

2. 优势产业和重点企业支撑作用突出

2011年沈阳市五大优势产业实现总产值6039.1亿元，增长13.8%。汽车产业扭转了上年生产持续低迷的局面，呈现大幅回升，实现产值1522.4亿元，增长17%。建筑产品制造业、农副产品加工制造业、化工产品制造业、钢铁及有色金属冶炼及压延业的增长率分别为7.6%、13.1%、13.9%、17.9%。铁西装备制造、东部汽车、航高基地三大聚集区建设加快推进，《铁西装备制造业聚集区产业发展规划》获国家批准，铁西区入选新中国60大地标。

3. 高新技术产业发展较快

2011年，全市高新技术产品产值4617.6888亿元，增长22%。创新能力进一步提高，高端等离子体增强化学气相沉积设备研发等4个IC装备项目、机床五轴联动加工中心等16个数控机床与基础制造项目，通过评审并列入国家重大科技专项。并购海外科技型企业取得进展，新松机器人公司兼并德国希康公司等9个项目已经完成，沈飞民机公司引进庞巴迪支线飞机设计与制造专家团队等50个海外研发团队项目启动并纳入省"双百工程"。

表3-3　　　　　沈阳市规模以上工业企业主要财务指标

指标	单位	2001年	2002年	2003年	2004年	2005年	2006年	2007年	2008年	2009年	2010年	2011年
企业数	个	1157	1116	1349	2683	3033	4129	4382	5226	5247	5252	4161

续表

指标	单位	2001年	2002年	2003年	2004年	2005年	2006年	2007年	2008年	2009年	2010年	2011年
亏损企业	个	453	404	431	868	589	624	439	494	462	367	202
工业总产值	亿元	829.3	913.5	1253.4	1573.0	2195.2	3290.9	4786.0	6529.5	7637.1	9612.5	10880.6
工业增加值	亿元	198.5	219.4	278.7	420.8	652.1	914.2	1368.2	1714.2	2017.5	2361.4	2960.9
固定资产原价合计	亿元	963.2	1016.5	1004.7	1114.9	1221.2	1379	2138.3	3221.6	3400.9	4586.9	5137.6
固定资产净值平均余额	亿元	631.2	663.2	659.2	750.1	788.4	920.1	1085.7	1888.1	1981.3	2236.6	2285.5
流动资产年平均余额	亿元	804.3	805	862.7	1124.7	1280.4	1518.8	1784.5	2171.4	2497.2	2954.6	3230.2
流动资产合计	亿元	834.4	816.4	931.8	1196.1	1276.8	1523.6	1817.1	1814	2497.2	2954.6	3230.2
主营业务收入	亿元	768	830.2	1065.9	1471.3	2045.5	3111.1	4546.4	6357.5	7443.4	9399.6	10843.7
利润总额	亿元	20.4	17.6	24.7	55.1	46.2	77.7	197.4	274.5	383.0	673.3	712.6
亏损额	亿元	21.8	19.5	28.8	24.8	27.8	25.5	11	22.2	18.5	19.1	17.8
利税总额	亿元	59.1	61.7	78.2	112.1	118.5	183.5	348.3	444.8	693.9	996.8	1058.7
规模以上工业产品销售率	%	96.9	98.1	96.5	95.9	98.2	97.4	97.6	97.8	98.24	98.27	98.8
全部职工年平均人数	万人	49.3	44.6	41.1	45.2	51.7	57.4	66.6	76.6	85.8	86.1	82.2

注：①2003年，部分工业集团（公司）的统计报表由原来的按集团统计改为按所属独立核算法人单位统计；②2003年，企业规模按国家统计局《统计上大中小型企业划分办法（暂行）》新标准划分。

资料来源：《沈阳统计年鉴》（2000—2012年）*。

二 沈阳城市创新发展的资源基础

（一）科技资源基础

2011年，全市拥有科技人力资源近56.4万人，两院院士28人，拥有普通高等院校44所，拥有市级以上独立科学研究与技术开发机构106个，省级以上工程（技术）研究中心136个，省级以上重点实验室166

---

* 规模以上工业企业指全部国有及国有控股和年产品销售收入500万元及以上非国有工业企业。

个。国家级技术创新平台26家，其中国家工程研究中心7个，国家工程技术研究中心7个，国家工程实验室2个，国家级重点实验室10个。省级及以上企业技术中心81家，其中国家级13个，均位居全国副省级城市前列。

2011年全年，沈阳市共承担国家863计划、科技支撑计划、973等计划立项300余项。举办重大科技活动30项，并有20个项目列入国家重大科技专项，沈阳IC装备产业基地成为国家集成电路装备高新技术产业化基地，辉山农业科技园晋升为国家级科技园区。沈阳市成为"国家知识产权工作示范城市"。

2011年全市专利申请2274件，其中发明专利申请727件；专利授权3637件，其中发明专利授权984件。2006年以来，全市获得国家科技奖励50余项，获得省级科技奖励600余项，取得了R0110重型燃气轮机、正电子扫描成像系统等70多项世界级重大科技成果。变压器、鼓风机等国家级行业研究所及技术检测中心设在沈阳。全年市以上登记认定的科技成果312项，其中应用技术成果281项。应用技术成果中，达到国际水平139项（国际领先35项，国际先进104项）；达到国内水平136项（国内领先93项，国内先进43项）。软科学成果及基础理论成果31项。各类技贸机构技术贸易成交额67.47亿元。

当前沈阳已初步建立起以科研机构、大专院校为主体的知识创新体系和以企业为主体的技术创新体系。

（二）教育资源基础

2011年，沈阳市完成10所农村九年一贯制学校建设，累计已建成104所，覆盖了90%的乡镇。完成100所城乡幼儿园改建和449所学校、4506个班级的"班班通"建设，职业学校开始迈上全面提高技能型人才培养的新征程。到2011年末，全市普通高等院校51所。招收本、专科学生45万人，在校生121万人，本、专科毕业生8.3万人。普通高等院校和科研机构招收研究生1.32万人，在校研究生3.2万人，毕业研究生1.04万人。高等教育毛入学率47.5%。普通中学324所，在校生29万人；普通中专40所，在校生7万人；职业高中46所，在校生2万人；技工学校37所，在校生2.4万人。初中毕业生升学率99.8%，高中阶段毛入学率91.2%。小学校350所，在校生34万人。小学学龄人口入学率100%。全市学前三年幼儿入园率90%。

近年来沈阳市科技、教育及文化各项综合指标如表 3-4 所示：

表 3-4　　　　1999—2011 年来沈阳市科技、教育及文化综合指标

项目	单位	1999年	2000年	2001年	2002年	2003年	2004年	2005年	2006年	2007年	2008年	2009年	2010年	2011年
各类专业技术人员	万人	49.6	48.6	46.4	46.1	46	46.3	48.1	48.2	48.3	50.5	52.3	54.2	56.3
科技成果总数	项	734	750	758	213	265	752	762	783	850	855	312	184	289
推广应用项目	项	481	474	591	158	182	551	556	645	690	739	292	166	260
科技成果奖	项	224	226	312	262	265	325	142	264	322	353	331	326	329
高等院校	所	21	21	21	24	36	36	37	37	40	40	40	41	44
公共图书馆	个	20	20	20	20	20	20	20	21	21	21	21	21	21

资料来源：《沈阳统计年鉴》（2012）。

三　沈阳城市创新发展的体制环境基础

改革开放以来，沈阳市多次承担国家的重要改革试点任务，先后 2 次成为国家综合配套改革试点城市，有 10 余项综合配套改革和 20 多项单项改革试点在全国首开先河，积累了改革经验，夯实了改革基础。近年来，沈阳市在深化国企改革、完善现代市场体系、促进科技创新、推进社会事业改革等重点领域和关键环节上均取得显著成果，先后成为全国文化体制改革试点城市、国家知识产权工作示范城市、"铁西老工业基地调整改造暨装备制造业发展"示范区、国家新型工业化综合配套改革试验区。

作为沈阳经济区国家新型工业化综合配套改革试验区的核心城市，沈阳市业已确定科技体制创新为全市开展新型工业化综合配套改革试验的主要任务之一。改革已成为城市发展的动力，创新已成为城市发展的主导战略，全社会形成了鼓励创新的文化氛围。

（一）沈阳市的知识产权战略

实施知识产权战略，是沈阳市建设国家创新型城市的关键举措和重要保障，对于提升城市综合竞争力，推动实现沈阳"五大任务""三大目标"具有重大意义。根据国家及辽宁省知识产权战略纲要的总体部署和沈阳市委、市政府《关于提高自主创新能力，建设国家创新型城市的决定》精神，沈阳市人民政府于 2009 年 3 月制定了《沈阳市知识产权战略纲要》。《纲要》确立了沈阳市实施知识产权战略的指导思想与工作目标。

1. 指导思想

以邓小平理论和"三个代表"重要思想为指导,以制度建设为核心,以促进智力成果产权化、知识产权技术产业化为方向,全面贯彻落实科学发展观,进一步增强全民知识产权意识,并结合老工业基地振兴的总体部署,重点提高知识产权创造、运用、保护和管理能力,充分发挥知识产权对自主创新的引领作用,为国家创新型城市建设提供有力保障。

2. 长远目标

到2020年,建立适应老工业基地振兴要求、符合市场经济规律和国际规则的知识产权发展机制,使沈阳成为创造活力强劲、管理体制完善、实施渠道畅通、保护措施有力、专业人才集聚的知识产权强市。全市知识产权发展水平进入全国副省级城市"第一集团"行列,成为东北地区的知识产权中心。

3. 近5年目标

专利目标:全市专利申请持续快速增长,其中,发明专利申请年均增幅达到12%,占申请总量的比重达到40%;全市职务专利申请占申请总量的比重达到60%,企业专利申请占职务专利申请量的比重达到65%;专利对经济增长的贡献率显著提高,具有自主知识产权的产品产值占高新技术产品产值的比重达到60%;全市80%以上的科技型企业、60%以上的传统装备制造企业拥有专利权;国(境)外专利申请量进一步提高。

商标目标:沈阳市著名商标达到400件,辽宁省著名商标达到200件,争取10%的辽宁省著名商标成为中国驰名商标。同时,形成一批在国际市场有较大影响力的著名商标。

版权目标:基本实现政府机关和企事业单位软件正版化;全市作品版权年度登记量不低于1000件,其中主要门类作品产出量、软件版权年度登记量和核心版权产业产值有较大提升。

其他目标:取得植物新品种权500件以上,引进植物新品种100件;集成电路布图设计水平和整体实力大幅度提高,初步形成比较优势;自主创新技术标准所占比例达到15%,与装备制造业相关联的国际标准采标率达到70%以上;商业秘密、国防及特定领域知识产权管理进一步加强,形成全社会打击知识产权侵权及假冒行为的良好氛围。

(二)沈阳铁西装备制造业聚集区公共研发促进中心建设

2010年5月11日,沈阳铁西装备制造业聚集区公共研发促进中心在沈阳工业大学正式揭牌成立，标志着沈阳铁西装备制造业聚集区的公共研发平台建设正式启动，这也是贯彻落实《沈阳铁西装备制造业聚集区产业发展规划》的具体行动。

沈阳铁西装备制造业聚集区公共研发促进中心作为政府承建、市场化运作、为企业提供公共研发服务的平台，能够充分整合政府、学校、科研机构和企业四方资源，实现资源优化配置，提高综合创新能力。中心的成立，有利于促进沈阳铁西装备制造业共性技术、关键技术的研发和新优势的形成，提升沈阳装备制造业整体实力，同时对于建立先进装备制造业自主创新的新体制新机制，走新型工业化道路，加快发展方式转变和产业结构优化升级都具有重要意义。沈阳机床集团、北方重工集团、沈鼓集团、沈阳远大集团、特变电工沈变集团、三一重装集团和北方交通重工集团等六家骨干企业还分别成立了"公共研发促进中心分中心"。

四　沈阳城市创新发展的区位条件优势

沈阳地处东北亚地区中心地带，与日本、朝鲜、韩国、蒙古国、俄罗斯等国家邻近。从全国看，沈阳地处东北经济区与包括由辽宁、河北、山东、山西、内蒙古五省区和北京、天津两市构成的环渤海经济区的结合部。

从辽宁看，在沈阳周围还聚集着钢铁之城鞍山、煤炭之城抚顺、化纤之城辽阳、煤铁之城本溪、粮煤之城铁岭，构成了以沈阳为中心的经济联系特别紧密、市场容量相当巨大、发展前途十分广阔的辽宁中部城市群体。沈阳这种优越的地理位置，决定了它在东北亚经济圈的发展、环渤海经济区的开发和辽宁中部城市群的开放中，具有举足轻重的地位。

沈阳是辽宁省省会，沈阳经济区（辽宁中部城市群）的核心城市，是东北地区的交通中心、经济贸易中心、金融中心，位于东北亚经济圈的中心区域，东北经济区与环渤海经济圈接合部，是欧亚大陆通往太平洋的重要门户、物流服务和交通枢纽，是国内参与东北亚经济循环的中心地带。推进沈阳经济区一体化，是辽宁省委、省政府的重大战略决策。从2005年开始，沈阳经济区8城市（沈阳、鞍山、抚顺、本溪、营口、阜新、辽阳和铁岭）就开始建立高层协调机制，各城市已签署60余项合作协议，促进了区域内优势产业整合，加速形成了对内对外开放与合作的良好区域环境。目前沈阳经济区已成为国内城市群发育最好、经济区域合作进展最快、基础最扎实的地区之一。2010年4月,国务院批准沈阳经济区为国家新型工业化综合配套改革试验区,沈阳经济区肩负起在特定领域先行先试一系列改革创新举措、为全国老工业基地探索新型工业化道路的光荣使命。

第二节 沈阳创新型城市建设基本状况

2006年1月,全国科学技术大会在北京隆重召开,这是党中央、国务院在21世纪召开的第一次全国科技大会。会上做出的提高自主创新能力,建设创新型国家的决定,成为进一步开创全面建设小康社会、加快推进社会主义现代化建设的重大战略决策。党中央、国务院建设创新型国家的决策在各地引起巨大反响,依靠科技进步和创新,加快转变经济发展方式、调整产业结构,走上创新驱动、内生增长的可持续发展之路,在许多城市形成战略共识。为了积极响应党和国家的号召,2006年沈阳市委、市政府决定,把建设创新型城市作为"十一五"期间城市发展的主导战略,让科技创新成为城市发展的主旋律。通过实施以科技创新为主导的城市发展战略,率先把沈阳建设成为国家创新型城市,推动辽宁老工业基地的全面振兴。

一 沈阳创新型城市建设"十一五"规划

2006年5月,沈阳全市科技工作会议隆重召开,会上印发了《中共沈阳市委、沈阳市人民政府关于提高自主创新能力,建设国家创新型城市的决定》《沈阳市人民政府关于提高自主创新能力,建设国家创新型城市的配套政策》《沈阳市中长期科学和技术发展规划纲要》和《各区、县(市)科技创新指标分解表》,做出了把自主创新提升为城市发展的主导战略,实现全市工作着力点由老工业基地结构调整向自主创新转变的战略部署,明确了将沈阳市建设成为国家创新型城市的奋斗目标。这次会议的召开,标志着全市创新型城市建设全面启动。同时,成立了市长任组长,分管科技副市长任副组长,市科技局等21个部门为成员单位的科技工作领导小组;建立了考核评价制度,将科技创新指标纳入对各区、县(市)的考核指标体系;在促进科技成果转化、引进培育创新人才等9个方面制定出台了一系列政策措施和实施细则,举全市之力推进创新型城市建设。

(一) 确定率先建成国家创新型城市的奋斗目标

《中共沈阳市委、沈阳市人民政府关于提高自主创新能力，建设国家创新型城市的决定》(2006 年 5 月) 中明确指出，"十一五"期间，沈阳市通过自主创新，突破掌握一批具有战略性的、影响城市竞争力的核心技术，培育形成一批具有自主知识产权的前瞻性高新技术产业，做大做强一批具有自主创新能力的科技领航型企业。到 2010 年，沈阳市科技型企业要达到 15000 家以上；80% 以上的高新技术企业建立研发机构；高新技术产值占工业总产值的比例达到 45% 以上；全社会研发投入占地区生产总值的比重达到 3% 以上；科技进步贡献率超过 60%；对外技术依存度低于 40%。形成以市场为导向、企业为主体、产学研相结合的科技创新体系。把沈阳市建设成东北地区技术创新中心、国家先进装备制造业基地，为建设国家创新型城市奠定坚实基础。到 2015 年，科技创新体系更加完善，自主创新能力显著增强，科技综合实力和竞争力位居全国副省级城市前列，率先把沈阳建成国家创新型城市。

(二) 明确自主创新工作的六大突破口

1. 拓展高新技术产业发展空间，在构建高新技术产业带上取得突破。对高新技术产业发展的战略空间布局做出重大规划调整，构建以浑南高新区为龙头的"一带、一廊、四片区"高新技术产业带。其中，"一带"包括环绕主城区、宽度约 8—10 公里的高新技术产业聚集区，由浑南高新区、汽车产业和装备产业基地等 7 个产业组团组成；"一廊"包括沈西工业走廊中的高新技术产业区；"四片区"包括县域相对独立的四个高新技术产业片区。沈阳市政府将对高新技术产业带中的高新技术企业予以政策扶持。力争到 2010 年，高新技术产值占同期工业总产值的比重达到 45% 以上。

2. 实施重大科技专项，在打造国家先进装备制造业基地上取得突破。强力推进高档数控机床关键技术攻关及产业化、IC 装备关键技术改造及产业化等 13 项对沈阳市经济社会发展具有支撑和引领作用的重大科技专项，掌握一批核心制造技术，实现关键领域自主创新的重大突破。沈阳市本级财政每年投入 4 亿元，五年累计 20 亿元用于支持重大科技专项。

3. 推动企业提高研发能力，在培育科技创新型企业群体上取得突破。要以产权制度改革为突破口，加快对国有或国有控股大企业的重组改制工作。要深化科技型企业的内部改革，发挥企业家在科技创新中的核心作用。要加强政策引导，鼓励企业加大研发投入、建立各种类型的研发机构。要通过政策引导，提高企业研发能力，培育一大批科技创新型企业群体。到 2010 年，培育年销售额超过 30 亿元的科技领航型企业 50 个以上、高新技术企业 2000 个以上、科技型中小企业 15000 个以上。

4. 引进科技领军人物和研发团队，在打造人才高地上取得突破。重点围绕重大科技专项实施、重点产业共性关键技术攻关和重要学科建设，面向国内外引进科技领军人物和整建制的研发团队，为攻克关键技术、加快科技成果产业化提供人才支撑。沈阳市创新人才资金，每年要安排专项资金用于人才的引进、培育，对国内外人才带成果、带项目、带专利来沈阳市创办、领办科技企业的，要给予创业资助。

5. 加强孵化器建设，在科技创新企业的培育载体上取得突破。设立沈阳市孵化器建设专项资金，加大政策扶持力度。重点围绕高新技术产业带发展，全面加强孵化器建设。到 2010 年，沈阳市科技企业孵化器面积达到 300 万平方米以上。同时，提高孵化器档次，完善功能、提升服务水平，形成各具特色的孵化器园区。

6. 大力发展科技风险投资机构，在构建投融资体系上取得突破。要通过政策鼓励，吸引大批的风险投资公司。不断拓展融资渠道，形成完善的创新资金链条。对初创业的企业和个人，政府通过种子基金，给予创业资助；对成长期的科技小企业在贷款担保上给予扶持；设立沈阳市非上市科技企业股权托管中心。到 2010 年，全市创业投资机构和信用担保机构分别要达到 50 家以上，吸引风险投资、担保贷款规模达到 200 亿元以上。

（三）推进自主创新的 10 项配套政策措施

针对自主创新的关键环节，结合沈阳市实际，沈阳市政府制定出台了促进高新技术产业带发展、促进科技企业孵化器发展、鼓励投融资机构为科技型中小企业服务、促进科技成果转化、引进和培育优势产业创新人才、加强工业企业自主创新、实施重大科技专项、政府采购科技自主创新产品等 10 项配套政策，初步形成了持续创新的政策体系。

在产业政策上，制定促进高新技术产业带发展、加速科技成果转化、科技企业孵化器发展政策，特别是产业带内高新技术企业享受优惠政策的出台，将培育一批拥有自主知识产权、具有国际竞争力的高新技术企业，促进沈阳市产业结构调整和优化。

在资助和金融政策上，在原有科技经费的基础上，每年新增5亿元，连续5年，累计新增25亿元，用于支持自主创新。通过资助、补贴政策，激励企业加大研发投入，建立研发机构，提高自主创新能力。实行科技自主创新产品政府采购制度，优先购买沈阳市具有自主知识产权的高新技术装备和产品。完善相关投融资政策，引导各类金融机构支持自主创新与产业化。

二 沈阳创新型城市建设"十二五"规划

2010年，沈阳市被科技部正式批准为国家创新型试点城市，这是对全市推进自主创新、建设国家创新型城市四年来工作的充分肯定，标志着创新型城市建设迈入新的历史阶段。为加快建设国家创新型城市，全面提升城市自主创新能力，转变经济发展方式，促进经济社会又好又快发展，按照国家关于推进国家创新型城市试点工作的有关部署和要求，沈阳市人民政府办公厅于2010年7月3日下发了《沈阳市创建国家创新型城市总体规划（2010—2015年）》，《规划》指出了"十二五"期间沈阳创新型城市建设的基本构想。

（一）建设国家创新型城市的总体思路

1. 指导思想。深入贯彻落实科学发展观，以实现创新发展为目标，以提升自主创新能力为主线，以体制机制创新为动力，以创新体系建设为重点，着力营造创新友好环境，整合区域创新资源，壮大创新主体，集聚创新人才，发展创新文化，促进科技与产业融合，实现"沈阳制造"向"沈阳创造"的跨越，实现经济发展方式从要素驱动型增长向创新驱动型增长转变，不断提升城市的持续创新能力与核心竞争力。

2. 基本原则。（1）坚持全面创新，着力转变城市发展方式的原则；（2）坚持经济科技融合，着力提升自主创新能力的原则；（3）坚持产业创新为主导，着力强化企业主体地位的原则；（4）坚持区域互动，着力集聚创新资源的原则。

3. 发展目标。到2015年，科技进步贡献率提高到65%以上，全社会研究与开发经费占地区生产总值的比重达到3%以上，自主创新能力明显提高，三次产业在更高水平上协同发展，新兴产业快速发展，年均增长25%以上，在现代产业体系中发挥主导作用，现代服务业占服务业的比重达到60%以上，规模以上高新技术产品增加值占规模以上工业增加值的比重达到 45% 以上。

（二）着力提升产业创新能力

1. 加快传统产业和优势产业结构优化与升级。大力发展高新技术产业，加快用高新技术改造传统产业的步伐，针对重点行业和领域的需求，推广高新技术应用，有效促进技术改造和产业升级。2. 加快发展现代服务业。立足于东北中心城市的区位优势，重点发展金融、物流、商务会展、商贸、文化旅游等现代服务业，着力提高服务业发展水平和质量，实现集聚力、辐射力和竞争力的全面提升，构建全国重要的现代服务业大都市和东北地区现代服务业中心城市。3. 大力发展现代高效农业。落实各项强农惠农政策，强化发展基础。以工业理念谋划农业发展，推动设施农业、高效特色农业和都市观光农业建设，促进农业生产方式和增长方式转变，引导农业功能向经济、生态、文化等多方面拓展。4. 大力培育新兴产业。充分发挥新兴产业在优化产业结构、转变经济发展方式和建立现代产业体系中的重要作用，立足沈阳产业基础优势、人才集聚优势、技术装备优势，突出重点区域、重点技术、重点企业、重点产品，大力发展先进装备制造、信息、生物医药、航空、新材料、新能源、节能环保等七大新兴产业，加快形成产业核心竞争力，壮大新兴产业规模，形成新的经济增长极。5. 大力发展文化产业。

（三）注重加强创新体系建设

1. 加强企业创新主体建设。

（1）加快企业技术创新体系建设。健全创新服务体系，建立企业创新投入的激励机制，加快形成以企业为主体、市场为导向、政府为主导、产学研紧密结合的技术创新体系，探索财政、税收和政府采购政策支持产学研合作创新的新模式，支持企业创新基础能力建设，加速创新要素向企业集聚，加快发展一批自主创新骨干企业，培育一批具有自主知识产权的核心技术，增强企业的自主创新能力和核心竞争力。

（2）推动企业成为产学研合作主体。鼓励企业与高校、科研院所合作建立股份制科技企业，引导和鼓励企业以新体制、新模式建立研发机构，鼓励有条件的企业建立院士工作站、博士后工作站（流动站）。推动形成以企业为主导、以科技合作项目为龙头、以产权为纽带、以市场为导向的产学研战略联盟，实现科技开发链与产业链的有机衔接。

（3）推动企业成为成果转化应用主体。加快形成有利于科技成果转化的激励机制,鼓励企业购买科技成果,促进科技成果在沈阳转化。引导驻沈高校和科研院所面向市场确定研究课题,就地转化科技成果。鼓励沈阳企业购买、引进国内外发明专利。

(4) 建立企业技术创新评价体系。围绕推动企业技术创新,对全市工业自主创新能力进行定期评价、分析,采用科学的方法,指导、推动企业技术创新活动。

(5) 加大对中小企业创新的支持力度。完善支持中小企业的多层次科技金融体系,支持中小企业进行技术改造、技术创新。引导和促进中小企业与大专院校、科研院所进行产学研合作,加速技术支持服务体系建构,促进企业技术创新能力提升,引导中小企业向"专精特新"方向发展。

2. 促进创新人才集聚。(1) 实施人才引进工程;(2) 强化人才培养体系建设;(3) 构建人才交流平台;(4) 优化人才创业环境;(5) 激励人才创新。

3. 提升科技成果研发转化能力。

(1) 提升科技研发能力。加强自然科学与社会科学两界互动合作,携手促进全市的自主创新。建设与创新型城市相适应的高等院校和科研院所,在基础性、前瞻性、战略性科技领域,布局建设若干具备国际先进水平的科研基础设施。深化产学研合作,在先进装备制造、生物医药、航空等新兴产业领域,新建一批工程实验室、工程(技术)研究中心和企业技术中心,实现产业核心技术和关键技术的重点突破,进一步增强企业的创新研发能力。

(2) 提升技术成果产业化能力。根据国家高技术产业化发展战略,在先进装备制造、生物医药、新能源等领域组织实施高技术产业化重大专项,推动应用研究成果产业化。培育一批创新能力强、产业化效益好的创新型企业,促进产业创新的可持续发展。

(3) 构建创新平台体系。①构建科技资源共享平台;②构建创业孵化平台;③构建中介服务平台;④构建科技交流合作平台。

(四) 全力实施区域创新合作

1. 构建沈阳经济区创新合作体系。(1) 加强沈阳经济区区域创新合作;(2) 建立区域创新协调机制;(3) 建立区域科技研发共享平台;(4) 建立科技资源共享平台;(5) 建立区域技术产权交易共享平台。

2. 推进铁西新区、浑南新区、沈北新区创新能力建设。

（1）以产业为纽带，推进铁西新区、浑南新区、沈北新区等三个重点产业聚集区建设，提高自主创新能力，充分发挥创新引领、示范和先导作用，为沈阳经济区发展提供创新动力。

（2）铁西新区重点发展机械装备制造业，将机械装备制造业建成规模大、产业密集度高、产业体系完整、大型企业聚集和产品技术水平领先、公共服务体系完善、环境友好的先进装备制造业基地，充分发挥老工业基地改造示范效应。

（3）浑南新区重点发展软件、动漫、生物医药等新兴产业，加快推进动漫、生物医药等重点产业基地建设，积极开展信息化、工业化融合专项试验，引导创新资源向创新产业基地集聚，使之成为带动沈阳自主创新的"火车头"和全国一流的高新技术产业基地，充分发挥其在沈阳经济区内的集聚、辐射和带动作用。

（4）沈北新区重点布局农产品精深加工、光电信息、文化创意、商贸服务等产业，充分发挥国家新型工业化综合配套改革试验先导示范区作用，支撑沈阳市"五大发展空间"和谐发展，努力建设成为沈阳老工业基地加速振兴的新引擎，将新区打造成为现代化、高品质、国际化的"生态新区"。

3. 促进土地资源集约高效利用

完善城市功能，提高城市发展的空间承载力，形成沈阳经济区核心城市的空间优势。统筹规划、合理配置土地资源，优化土地资源开发格局，积极推进节约用地和集约用地的城镇化和工业化发展模式，做优发展空间，以空间整合促产业集聚。优化产业布局，把握国际产业转移的有利时机，促进产业技术相互渗透融合和资源优化整合，催生新产业和新业态发展，拓展城市发展的产业空间。完善基础设施，构建中心城市的支撑体系。开拓虚拟空间，优化虚拟空间管理，培育虚拟空间产业。

第四章 沈阳企业创新活力现状的实地调研分析

第一节 研究目的及手段

一 调查的目的

2011年7月,中共沈阳市第十二次党代会报告中,明确提出了未来五年实现老工业基地全面振兴的任务,即加快"五个沈阳"建设,其中"活力沈阳"旨在大力推进自主创新,切实激发经济社会发展的内在活力。而企业的创新活力正是经济社会发展内在活力的基础。

当前,沈阳市已经被国家科技部批准为国家级创新型城市,在沈阳构建国家级创新城市过程中,急需对作为创新主体的沈阳企业的创新活力状况进行深入研究,发掘沈阳企业创新的基本形式和特征,了解沈阳企业员工的创新意识状况。因此,为了收集真实的和有效的信息为"活力沈阳"建设、沈阳国家级创新型城市的建设及沈阳企业的创新活力体系构建提供战略指导,并为政府的管理部门提供决策参考依据,就需要对当前沈阳企业创新活力发展现状及企业管理层和员工的创新意识等方面问题进行深入的调研分析。

二 调查的方法和手段

我们采用深度访谈和问卷询问调研相结合的调查方法,采用重点调查的方法,有选择地对沈阳企业中具有创新活动的工业企业进行了深入调研。

深度访谈,又称做无结构访谈或自由访谈,它与结构式访谈相反,并不依据事先设计的问卷和固定的程序,而是只有一个访谈的主题或范围,由访谈员与被访者围绕这个主题或范围进行比较自由的交谈。是一种无结构的、直接的、一对一的访问形式。访问过程中，由掌握高级访谈技巧的调查员对调查对象进行深入的访问，用以揭示对某一问题的潜在动机、态度和情感，最常应用于探测性调查。

问卷调查是指用书面形式间接搜集研究材料的一种调查手段。通过向调查者发出简明扼要的征询单（表），请示填写对有关问题的意见和建议来间接获得材料和信息的一种方法。

三　调查问卷设计

调查问卷设计共分为两部分，一部分是对沈阳企业的创新活力现状及特点的调查，共分为 22 个具体问题；另一部分是对沈阳企业的管理层和员工的创新意识及对当前沈阳创新环境的态度的调查，共分为 11 个具体问题。

四　调查对象

制造业不仅是沈阳经济的基础，也是沈阳企业创新的主要力量。为深入了解沈阳企业创新活力现状及员工的创新意识等方面问题，我们于 2013 年 3 月至 6 月期间，走访了沈阳市的 52 家具有创新活力的企业，这些企业大多是制造业企业，主要涉及机械加工、工业电气、化工、医药等制造业行业，基本上代表了沈阳的制造业水平和能力，如：沈阳机床集团、沈阳黎明航空发动机（集团）有限责任公司、沈阳鼓风机集团有限公司、沈阳华晨金杯汽车有限公司等。

调查过程中通过深入访谈和问卷调查，基本摸清了沈阳企业的创新活力发展基本状况，共计发放了 158 份调研问卷，经最终整理，除去不合格问卷，有效调查问卷 102 份。

第二节　调查统计描述

数据统计采用 SPSS（15.0 版）统计软件。调查统计描述分为两部分，一部分是对沈阳企业的创新活力现状调查分析，主要包括沈阳企业创新活力的技术来源、技术获取主要途径、创新主要模式、创新技术形态等内容；另一部分是对沈阳企业的管理层和员工的创新意识及对当前沈阳创新环境的态度的调查分析，主要包括对企业创新动力来源的认识、对沈阳企业技术要素参与收益分配的认识、对当前企业发展的科技政策环境的满意程度等。

一 沈阳企业创新活力现状调查

（一）沈阳企业创新活力的基本特征

1. 沈阳企业创新的技术来源

调研数据显示，引进技术消化吸收和再创新是沈阳企业创新的最主要技术来源，其所占比例为49.02%；其次为以自主开发技术为主的创新技术来源，占29.41%；以引进技术为主的技术来源占21.57%。具体如图4-1所示。

该项调研数据表明，技术引进基础上的再创新是沈阳企业创新的最主要技术来源。

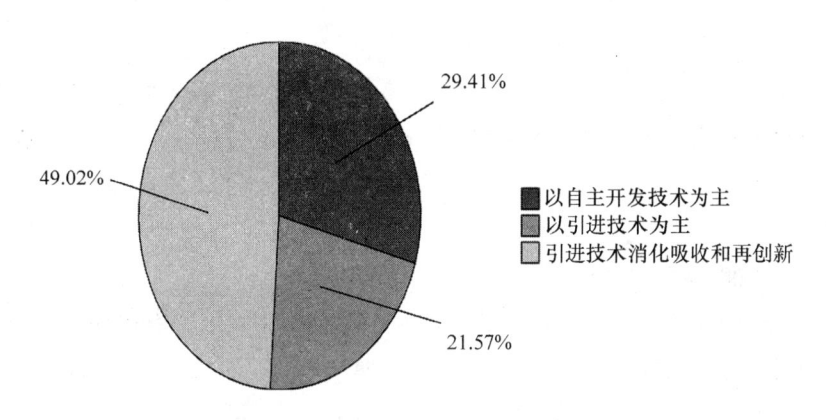

图 4-1 沈阳企业创新的技术来源构成

2. 当前沈阳企业创新过程中技术获取的主要途径

调研数据显示，沈阳企业创新过程中技术获取的主要途径分别是引进人才和培训、购买设备和自主开发，其中从引进人才和培训中获取技术的企业占29.88%；从购买设备中获取技术的企业占24.39%；企业进行自主开发的占20.12%。具体如图4-2所示。

由图4-2可以看出，购买专利、购买技术诀窍和技术入股这三种方式在企业技术获取途径中所占比例较小，这说明：一方面沈阳的技术市场仍欠发达，企业的技术信息沟通不畅；另一方面企业的管理机制，特别是知识产权激励机制不健全,导致技术入股的比例不高。

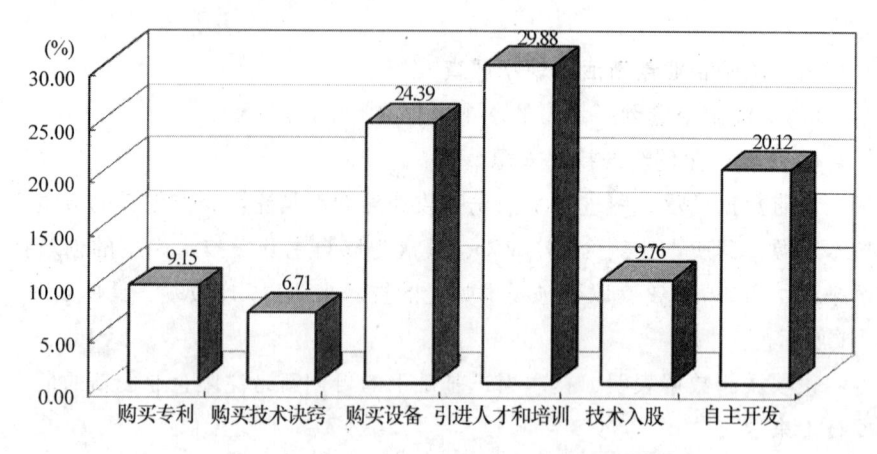

图4-2 沈阳企业创新中技术获取途径分类

该项调查表明,①沈阳企业在创新过程中的自主开发能力仍然不足,企业技术获取仍以引进人才和培训、购买设备为主要途径;②沈阳的技术市场仍欠发达,企业的技术信息沟通不畅;③企业的知识产权激励机制不健全。

3. 核心技术的创新模式

调研数据显示,在沈阳企业核心技术的创新模式上,引进基础上的二次创新或综合的模式所占比例最多,达到30.39%,其次为自主研发创新

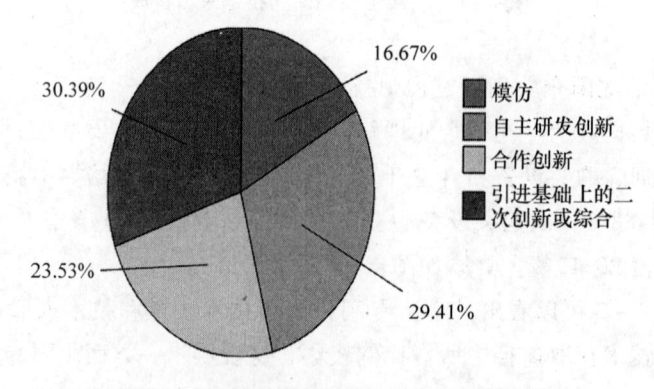

图4-3 沈阳企业核心技术创新模式构成

模式，占 29.41%；合作创新模式占 23.53%；模仿模式所占比例虽然最小，但仍为 16.67%。具体如图 4-3 所示。

该项调查表明，沈阳企业核心技术的创新以引进基础上的二次创新或综合和自主研发创新为主，但企业技术模仿的比例仍然很高，自主研发创新的能力应进一步提升。

4. 企业创新的基本技术形态

调研数据显示，在沈阳市的工业企业中，产品创新已成为沈阳企业创新的最基本技术形态，占全部企业创新的 37.86%，其次为工艺创新，占 23.57%，设备创新占 16.43%，服务创新占 13.57%，材料创新最低，占 8.57%。具体如图 4-4 所示。

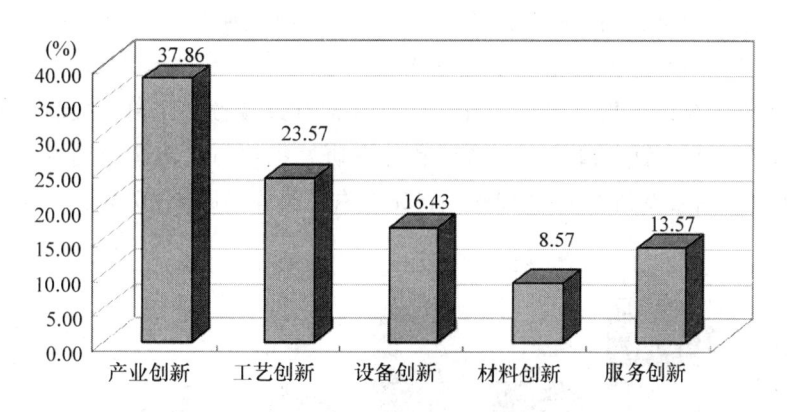

图 4-4 沈阳企业创新的基本技术形态分类

(二)沈阳企业的创新活动组织与执行状况

1. 企业与外界进行联合研发的主要对象

调研数据显示，省内、外的高校和科研院所，以及省内大型企业是沈阳企业进行联合研发的主要对象。其中沈阳企业与省内高校和科研院所间的联合研发占全市企业联合研发总量的 36.27%，其次为省外高校和科研院所，占 20.59%；与省内大型企业间的联合研发占 18.63%。而与其他省外企业、外资企业以及国内外专家个人所进行的联合研发比重均在 10% 以下。具体如图 4-5 所示。

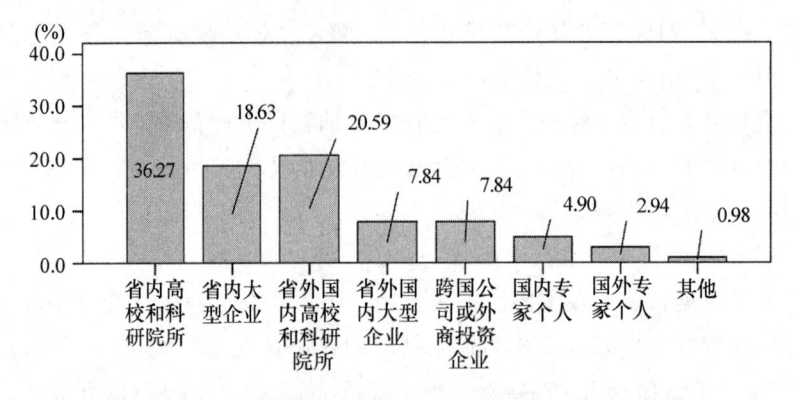

图 4-5 沈阳企业与外界进行联合研发的主要对象分类

2. 企业与研发机构间的接触状况

调研过程中,在被问及"所调研企业与哪些研发机构有过接触"这一问题时,27.48%的企业中被访者指出曾与本省的技术市场有过接触,25.19%的被访者指出曾与本省的研发机构有过接触,这两类接触占总数的50%以上。而省内、外省高校和外省研发机构与沈阳企业间的接触程度不高,占被调研企业的12%—16%左右。具体如图4-6所示。

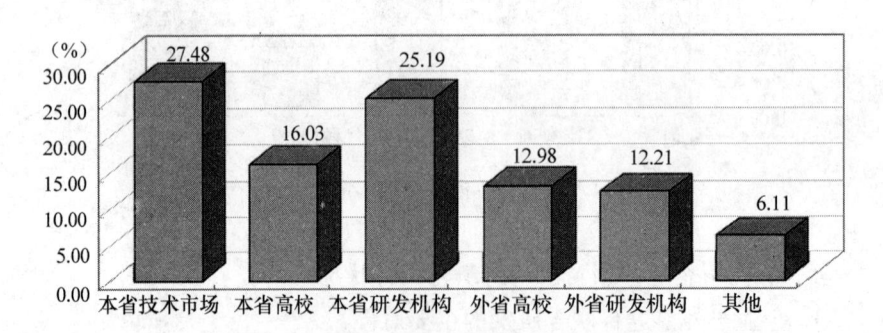

图 4-6 沈阳企业与研发机构间的接触状况

该项调研表明,辽宁省的各类技术市场和研发机构与沈阳市企业间的接触最为密切,而省内高校与沈阳企业间的接触程度相对较低,今后应进一步加强高校与企业间的技术联系。

3. 研发任务的执行情况

调研数据显示,当前沈阳企业中57.84%的研发任务主要是由本企业研发机构或技术人员来执行的,占总数的一半以上,与其他企业、高校、科研单位合作执行的研发任务约占总数的 11.76%；主要委托省内其他企业执行研发任务的约占 10.78%；主要委托省外其他企业执行研发任务的约占 8.82%，主要委托省内高校、科研机构执行研发任务的约占 7.84%，主要委托省外高校、科研机构执行研发任务的约占 2.94%。具体如图 4-7 所示。

该项调研表明，当前沈阳企业研发任务的执行主要由本企业研发机构或技术人员来执行，而企业委托省内高校和科研机构执行研发任务的较少，省内高校和科研机构在执行企业研发任务上未发挥应有的作用。

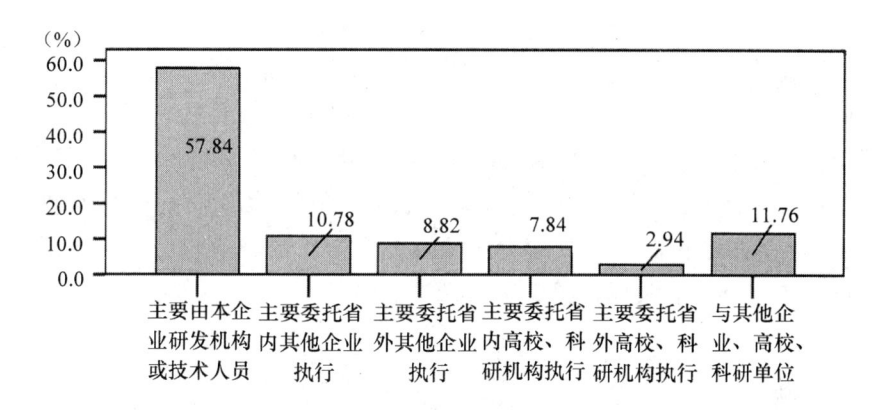

图 4-7 沈阳企业研发任务的执行状况

（三）沈阳企业创新的资源利用状况

1. 沈阳企业研发过程中的科技人员供给状况

调研数据显示，36.27% 的被调研企业认为其科技人员的供给基本满足企业的研发需求，27.45% 的被调研企业认为其科技人员的供给尚不能满足企业的研发需求，认为企业科技人员短缺的被调研企业占总数的 11.76%，另有 21.57% 的被调研企业认为当前企业的高层次科技人员短缺，如图 4-8 所示。

该项调研表明，当前沈阳企业中的科技人员供给状况是：科技人员基本满足研发需求和尚不能满足研发需求的企业各占一半，而高层次科技人员短缺成为部分企业技术创新发展中的重要瓶颈。

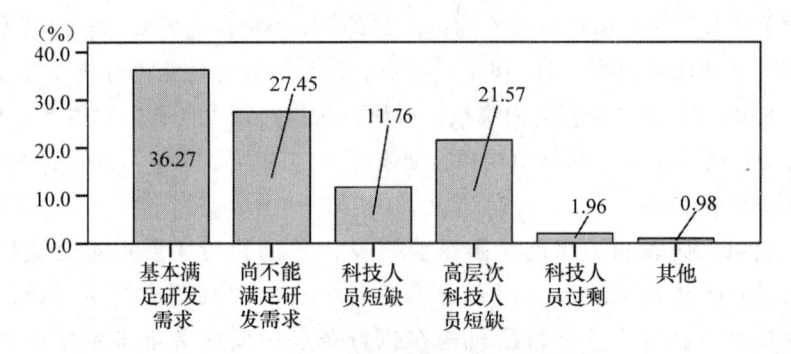

图 4-8　沈阳企业研发中的科技人员供给状况

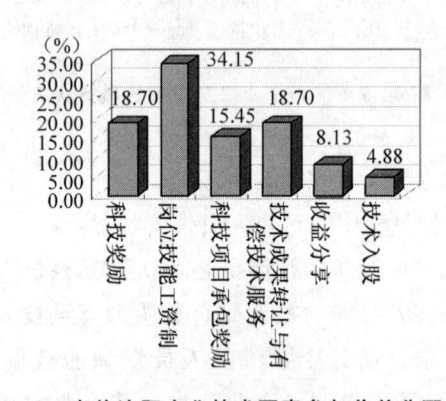

2. 当前沈阳企业技术要素参与收益分配状况

调研数据显示，岗位技能工资制是当前沈阳企业技术要素参与收益分配的最主要形式，占被调研企业的 34.15%；采用科技奖励和技术成果转让与有偿技术服务这两种技术要素参与收益分配形式的企业均占 18.7%；采用科技项目承包奖励的企业占被调研企业总体的 15.45%；采用收益分享和技术入股这两种技术要素参与收益分配形式的企业较少，分别仅占 8.13% 和 4.88%。具体如图 4-9 所示。

图 4-9　当前沈阳企业技术要素参与收益分配状况

该项调研表明，传统的岗位技能工资制仍是当前沈阳企业技术要素参与收益分配的最主要形式，虽然采用科技奖励和技术成果转让与有偿技术服务的企业也在不断增多，但作为创新激励效果最好的技术要素参与收益分配的两种形式，收益分享和技术入股的企业采用比例却极低。

因此，从总体上看沈阳企业在技术要素参与收益分配方面创新步伐较慢，收益分享和技术入股等有效的创新激励形式在国外早已普及，而在沈阳企业中却应用较少，这必将制约沈阳企业员工的创新积极性。

3. 沈阳企业技术人员持股情况

调研数据显示，仅有14.71%的沈阳企业技术人员持有公司股份，而85.29%的沈阳企业中技术人员并不持有公司股份。具体如图4-10所示。

该项调研表明，沈阳企业中技术人员持股的比例很低，仅占14.71%。技术人员持股这种在国外早已普遍运用的员工创新激励方式在沈阳的应用很少，说明沈阳企业技术创新的制度激励环境亟待改善。

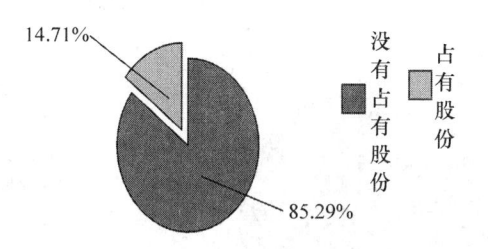

图4-10 沈阳企业技术人员持股情况效果

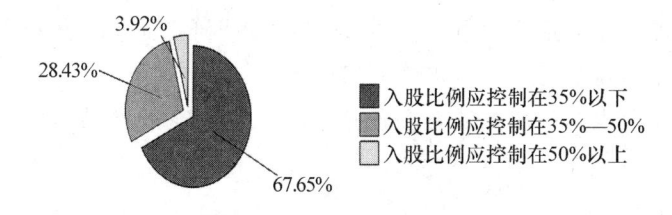

4. 企业可接受的知识产权入股比例

调研数据显示，大部分沈阳企业的管理者认为可接受的知识产权入股比例应控制在35%以下，占被调研企业的67.65%；28.43%的被调研企业管理者认为接受的知识产权入股比例应在35%—50%之间；仅有3.92%的被调研企业管理者认为接受的知识产权入股比例应在50%以上具体如图4-11所示。

该项调研表明，沈阳企业对于智力资本要素参与收益分配的观念较陈旧，需要进一步解放思想、树立科学的创新发展观。

图4-11 沈阳企业可接受的知识产权入股比例

5. 企业研发所使用的科研装备状况

调研数据显示，62.75%的被调研企业认为其研发所使用的科研装备能基本满足研发需求；24.51%的被调研企业认为其研发所使用的科研装备尚不能满足研发需求；8.82%的被调研企业认为其研发装备简陋；3.92%的被调研企业基本无研发装备。具体如图4-12所示。

该项调研表明，沈阳大多数企业研发所使用的科研装备基本能满足研发需求，但仍有少数企业的科研装备尚不能满足研发需求。

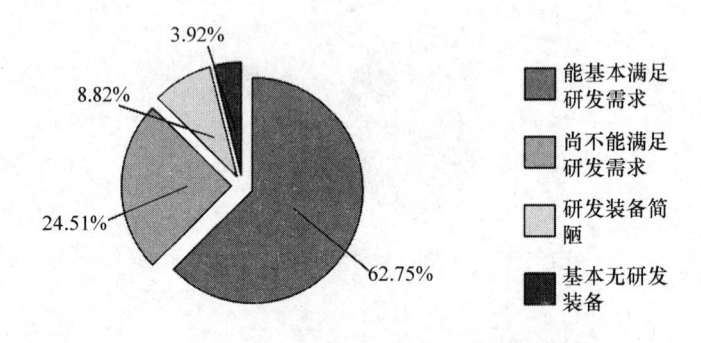

图4-12 沈阳企业的科研装备状况

（四）沈阳企业创新的竞争环境状况

1. 当前企业产品的竞争力体现

调研数据显示，当前沈阳企业的产品竞争力主要体现在产品质量、产品价格、产品的品种与款式以及产品品牌等方面，其中37.5%的被调研企业认为其产品质量是企业的主要竞争力；21.53%的被调研企业认为其产品的价格是企业的主要竞争力；15.97%的被调研企业认为其产品的品种与款式是企业的主要竞争力；15.28%的被调研企业认为其产品的品牌是企业的主要竞争力。具体如图4-13所示。

该项调研表明，产品质量和价格是当前沈阳企业产品的主要竞争力体现。

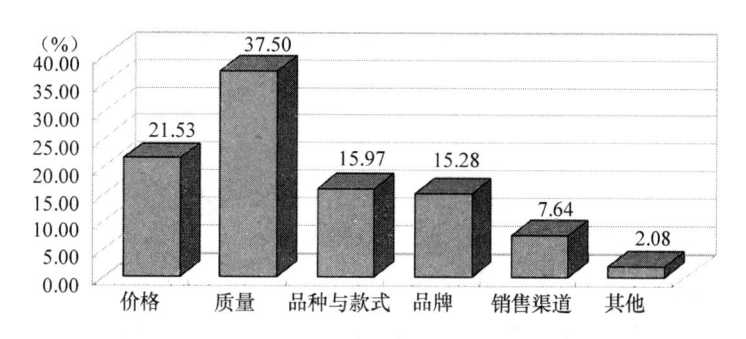

图 4-13 当前沈阳企业产品的竞争力体现示意图

2. 企业保护自己技术优势的主要方式

调研数据显示，沈阳大多数企业采用申请专利的方法来保护自己技术优势，占被调研企业总数的 44.12%；21.57% 的被调研企业采用了加快技术开发的方式来保护自己技术优势；另有 17.65% 的被调研企业采用分散零部件加工渠道防止模仿的措施来保护自己技术优势；16.67% 的被调研企业采用签合同或分散研究控制研究人员的方法来保护自己技术优势。具体如图 4-14 所示。

该项调研表明，专利意识已经在沈阳企业中得到了较为普遍的认同，同时沈阳企业也在采取多种方式来保护其技术优势。

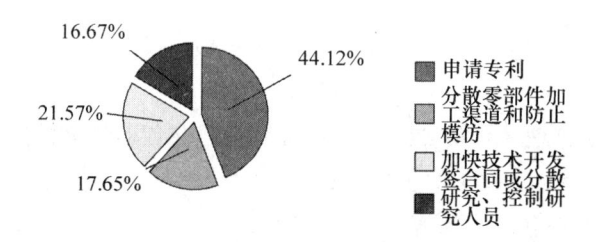

图 4-14 企业保护其技术优势的主要方式

3. 企业所在产业中产品和技术仿冒现象

调研数据显示，41.18% 的被调查企业认为其所在产业中产品和技术仿冒现象比较严重；而认为企业所在产业中产品和技术仿冒现象并不严重的企业占被调查企业的 58.82%。具体如图 4-15 所示。

该项调研表明，接近一半的沈阳企业认为其所在产业中产品和技术仿冒现象比较严重，因此沈阳企业创新的市场环境有待进一步改善。

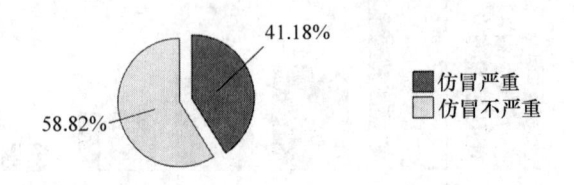

图 4-15 沈阳企业所在产业中产品和技术仿冒状况

4. 企业遭遇知识产权纠纷状况

调研数据显示，66.67%的被调研企业未曾遭遇知识产权纠纷；33.33%被调研企业遭遇到了知识产权纠纷，其中24.51%的企业曾被侵权；8.82%的企业曾被告侵权。

该项调研表明，沈阳24.51%的被调研企业曾被侵权，这一数据说明企业市场竞争的法制环境有待进一步改善。

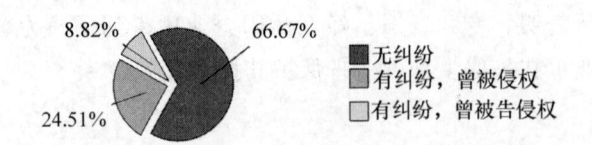

图 4-16 沈阳企业遭遇知识产权纠纷状况

二　企业管理者和员工的创新意识及对当前创新环境的态度

（一）管理者和员工的创新意识

1. 对企业创新动力来源的认识

调研数据显示，49.02%的企业被调查者认为市场需求是企业创新的最主要动力来源；另有22.55%的企业被调查者认为企业创新的动力来源于企业发展需要；18.63%的企业被调查者认为企业创新的动力来源于同行业竞争；还有9.8%的企业被调查者认为企业创新的动力来源于政府和企业的政策激励作用。具体如图4-17所示。

该项调研表明，以满足消费者需求为中心的市场观念已经深入人心，并成为指引当前沈阳企业创新活动的直接原动力。

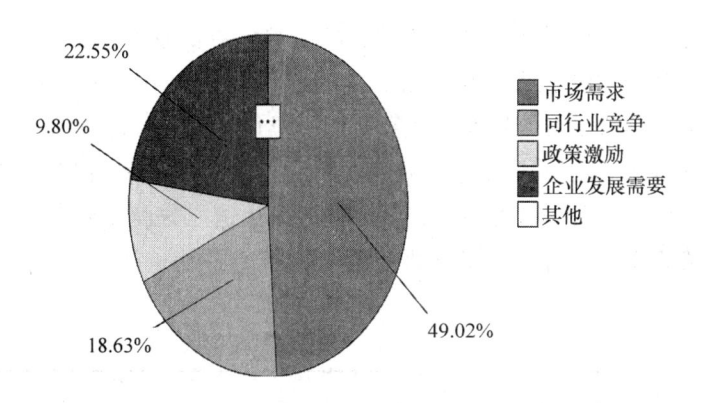

图4-17 被访者对企业创新主要动力的认识效果

2. 对沈阳企业技术要素参与收益分配的认识

调研数据显示,对于当前沈阳企业技术要素参与收益分配的发展现状的评价,48.04%的被调查者认为发展状况一般;16.67%的被调查者认为发展状况很好;13.73%的被调查者认为发展状况比较差;8.82%的被调查者认为发展状况差。具体如图4-18所示。

该项调研表明,当前沈阳企业技术要素参与收益分配的发展现状处于一般水平。

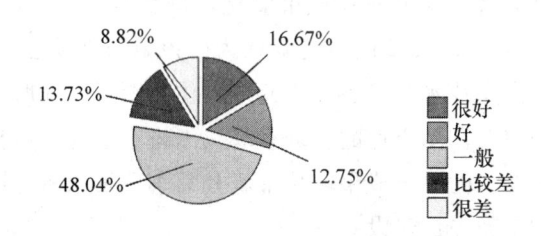

图4-18 被访者对沈阳企业技术要素参与收益分配的认识效果

3. 企业创新成果参与收益分配的困难

调研数据显示,造成沈阳企业创新成果参与收益分配困难的主要原因集中于三个方面,即成果的贡献难以测量、成果的"所有权"难以界定以及科技人员与普通员工的收入差距太大。其中37.25%的被调查者认为"成果的贡献难以测量"是造成沈阳企业创新成果参与收益分配困难的主要原因;另有29.41%的被调查者认为"成果的'所有权'难以界定"

是造成沈阳企业创新成果参与收益分配困难的主要原因;还有21.57%的被调查者认为"科技人员与普通员工的收入差距太大"是制约沈阳企业创新成果参与收益分配困难的主要原因。具体如图4-19所示。

该项调研表明,成果的贡献难以测量、成果的"所有权"难以界定以及害怕科技人员与普通员工的收入差距太大这三方面原因是制约沈阳企业创新成果参与收益分配困难的主要因素。

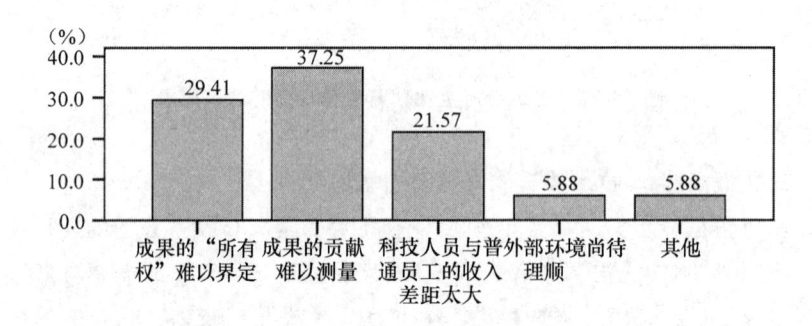

图4-19 企业创新成果参与收益分配的主要困难

4. 企业与科研机构间的联系纽带

调研数据显示,对于企业与科研机构间的联系纽带这一问题,54.9%的被访者认为应该是完善的科技成果转化市场;24.51%的被访者认为应该是共享研发人才;13.73%的被访者认为应该是行业协会;还有6.86%的被访者认为应该是技术开发服务机构。具体如图4-20所示。

该项调研表明,沈阳企业的管理者和员工将企业与科研机构间的联系纽带主要寄托于完善的科技成果转化市场和共享研发人才,因此政府着力加强这两方面的创新平台建设。

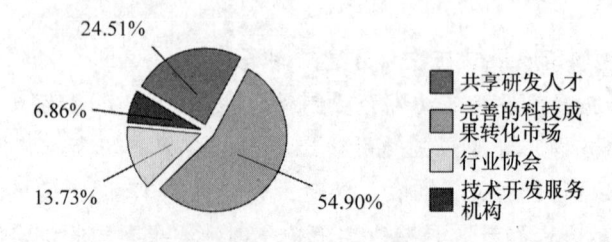

图4-20 被访者对企业与科研机构间联系纽带的认识

5. 对科技成果利用率认识

调研数据显示，对于企业利用率最高的科技成果，34.32%的被调查者认为是企业与科研机构合作研发的成果；30.39%的被调查者认为是企业自己研发的科技成果；25.49%的被调查者认为是在市场上购买的科技成果。具体如图4-21所示。

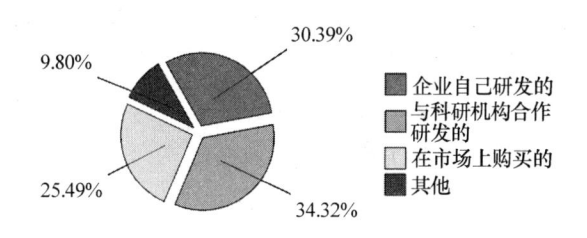

图4-21 被访者对科技成果利用率的认识效果

该项调研表明，企业自主研发和与科研机构合作研发是当前沈阳企业创新成果利用率和创新转化效率最高的两种研发方式。

（二）企业管理层和员工对当前沈阳创新环境的态度

1. 企业创新活力最重要影响因素的认识

调研数据显示，33.33%的被调查者认为对企业创新活力最重要的影响因素是技术人员；19.61%的被调查者认为政府和企业的激励政策对企业创新活力最重要；17.65%的被调查者认为对企业创新活力最重要的影响因素是资金；14.71%的被调查者认为劳动力对企业创新活力最重要；认为专利和先进技术对企业创新活力最重要的仅占11.76%。具体如图4-22所示。

该项调研表明，在沈阳企业中技术人员被认为是对企业创新活力最重要的影响因素，其次是政策和资金要素。

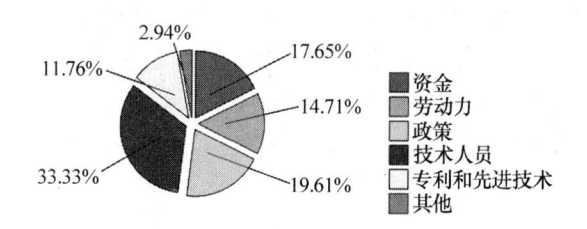

图4-22 被访者对企业创新活力最重要影响因素的认识

2. 对制约企业创新活力的政策环境因素的认识

调研数据显示，49.02%的被调查者认为技术市场不发达是制约沈阳企业创新活力最重要的政策环境方面的影响因素；24.51%的被调查者认为沈阳企业创新活力最重要的政策环境方面的制约因素是沈阳当地的创新服务体系不成熟；16.67%的被调查者认为沈阳企业创新活力最重要的政策环境方面的制约因素是税收土地贷款等政策优惠不够；认为风险资本市场不够发达是制约沈阳企业创新活力最重要的政策方面影响因素的被调查者仅占总数的9.8%。具体如图4-23所示。

该项调研表明，在沈阳企业中技术市场不发达被认为是制约沈阳企业创新活力最重要的政策环境方面的影响因素。

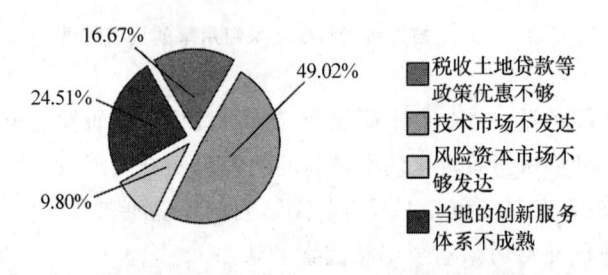

图4-23 被访者对制约沈阳企业创新活力的政策环境因素的认识

3. 对制约沈阳企业创新活力的技术环境因素的认识

调研数据显示，缺乏技术人员被认为是制约沈阳企业创新活力的技术环境方面的最重要影响因素，占被调查者总数的28.1%；此外，认为制约沈阳企业创新活力的技术环境方面的最重要影响因素是创新费用过高的被调查者所占比例也很高，占24.18%。除此之外，还有16.34%的被调查者认为预期风险过大是制约沈阳企业创新活力的技术环境方面的最重要影响因素；15.03%的被调查者认为缺乏技术信息是制约沈阳企业创新活力的技术环境方面最重要影响因素；认为缺乏市场信息和模仿企业太多是制约沈阳企业创新活力的技术环境方面最重要影响因素的分别占9.15%和3.92%。具体如图4-24和表4-1所示。

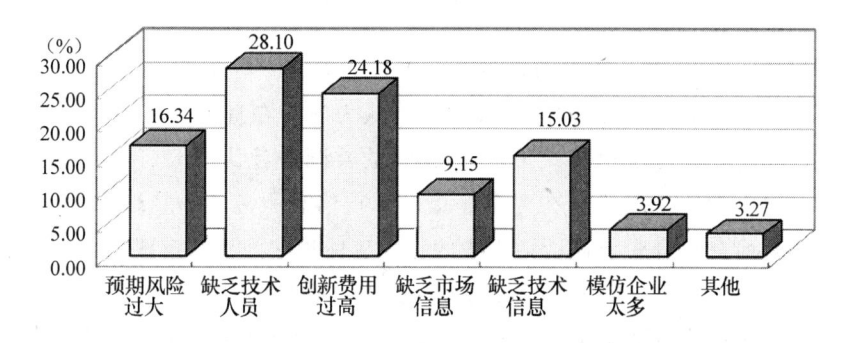

图 4-24 被访者对制约沈阳企业创新活力的技术环境因素认识

表 4-1 被访者对制约沈阳企业创新活力的技术环境因素认识的数据表

预期风险过大	缺乏技术人员	创新费用过高	缺乏市场信息	缺乏技术信息	模仿企业太多	其他
16.34%	28.10%	24.18%	9.15%	15.03%	3.92%	3.27%

该项调研表明，缺乏技术人员和创新费用过高被认为是制约沈阳企业创新活力的技术环境方面的最重要影响因素。因此要塑造良好的企业创新活力技术环境，加大技术人才的引进和培养，采取有效措施降低创新费用是沈阳市政府和企业的当务之急。

4. 对当前企业发展的科技政策环境的满意程度

调研数据显示，当被问及对当前企业发展的科技政策环境的满意程度时，33.33%的被调查者对当前沈阳企业发展的科技政策环境比较满意；24.51%的被调查者对当前沈阳企业发展的科技政策环境很满意；27.45%的被调查者对当前沈阳企业发展的科技政策环境反映一般；另有14.71%的被调查者对当前沈阳企业发展的科技政策环境不满意。具体如图4-25所示。

该项调研表明，被调查者对当前沈阳企业发展的科技政策环境总体上比较满意。

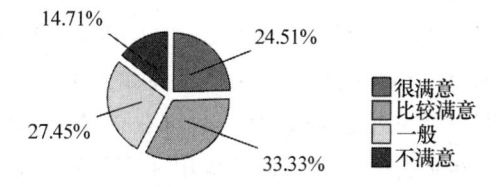

图 4-25 被访者对当前企业发展的科技政策环境的满意程度

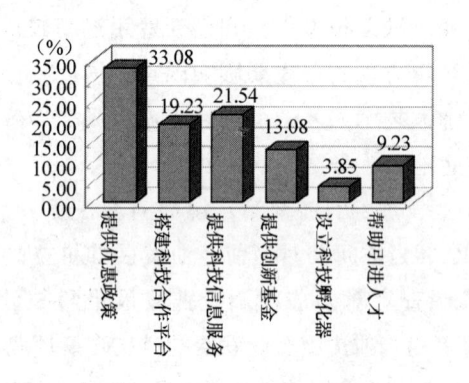

5. 对政府在提升企业创新活力中作用的认识

调研数据显示，33.08%的被调查者认为政府在提升企业创新活力中的主要作用在于提供优惠政策；21.54%的被调查者认为政府在提升企业创新活力中的作用应体现在为企业提供科技信息服务；19.23%的被调查者认为政府在提升企业创新活力中的作用应体现在为企业搭建科技合作平台上；此外，还有13.08%的被调查者认为政府在提升企业创新活力中的作用应体现在为企业提供创新基金上；而认为政府在提升企业创新活力中的主要作用在于帮助引进人才和设立科技孵化器这两方面的被调研者分别占9.23%和3.85%。具体如图4-26所示。

该项调研表明，沈阳企业中的管理者和员工希望政府在提升企业创新活力中的作用应体现在提供优惠政策、提供科技信息服务和为企业搭建科技合作平台这三个方面。

图4-26 被访者对政府在提升企业创新活力中作用的认识

6. 行业协会对调解行业内专利纠纷的作用

调研数据显示，37.26%的被调查者认为行业协会对调解行业内专利纠纷的作用目前不大，但将来应发挥更大作用；35.29%的被调查者认为行业协会对调解行业内的专利纠纷有作用；27.45%的被调查者认为行业协会对调解行业内专利纠纷的作用不大。具体如图4-27所示。

该项调研表明，行业协会应该对调解行业内的专利纠纷起到积极作用，但目前沈阳的行业协会在此方面的作用并不明显，未来沈阳的行业协会应在调解企业间专利纠纷等方面发挥更大的作用。

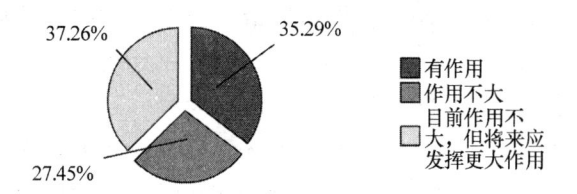

图 4-27 被访者对行业协会在调解行业内专利纠纷中作用的认识

第三节 调研结论和启示

通过为期 3 个月的调研,我们对沈阳企业的创新活力现状及企业员工的创新意识等方面问题有了较为深入的理解,通过对调研数据的具体分析,我们得出以下结论:

一 沈阳企业创新活力现状及特征

(一)沈阳企业创新活力的基本特征

1. 技术引进基础上的再创新是沈阳企业创新的最主要技术来源。产品创新已成为沈阳企业创新的最基本技术形态。

2. 沈阳企业核心技术的创新以引进基础上的二次创新和自主研发创新为主,但企业技术模仿的比例仍然很高,自主研发创新的能力应进一步提升。

3. 对技术获取途径的调研分析表明,沈阳企业在创新过程中的自主开发能力仍然不足,企业技术获取仍以引进人才和培训、购买设备为主要途径;沈阳的技术市场仍欠发达,企业的技术信息沟通不畅;企业的知识产权激励机制不健全。

(二)沈阳企业的创新活动组织与执行状况

1. 省内、外的高校和科研院所,以及省内大型企业是沈阳企业进行联合研发的主要对象。但辽宁省的各类技术市场和研发机构与沈阳市企业间的接触最为密切,而省内高校与沈阳企业间的接触程度相对较低,今后应进一步加强高校与企业间的技术联系。

2. 当前沈阳企业研发任务的执行主要由本企业研发机构或技术人员来执行,而企业委托省内高校和科研机构执行研发任务的较少,省内高校和科研机构在执行企业研发任务上未发挥应有的作用。

（三）沈阳企业创新的资源利用状况

1. 当前沈阳企业中的科技人员供给状况是：科技人员基本满足研发需求和尚不能满足研发需求的企业各占一半；而高层次科技人员短缺成为部分企业创新活力提升中的重要瓶颈。

2. 传统的岗位技能工资制仍是当前沈阳企业技术要素参与收益分配的最主要形式，虽然采用科技奖励和技术成果转让与有偿技术服务的企业也在不断增多，但作为创新激励效果最好的技术要素参与收益分配的两种形式，收益分享和技术入股的企业采用比例却极低。

因此，从总体上看沈阳企业在技术要素参与收益分配方面创新步伐较慢，收益分享和技术入股等有效的创新激励形式在国外早已普及，而在沈阳企业中却应用较少，这必将制约沈阳企业员工的创新积极性。

沈阳企业对于智力资本要素参与收益分配的观念较陈旧，需要进一步解放思想、树立科学的创新发展观。

3. 沈阳企业中技术人员持股的比例很低，仅占 14.71%。技术人员持股这种在国外早已普遍运用的员工创新激励方式在沈阳的应用很少，说明沈阳企业创新的制度激励环境亟待改善。

4. 沈阳大多数企业研发所使用的科研装备基本能满足研发需求，但仍有少数企业的科研装备尚不能满足研发需求。

（四）沈阳企业创新活力的竞争环境状况

1. 产品质量和价格是当前沈阳企业产品的主要竞争力体现。

2. 专利意识已经在沈阳企业中得到了较为普遍的认同，同时沈阳企业也在采取多种方式来保护其技术优势。

3. 接近一半的沈阳企业认为其所在产业中产品和技术仿冒现象比较严重，因此沈阳企业创新的市场环境有待进一步改善。

4. 沈阳 24.51% 的被调研企业曾被侵权，这一数据说明企业市场竞争的法制环境有待进一步改善。

二 企业管理者和员工的创新意识及对当前创新环境的态度

（一）管理者和员工的创新意识

1. 以满足消费者需求为中心的市场观念已经深入人心，并成为指引当前沈阳企业创新活动的直接原动力。

2. 当前沈阳企业技术要素参与收益分配的发展现状处于一般水平。创新成果的贡献难以测量、成果的"所有权"难以界定以及害怕科技人员与普通员工的收入差距太大这三方面原因是制约沈阳企业创新成果参与收益分配困难的主要因素。

3. 沈阳企业的管理者和员工将企业与科研机构间的联系纽带主要寄托于完善的科技成果转化市场和共享研发人才,因此政府着力加强这两方面的创新平台建设。

4. 企业自主研发和与科研机构合作研发是当前沈阳企业创新成果利用率和创新转化效率最高的两种研发方式。

(二) 企业管理层和员工对当前沈阳创新环境的态度

1. 被调查者对当前沈阳企业发展的科技政策环境总体上比较满意。

2. 沈阳企业中的管理者和员工希望政府在提升企业创新活力中的作用应体现在提供优惠政策、提供科技信息服务和为企业搭建科技合作平台这三个方面。

3. 在沈阳企业中技术人员被认为是对企业创新活力最重要的影响因素,其次是政策和资金要素。

4. 在沈阳企业中技术市场不发达被认为是制约沈阳企业创新活力最重要的政策环境方面的影响因素。而缺乏技术人员和创新费用过高被认为是制约沈阳企业创新活力的技术环境方面的最重要影响因素。因此要塑造良好的企业创新活力技术环境,加大技术人才的引进和培养,采取有效措施降低创新费用是沈阳市政府和企业的当务之急。

5. 行业协会应该对调解行业内的专利纠纷起到积极作用,但目前沈阳的行业协会在此方面的作用并不明显,未来沈阳的行业协会应在调解企业间专利纠纷等方面发挥更大的作用。

第五章　基于 DEA 的沈阳企业创新活力水平测度与评价

要全面提升企业的创新活力水平，对作为创新主体的企业的创新投入与产出绩效和创新能力有一个全面了解就显得十分必要。当前，工业是沈阳的经济基础，也是沈阳企业创新的主力军，因此本研究主要围绕沈阳工业企业特别是规模以上工业企业的创新绩效展开深入分析。

第一节　数据包络分析（DEA）技术简介

一　数据包络技术及其特点

数据包络分析方法（Data Envelopment Analysis, DEA，以下简称 DEA），是运筹学、管理科学与数理经济学交叉研究的一个新领域。它是根据多项投入指标和多项产出指标，利用线性规划的方法，对具有可比性的同类型单位进行相对有效性评价的一种数量分析方法。DEA 方法及其模型自 1978 年由美国著名运筹学家 A. Charnes 和 W. W. Cooper 提出以来，现已广泛应用于不同行业及部门，并且在处理多指标投入和多指标产出方面，体现了其得天独厚的优势。目前，关于效率的研究方法有多种，但数据包络法因为避免了建立投入产出的具体表达函数，特别适合区域等复杂体系的效率评价。

（一）数据包络分析（DEA）的基本原理

数据包络分析技术是一种运用运筹学中的优化思想来处理多输入、多输出复杂系统的有效分析方法。它以"相对效率"概念为基础，把每一个被评价单位作为一个决策单元（DMU, decision making units），再由众多 DMU 构成被评价群体，进而根据多指标投入和多指标产出对很多个相同类型的单位或部门（决策单元或被评价单位）进行相对有效性或效益评价的一种系统分析方法。它是通过对产出和投入比率的综合分析，确定有效生产前沿面，并根据各 DMU 与有效生产前沿面的距离状况，确定各 DMU 是否 DEA 有效，同时还可用投影方法指出非 DEA 有效的原因及应改进的方向和程度，从而为决策者提供重要的管理决策信息。因此，该方法有非常好的实用性，且在实践中正发挥着越来越重要的作用。

（二）数据包络分析法（DEA）的特点

在运用 DEA 评价各 DMU 时，评价的依据是决策单元的一组投入指标数据和一组产出指标数据，以此来评价决策单元的优劣，即评价单位或部门间的相对有效性。因此，每个决策单元的有效性都包含两个方面的含义：

1. 建立在相互比较的基础上，因此是相对有效性；
2. 每个决策单元的有效性紧密依赖于输入综合与输出综合的比。

DEA 最显著的特点是无须任何权重假设，每一个输入输出指标的权重都是由决策单元的实际数据求得的最优权重，而不是根据评价者的主观认定，这样就避免了由于人为的主观原因而影响评价的结果，因而具有很强的客观性。

此外，尽管每个输入都关联到一个或多个输出，而且输入—输出之间确实存在某种关系，但是 DEA 方法不必确定输入—输出的表达关系，就可以得出每个决策单元综合效率的数量指标，并据此确定有效决策单元，同时分析其他决策单元非有效的原因，便于进一步调整决策单元投入规模的正确方向和程度。

二 DEA 的基本模型

（一）C^2R 模型

基于 DEA 的基本原理，DEA 模型假设设有 n 个决策单元 DMU_j（$1 \leq j \leq n$），每个决策单元有 m 种类型的输入和 s 种类型的输出，DMU_j 对应的输入、输出向量分别为：

$$x_j = (x_{1j}, x_{2j}, \ldots, x_{mj})^T > 0, j = 1, 2, \ldots, n$$
$$y_j = (y_{1j}, y_{2j}, \ldots, y_{sj})^T > 0, j = 1, 2, \ldots, n$$

而且 $x_{ij} > 0, y_{rj} > 0, i = 1, 2, \ldots, m; r = 1, 2, \ldots, s$

其中 x_{ij} 为第 j 个决策单元对第 i 种类型输入的投入量；y_{rj} 为第 j 个决策单元对第 r 种类型输出的产出量。

对应的输入输出权向量为 $v = (v_1, v_2, \ldots, v_m)^T$，$u = (u_1, u_2, \ldots, u_s)^T$，这里 v_i 为对第 i 种类型输入的一种度量（即"权"）；u_r 为对第 r 种类型输出的一种度量（即"权"）。

则定义每个决策单元 DMU_j 相应的效率评价指数为：

$$h_j = \frac{u^T y_j}{v^T x_j} = \frac{\sum_{r=1}^{s} u_r y_{rj}}{\sum_{i=1}^{m} v_i x_{ij}} \quad j = 1, 2, \ldots, n$$

一般的，h_{j0} 越大，表明 DMU_{j0} 能够用相对较少的输入而得到相对较多的输出。由此构造出下面的 C^2R 模型：

$$\max h_{j0} = \frac{\sum_{r=1}^{s} u_r y_{rj0}}{\sum_{i=1}^{m} v_i x_{ij0}}$$

$$s.t. \quad \frac{\sum_{r=1}^{s} u_r y_{rj}}{\sum_{i=1}^{m} v_i x_{ij}} \leq 1 \quad j = 1, 2, \ldots, n$$

$$v = (v_1, v_2, \ldots, v_m)^T \geq 0$$

$$u = (u_1, u_2, \ldots, u_s)^T \geq 0$$

使用 Charnes-Cooper 变换，并进一步引入松弛变量 s^+、剩余变量 s^- 和非阿基米德无穷小量，可以将该模型转化为等价的对偶规划模型：

$$\min [\theta - \varepsilon(e^{-T} s^- + e^T s^+)]$$

$$(D_\varepsilon) \, s.t. \begin{cases} \sum_{j=1}^{n} x_j \lambda_j + s^- = \theta x_0 \\ \sum_{j=1}^{n} y_j \lambda_j - s^+ = y_0 \\ \lambda_j \geq 0, j = 1, 2, \ldots, n \\ s^+ \geq 0, s^- \geq 0 \end{cases}$$

设 (D_ε) 的最优解为 λ^*, s^{*-}, s^{*+}, θ^*，则有如下结论：

1. $\theta^* = 1$，且 $s^{*-} = 0, s^{*+} = 0$。此时决策单元 j_0 为 DEA 有效，其经济意义是决策单元 j_0 的生产活动同时为技术有效和规模有效，即在该生产活动中资源得到了充分利用，投入要素达到最佳组合，并取得了最大的产出效果。

2. $\theta^* = 1$，但至少有某个输入或输出松弛变量大于零。此时决策单元 j_0 为弱 DEA 有效，其经济意义是该生产活动不是同时为技术有效和规模有效，即在该生产活动中某种类型的投入没有得到充分利用，某种类型的产出尚有不足。

3. $\theta^* < 1$。此时决策单元 j_0 不是 DEA 有效，其经济意义是该生产活动既未达到技术有效，也不是规模有效。

4. 若 $\sum_{j=1}^{n} \lambda_j^* = 1$，则决策单元 j_0 为规模收益不变；若 $\sum_{j=1}^{n} \lambda_j^* < 1$，则决策单元 j_0 为规模收益递增；若 $\sum_{j=1}^{n} \lambda_j^* > 1$，则决策单元 j_0 为规模收益递减。

5. 由 (D_ε) 的最优解为 $\lambda^*, s^{*-}, s^{*+}, \theta^*$ 构成的 $(\hat{x}_0, \hat{y}_0)$：

$$\hat{x}_0 = \theta x_0 - s^-$$
$$\hat{y}_0 = y_0 + s^+$$

相对于原来的 n 个决策单元来说是 DEA 有效的。通过对非 DEA 有效的 (x_0, y_0) 进行"投影"，可以在不减少输出的前提下，使原来的输入有所减少。

(二) BC^2 模型（也称 C^2GS^2 模型）

C^2R 模型以规模报酬不变为假设来衡量效率，得到的效率值 θ 是一个综合效率（CRS），其经济意义是当产出水平保持不变时，如以被评价决策单元中表现最佳的作为标准，实际所需要的投入比例，$1-\theta$ 就是多投入的比例，即可以减少投入的最大比例。但当非 DEA 有效时，很可能并不是由于技术无效，而是由于规模不当造成的；因此，可考虑规模报酬变动的假设，将综合效率（CRS）分解为纯技术效率（VRS）与规模效率（SE），来衡量综合效率及规模报酬。由此提出 BC^2 模型。

$$\min[\theta - \varepsilon(e^{-T}s^- + e^T s^+)]$$

$$(E) \text{ s.t.} \begin{cases} \sum_{j=1}^{n} x_j \lambda_j + s^- = \theta x_0 \\ \sum_{j=1}^{n} y_j \lambda_j - s^+ = y_0 \\ \sum_{j=1}^{n} \lambda_j = 1 \\ \lambda_j \geq 0, j = 1,2,\ldots,n\ s^+ \geq 0, s^- \geq 0 \end{cases}$$

SE = CRS/VRS，若 SE = 1，则规模有效，若 SE < 1，则规模无效，需要调整规模。

（三）非增规模报酬模型（NIRS 模型）

Coelli. T. J. 提出规模报酬非增的 NIRS 模型来考察决策单元 DMU_{j0} 的规模收益状况，其具体思路为：对于规模无效（SE < 1）的决策单元，通过比较由 NIRS 与 C^2R、BC^2 模型所得出的效率值是否相等来判断被评价的决策单元处于规模递增还是规模递减，若 NIRS 与 C^2R 模型所得出的效率值（CRS）相等，则决策单元处于规模递增，若 NIRS 与 BC^2 模型所得出的效率值（VRS）相等，则决策单元处于规模递减。

（四）超效率 DEA 模型（SCRS 模型）

以上两个基本模型往往会得出多个"有效"（即效率值为 1）的决策单元，而无法对多个处于前沿面的决策单元进行比较。为了弥补这一缺陷，Andersen 和 Petersen（1993）提出了一种针对 C^2R 模型的"超效率"（Super-Efficiency）DEA 模型，使有效决策单元之间也能比较效率的高低。这个模型的基本思路是：在评估某个决策单元时，将其排除在决策单元的集合之外，通过将处于前沿面的决策单元进行转换，使得对完美效率的决策单元展开进一步的测度成为可能。

在超效率模型中，一个有效的决策单元可以使其投入按比例的增加，而效率值保持不变，其投入增加比例即其超效率评价值，超效率值越高的决策单元越稳定，即其保持有效性的允许变动范围越大，故该值越大说明有效性越好；对于无效率的决策单元，其效率值与 C^2R 模型一致。

第二节 基于 DEA 的沈阳企业创新活力水平测度与评价

一 沈阳企业创新活力水平测度评价体系的构建

（一）测度评价的目的及评价方法的可行性

1. 评价目的

对当前沈阳企业创新投入和产出绩效的有效衡量是综合评价沈阳企业创新活力水平和现状的有效方法。因此本研究的根本目的在于，通过将沈阳与其他副省级城市企业创新投入和产出绩效的生产前沿面比较分析，明晰当前沈阳企业创新活力的能力水平，发现城市创新体系中存在的主要问题，并进一步提出改进创新绩效的具体措施。

2. 评价方法的可行性研究

DEA 特别适用于具有多种投入和多种产出的复杂系统，即以系统内部各部门作为决策单元（评价对象），依据各决策单元的活动耗费（输入数据）和活动成效（输出数据）来评价决策单元的优劣。

当前对企业创新绩效进行评价的方法很多，但大多缺乏有效的可比性。区域内企业的创新作为一项从研究开发、成果转化、规模生产、经营销售到取得市场的系统工程，是一个具有多种投入和多种产出的复杂大系统，因此特别适合应用 DEA 技术进行评价。

（二）决策单元（DMU）的选取

决策单元 DMU 的基本特征是具有一定的输入和输出，并且在将输入转化成输出的过程中，尽可能地使这一生产活动取得最大的"效益"。同时，DEA 方法评价的依据是一组给定的决策单元的输入数据和输出数据，以此评价被评价单元相对于给定的那组决策单元的相对有效性，因此，选择 DMU 就是确定参考集。由于 DEA 方法是在同类别的 DMU 之间进行相对有效性的评价，因此选择 DMU 的一个基本要求就是 DMU 同类型。所谓同类型，就是要求 DMU 具有相同的目标和任务、相同的外部环境和相同的输入及输出指标。

本研究拟对沈阳市企业创新活力体系的创新绩效进行有效性分析，由于沈阳市的城市级别属于副省级城市，因此可以选取当前我国的 15 个副省级城市企业作为有效性分析的同类决策单元 DMU。目前，我国的副省级城市共有 15 个，包括 10 个省会城市和 5 个计划单列市，分别是：哈尔滨、长春、沈阳、济南、南京、杭州、广州、武汉、成都、西安、大连、青岛、宁波、厦门、深圳。其中，大连、青岛、宁波、厦门、深圳是计划单列市。

我们研究的对象是区域内的企业，主要是规模以上工业企业的创新能力及现状，而我国不同行政区域的统计口径和标准并不统一，特别是一些城市的统计口径中并没有规模以上工业企业的创新相关数据，这给研究带来了极大的不便。因此最终综合各地的统计数据，我们将我国 11 个具有规模以上工业企业（或大中型工业企业）创新相关统计数据的副省级城市企业作为本项研究的决策单元 DMU。

（三）投入/产出指标体系的构建

在运用 DEA 方法分析经济社会现象时，指标体系的建立至关重要。考虑到数据的可获得性，在确定输入输出指标时，我们尽量采用国家统计口径范畴内的指标，这样可以比较准确和便捷地进行测算。

这里根据投入指标间相对独立、产出指标间相关程度高的原则，建立如下评价指标体系，其中创新资源投入指标包括：

1. 科技活动人员投入量 I_1

科技活动人员投入量指的是城市规模以上工业企业中科技活动人员的总量，该项指标能够反映出企业进行创新的人力投入水平。

2. 企业承担科技项目数 I_2

企业承担科技项目数指的是城市规模以上工业企业承担的各类科技项目总数，该项指标反映了企业参与科技创新活动的基本状况水平。

3. R&D 经费支出总额 I_3

R&D 经费支出总额指的是城市规模以上工业企业研究和开发 R&D 经费支出的总体规模，该项指标反映了企业进行创新的财力投入水平。

4. 技术改造与获取经费支出 I_4

技术改造与获取经费支出：指的是规模以上工业企业技术改造经费支出、技术引进经费支出、引进技术的消化吸收经费支出和购买国内技术经费支出四项指标之和。

企业创新产出指标有两个，分别是：

1. 企业发明专利数 O_1

专利包括发明型专利、实用型专利和外观设计专利等，其中企业的发明专利是企业创新成效的最直接的表现。该项产出指标反映了企业创新活力的直接成果。

2. 新产品产值 O_2

新产品指采用新技术原理、新设计构思研制、生产的全新产品，或在结构、材质、工艺等某一方面比原有产品有明显改进，从而显著提高了产品性能或扩大了使用功能的产品。新产品产值指企业所生产的新产品所创造的市场价值。该项产出指标反映了企业创新活动的直接经济效果，以及对企业经济增长的直接贡献。

我国副省级城市企业创新投入/产出绩效评价标体系的构建如下表5-1所示。

表 5 - 1　　　　　　　城市企业创新投入/产出指标体系构建

中国副省级城市企业创新投入/产出绩效评价	创新资源投入指标	科技活动人员投入量 I_1
		企业承担科技项目数 I_2
		R&D 经费支出总额 I_3
		技术改造与获取经费支出 I_4
	创新产出指标	发明专利数 O_1
		新产品产值 O_2

（四）数据的收集和整理

本研究假设当年的投入就可以带来效益，而且能够全部反映在产出中，选择了2009统计年度的数据作为实证研究数据，各指标数据均来自于2010年各副省级城市统计年鉴、各省统计年鉴或各省科技统计年鉴等。

其中哈尔滨统计数据摘自《哈尔滨统计年鉴2010》，统计口径为规模以上工业企业数据；长春统计数据摘自《长春统计年鉴2010》，统计口径为规模以上工业企业数据；沈阳统计数据摘自《沈阳统计年鉴2010》，统计口径为规模以上工业企业数据；济南、青岛两地统计数据摘自《山东统计年鉴》《济南统计年鉴》(2010)；南京市统计数据为：2010年度南京市大中型工业企业数据；杭州、宁波两市统计数据均源自《浙江科技统计年鉴2010》，规模以上工业企业数据；广州市统计数据摘自《广州统计年鉴2010》和《2010年广州科技进步统计监测》，数据均为广州市大中型工业企业经济数据；成都统计数据摘自《成都统计年鉴2010》及

《四川科技统计数据》，统计口径为大中型工业企业；大连统计数据摘自《大连统计年鉴2010》，统计口径为规模以上工业企业数据；西安统计数据摘自《西安统计年鉴2010》，统计数据为大中型工业企业数据；厦门统计数据摘自《厦门统计年鉴2010》，统计数据为规模以上工业企业；深圳统计数据摘自《深圳统计年鉴2010》《广东统计年鉴2010》及《广东科技统计年鉴2010》，数据为深圳市大中型工业企业经济数据。

当前我国各省、市政府部门有关规模以上企业的统计口径并不一致，因此西安、厦门、深圳和青岛这四个副省级城市未能得到相关统计数据，其余11个副省级城市企业创新投入/产出绩效的比较如表5-2所示。

表5-2　我国11个副省级城市创新投入/产出绩效比较

序号	城市	创新产出指标		创新资源投入指标			
		O_1 发明专利数（件）	O_2 新产品产值（亿元）	I_1 科技活动人员投入量（万人）	I_2 企业承担科技项目数（项）	I_3 R&D经费支出总额（亿元）	I_4 技术改造与获取经费支出（亿元）
1	哈尔滨	180	331.60	2.28	2462	24.22	28.57
2	长春	99	1337.58	2.35	1348	12.59	20.83
3	沈阳	182	572.03	3.08	3140	26.28	22.06
4	济南	266	644.93	2.66	2166	41.79	31.86
5	南京	277	933.95	3.91	3607	45.25	83.36
6	杭州	896	849.10	5.07	3360	57.19	78.67
7	广州	451	1326.06	3.69	3670	66.66	41.92
8	武汉	457	520.16	3.76	4210	31.55	92.23
9	成都	240	232.78	2.54	827	9.87	46.19
10	宁波	605	690.58	3.89	3273	26.23	67.63
11	大连	94	340.94	1.96	2907	30.87	50.20

资料来源：各副省级城市统计年鉴（2010年）。

（五）DEA模型的选择和运算

为了能够全面地反映沈阳企业创新活力的绩效水平，本项研究同时采用了规模报酬不变（CRS）和规模报酬可变（VRS）两种不同条件下的DEA模型，即C^2R模型和BC^2模型，以期更好地对沈阳企业创新活力水平进行有效评价。

由于本项研究的主要目的是如何有效地提升沈阳企业的创新活力产出绩效,因此基于产出导向的运算更适合于规模报酬不变条件下本问题的研究,故该部分运算我们采用的是基于产出导向的运算方法。

基于产出角度的运算指的是在投入保持不变的情况下,决策单元如何尽可能扩大产出的问题。从经济学角度来看,产出角度的运算讲的是产出最大化的问题。

本项研究使用 DEAP(Version 2.1)软件进行了 DEA 运算,分别对表中样本数据进行了基于产出的 C^2R 模型和 BC^2 模型运算,测算出了沈阳企业创新活力的综合效率(CRSTE)、纯技术效率(VRSTE)和规模效率(SE)等系列指标。

二 沈阳企业创新活力水平的 C^2R 模型分析

规模报酬不变(CRS)条件下的 C^2R 模型以规模报酬不变为假设来衡量效率,得到的效率值 θ 是一个综合效率(CRSTE),其经济意义是当产出水平保持不变时,如以被评价决策单元中表现最佳的作为标准,实际所需要的投入比例,$1-\theta$ 就是多投入的比例,即可以减少投入的最大比例。根据所研究问题的实际情况,这里采用基于产出角度的运算。基于产出角度的运算指的是在投入保持不变的情况下,决策单元如何尽可能扩大产出的问题,即产出最大化的问题。

(一)沈阳企业创新活力的综合效率分析

在规模报酬不变(CRS)条件下,我国 11 个副省级城市的企业创新投入与产出的综合效率如表 5-3 所示。

表 5-3　　　　我国 11 个副省级城市企业创新综合绩效评价

EFFICIENCY SUMMARY:
Results from DEAP Version
2.1 Input orientated DEA
Scale assumption: CRS
Slacks calculated using multi-stage method

序号	城市	综合效率 CRSTE
1	哈尔滨	0.599

续表

序号	城市	综合效率 CRSTE
2	长春	1.000
3	沈阳	0.836
4	济南	0.789
5	南京	0.582
6	杭州	1.000
7	广州	1.000
8	武汉	0.722
9	成都	1.000
10	宁波	1.000
11	大连	0.409
	均值	0.812

从表 5-3 可以看出，我国 11 个副省级城市企业创新投入与产出的综合效率均值为 0.812，其中长春、杭州、广州、成都和宁波 5 个城市的企业创新综合效率值均等于 1，为最高；而大连市的企业创新综合效率最低，其值为 0.409。沈阳市企业创新投入与产出的综合效率值为 0.836，略高于平均值 0.812，在我国 11 个副省级城市中处于中上等水平。

（二）规模报酬不变条件下沈阳企业创新活力水平的具体分析

表 5-4 反映了规模报酬不变（CRS）条件下作为决策单元之一的沈阳市企业创新投入与产出绩效的 DEA 运算具体分析结果。

表 5-4 规模报酬不变（CRS）条件下沈阳企业创新绩效的具体分析

FIRM BY FIRM RESULTS：
Results for firm：3（沈阳）
综合效率（CRS Technical efficiency）= 0.836
PROJECTION SUMMARY：

	要素	原始值 (original value)	产出不足值 (radial movement)	投入冗余值 (slack movement)	目标值 (projected value)
产出	发明专利数 O_1（件）	182.000	35.606	0.000	217.606
	新产品产值 O_2（亿元）	572.000	111.905	0.000	683.905

续表

	要素	原始值 (original value)	产出不足值 (radial movement)	投入冗余值 (slack movement)	目标值 (projected value)
投入	科技活动人员投入量 I_1（万人）	3.000	0.000	-1.105	1.895
	企业承担科技项目数 I_2（项）	3140.000	0.000	-1584.359	1555.641
	R&D 经费支出总额 I_3（亿元）	26.000	0.000	0.000	26.000
	技术改造与获取经费支出 I_4（亿元）	22.000	0.000	0.000	22.000

原始值（original value）：表示投入和产出的原始数值。
产出不足值（radial movement）：表示投入指标的松弛变量取值。
投入冗余值（slack movement）：表示产出指标的松弛变量取值。
目标值（projected value）：表示达到 DEA 有效的目标值。

1. DEA 的有效性

从表 5-4 可以看出，规模报酬不变（CRS）条件下，在全国 11 个副省级城市中，沈阳企业创新投入与产出的综合效率值为 0.836，属于非 DEA 有效。

2. 创新投入与产出的合理目标

沈阳企业创新投入与产出的合理目标应是：投入科技活动人员 1.895 万人，企业承担科技项目 1556 项，企业 R&D 经费支出总额 26 亿元，技术改造与获取经费支出 22 亿元。在此投入水平下，沈阳企业创新的理想产出绩效应为：申请发明专利 218 件，实现新产品产值 683.905 亿元。

3. 绩效改进的方向

沈阳企业创新投入与产出绩效要实现 DEA 有效，即综合效率值要想达到 1，结合沈阳市企业创新投入与产出的实际数据来分析，可以进行如下调整和努力：

（1）创新投入方面

在科技活动人员投入量上，可以减少 1.105 万人，达到 1.895 万人即可；而企业承担的科技项目数可以减少 1584 项，达到 1556 项即可。企业 R&D 经费支出和技术改造与获取经费支出保持不变。

（2）创新产出方面

在创新产出方面，企业的发明专利数应增加 36 件（具体数值为

35.606），达到 218 件；新产品产值应增加 111.905 亿元，达到 683.905 亿元。

三 沈阳企业创新活力水平的 BC^2 模型分析

BC^2 模型考虑规模报酬变动的假设，将综合效率（CRS）分解为纯技术效率（VRS）与规模效率（SE），来衡量综合效率及规模报酬。由于本项研究的主要目的是如何有效地提升沈阳企业的创新产出绩效，因此基于产出导向的运算更适合于规模报酬可变条件下本问题的研究，故该部分运算我们采用的是基于产出导向的运算方法。

基于产出角度的运算指的是在投入保持不变的情况下，决策单元如何尽可能扩大产出的问题。从经济学角度来看，产出角度的运算讲的是产出最大化的问题。

（一）创新各项效率的综合分析

在规模报酬可变（VRS）条件下，我国 11 个副省级城市的企业创新投入与产出的各项效率如表 5-5 所示。

表 5-5　VRS 条件下我国 11 个副省级城市企业创新综合绩效评价

EFFICIENCY SUMMARY:
Results from DEAP Version 2.1
Output orientated DEA
Scale assumption: VRS
Slacks calculated using multi-stage method

序号	城市	综合效率 CRSTE	纯技术效率 VRSTE	规模效率 SE	规模效率增减状况
1	哈尔滨	0.599	1.000	0.599	规模报酬递增
2	长春	1.000	1.000	1.000	规模报酬不变
3	沈阳	0.836	1.000	0.836	规模报酬递增
4	济南	0.789	0.994	0.793	规模报酬递增
5	南京	0.582	0.737	0.789	规模报酬递减
6	杭州	1.000	1.000	1.000	规模报酬不变
7	广州	1.000	1.000	1.000	规模报酬不变
8	武汉	0.722	0.737	0.980	规模报酬递增
9	成都	1.000	1.000	1.000	规模报酬不变

续表

序号	城市	综合效率 CRSTE	纯技术效率 VRSTE	规模效率 SE	规模效率增减状况
10	宁波	1.000	1.000	1.000	规模报酬不变
11	大连	0.409	0.588	0.696	规模报酬递增
均值		0.812	0.914	0.881	

Note: crste = technical efficiency from CRS DEA
vrste = technical efficiency from VRS DEA
scale = scale efficiency = crste/vrste
Note also that all subsequent tables refer to VRS results

DEA 分析中的规模效率（SE）指的是，当投入增大 K 倍（K>1），产出是大于 K 倍、等于 K 倍，还是小于 K 倍时，分别称生产状态是处于规模收益递增、规模收益不变还是规模收益递减。规模效率主要是由于决策单元自身规模不当所引起的。而技术效率指的是，决策单元的经营管理和技术运用等方面的能力水平或效率水平。技术效率低表明由于决策单元本身经营管理能力较差，所导致的投入与产出效率较低。

1. 副省级城市企业创新的总体技术效率和规模效率分析

从表 5-5 可以看出，我国 11 个副省级城市企业创新投入与产出的综合效率均值为 0.812，其中纯技术效率均值为 0.914，略高于综合效率均值；规模效率均值为 0.881，略低于纯技术效率均值。这表明我国副省级城市企业创新的总体技术效率较高，而规模效率较低，创新投入水平应进一步提升。

在我国副省级城市中，企业创新纯技术效率普遍较高，技术效率较低的城市是大连、武汉、南京和济南；企业创新的规模效率总体相对较低，规模效率有效的城市是长春、杭州、广州、成都和宁波 5 个城市，规模效率最低的城市是哈尔滨，其次是大连、南京、济南、沈阳和武汉。

2. 规模报酬的增减状况分析

在我国的 11 个副省级城市中，企业创新投入与产出属于规模报酬递增的城市有 5 个，分别是哈尔滨、沈阳、济南、武汉和大连；属于规模报酬不变的城市有 5 个，分别是长春、杭州、广州、成都和宁波；属于规模报酬递减的城市有 1 个，即南京。

3. 沈阳企业的创新活力受其规模效率所影响

从沈阳市的情况来看,沈阳企业创新投入与产出的纯技术效率值为1,规模效率值为0.836,即纯技术效率有效,而规模效率无效。由此可以看出,沈阳企业创新的综合效率受其规模效率所牵制。沈阳企业创新投入与产出当前属于规模报酬递增阶段。

(二)规模报酬可变条件下沈阳企业创新活力的具体分析

表5-6反映了规模报酬可变(VRS)条件下作为决策单元之一的沈阳市企业创新投入与产出绩效的DEA运算具体分析结果。

表5-6　　　　规模报酬可变条件下沈阳企业创新活力分析

FIRM BY FIRM RESULTS:
Results for firm:　　3 (沈阳)
纯技术效率 (Technical efficiency) = 1.000
规模效率 (Scale efficiency) = 0.836　规模报酬递增 (irs)

	要素	原始值 (original value)	产出不足值 (radial movement)	投入冗余值 (slack movement)	目标值 (projected value)
产出	发明专利数 O_1 (件)	182.000	0.000	0.000	182.000
	新产品产值 O_2 (亿元)	572.000	0.000	0.000	572.000
投入	科技活动人员投入量 I_1 (万人)	3.000	0.000	0.000	3.000
	企业承担科技项目数 I_2 (项)	3140.000	0.000	0.000	3140.000
	R&D经费支出总额 I_3 (亿元)	26.000	0.000	0.000	26.000
	技术改造与获取经费支出 I_4 (亿元)	22.000	0.000	0.000	22.000

原始值 (original value):表示投入和产出的原始数值。
产出不足值 (radial movement):表示投入指标的松弛变量取值。
投入冗余值 (slack movement):表示产出指标的松弛变量取值。
目标值 (projected value):表示达到DEA有效的目标值。

从表5-6可以看出,由于沈阳企业创新活力的非DEA有效(CRSTE=0.836)主要是由于规模效率(SE=0.836)所引起的,纯技术效率还是有效的(VRSTE=1.00)。因此,无论是基于投入导向还是基于产出导向,沈阳企业的创新均无投入松弛和产出松弛量。

当前沈阳企业创新投入与产出属于规模报酬递增阶段。

第三节 沈阳企业创新活力水平的评价分析结果

通过对我国 11 个副省级城市企业创新投入与产出的 DEA 模型运算分析，我们得出以下关于沈阳企业创新活力水平的研究结论：

一 沈阳企业创新活力的综合效率处于中上水平

DEA 运算结果显示，我国 11 个副省级城市企业创新投入与产出的综合效率均值为 0.812，其中长春、杭州、广州、成都和宁波 5 个城市的企业创新综合效率值均等于 1，为最高；而大连市的企业创新综合效率最低，其值为 0.409。

沈阳市企业创新投入与产出的综合效率值为 0.836，略高于平均值 0.812，在我国 11 个副省级城市中企业创新活力排名第六，处于中上等水平。

二 沈阳企业创新的科技人员和项目投入过多，效率偏低

基于规模报酬不变（CRS）假设条件下的研究发现，沈阳企业创新的科技活动人员和项目这两个要素的投入量过多，出现不同程度的冗余，这两个要素的创新转化效率偏低。

（一）科技活动人员投入过多

在科技活动人员投入量方面，沈阳企业的创新投入冗余最多，为 1.105 万人，其次为济南市，而其他城市均无此项冗余。这充分说明沈阳市的科技活动人员创新投入产出效率极低，表现为参与创新的科技活动人员总量虽然很多，但创新产出效果却不明显。这可能是由于科技活动人员的质量不高，或科技活动人员的管理无效等因素所致。

（二）企业承担科技项目数过多

在企业承担科技项目数方面，沈阳和大连是冗余最多的两个城市，均在 1500 项以上，其次是武汉、哈尔滨和南京。这表明沈阳市企业科技项目的成果转化率不高，虽然科技项目数量巨大，但专利产出和新产品产值并不高。

三 沈阳企业创新活力的综合水平受其规模效率所牵制

基于规模报酬可变（VRS）假设条件下的研究发现，我国 11 个副省级城市企业创新投入与产出的综合效率均值为 0.812，其中纯技术效率均值为 0.914，略高于综合效率均值；规模效率均值为 0.881，略低于纯技术效率均值。这表明我国副省级城市企业创新的总体技术效率较高，而规模效率较低，创新投入水平应进一步提升。

从沈阳市的情况来看，沈阳企业创新投入与产出的纯技术效率值为 1.00，规模效率值为 0.836，即纯技术效率有效，而规模效率无效。由此可以看出，沈阳企业创新活力的综合水平受其规模效率所牵制。

四 沈阳企业创新投入与产出当前属于规模报酬递增阶段

基于规模报酬可变（VRS）假设条件下的研究发现：沈阳企业创新投入与产出当前属于规模报酬递增阶段。

在我国的 11 个副省级城市中，企业创新投入与产出属于规模报酬递增的城市有 5 个，分别是哈尔滨、沈阳、济南、武汉和大连；属于规模报酬不变的城市有 5 个，分别是长春、杭州、广州、成都和宁波；属于规模报酬递减的城市有 1 个，即南京。

第六章 沈阳制造业各行业创新活力水平测度与评价

第一节 沈阳制造业各行业创新活力评价体系构建

一 创新活力水平测度的目的

制造业,是指对制造资源(物料、能源、设备、工具、资金、技术、信息和人力等),按照市场要求,通过制造过程,转化为可供人们使用和利用的工业品与生活消费品的行业,包括扣除采掘业、公用业(电、煤气、自来水)后的所有30个行业。目前,作为我国国民经济的支柱产业,制造业是我国经济增长的主导部门和经济转型的基础;作为经济社会发展的重要依托,制造业是我国城镇就业的主要渠道和国际竞争力的集中体现;作为过去20多年我国综合国力提高的主要标志,制造业的全面发展和优化升级使得我国已经初步确立了"制造大国"的地位,并为实现向"制造强国"的转变奠定了坚实的基础。

制造业是沈阳市的工业和经济基础,在整个沈阳的国民经济发展中占有极其重要的战略地位,更是沈阳企业创新的主导力量。

根据《沈阳统计年鉴2012》的数据显示,截至2011年底,沈阳市规模以上工业企业总计4161家,其中制造业企业4046家,占97.23%;沈阳市规模以上工业企业工业总产值10880.6441亿元,其中制造业工业总产值10375.3792亿元,占95.36%。

因此,深入剖析沈阳制造业创新投入与产出的绩效特征,特别是制造业中各行业的创新绩效,对于深入了解沈阳企业的创新活力水平和特点等具有极其重要的意义。

因此本项研究对沈阳制造业各行业规模以上工业企业的创新投入与产出绩效进行深入分析,明晰当前沈阳制造业各行业企业创新活力水平,发现沈阳制造业企业创新体系中存在的主要问题,并进一步提出改进创新绩效的具体措施。

二 决策单元(DMU)的选取

此项研究拟对沈阳市制造业各行业企业创新活力水平进行有效性分析,数据的收集主要源于《沈阳统计年鉴2012》,因此这里采用沈阳统计年鉴的制造业分类方法,具体将沈阳市的制造业分为14个不同的行业,如表6-1所示。

表6-1 代表沈阳制造业的14个行业及其决策单元编号

决策单元DMU序号	行业
DMU 1	农副食品加工业
DMU 2	石油加工、炼焦及核燃料加工业
DMU 3	化学原料及制品制造业
DMU 4	医药制造业
DMU 5	橡胶制品业
DMU 6	非金属矿物制品业
DMU 7	有色金属冶炼及加工业
DMU 8	金属制品业
DMU 9	通用设备制造业
DMU 10	专用设备制造业
DMU 11	交通运输设备制造业
DMU 12	电气机械及器材制造业
DMU 13	通信设备、计算机及其他电子设备制造业
DMU 14	仪器仪表及文化、办公用机械制造业

根据研究需要,这里将代表沈阳制造业的14个行业企业总体作为DEA有效性分析的同类决策单元DMU。因此此项研究的对象是沈阳制造业的各个行业企业总体,主要是规模以上工业企业的创新活力水平及现状。

三 投入/产出指标体系的构建

为有效评价沈阳制造业各行业企业创新活力水平,这里根据投入指标间相对独立、产出指标间相关程度高的原则，建立如下评价指标体系，其中创新资源投入指标包括：

（一）科技活动人员投入量 I_1

科技活动人员投入量指的是城市规模以上工业企业中科技活动人员的总量，该项指标能够反映出企业进行创新的人力投入水平。

（二）企业承担科技项目数 I_2

企业承担科技项目数指的是城市规模以上工业企业承担的各类科技项目总数，该项指标反映了企业参与科技创新活动的基本状况水平。

（三）科技活动经费支出总额 I_3

科技活动经费支出总额，是指企业在报告年度实际支出的全部科技活动费用，包括列入技术开发的经费支出以及技措技改等资金实际用于科技活动的支出。该项指标反映了企业进行科技活动的总体财力投入水平。

（四）R&D 经费内部支出 I_4

R&D 经费内部支出，是指报告年度在企业科技活动经费内部支出中用于基础研究、应用研究和试验发展三类项目以及这三类项目的管理和服务费用的支出。该项指标反映了企业进行自主研究和开发的直接财力投入水平。

企业创新产出指标有两个，分别是：

（一）企业发明专利数 O_1

专利包括发明型专利、实用型专利和外观设计专利等，其中企业的发明专利是企业创新成效的最直接的表现。该项产出指标反映了企业创新活动的直接成果。

（二）新产品产值 O_2

新产品指采用新技术原理、新设计构思研制、生产的全新产品，或在结构、材质、工艺等某一方面比原有产品有明显改进，从而显著提高了产品性能或扩大了使用功能的产品。新产品产值指企业所生产的新产品所创造的市场价值。该项产出指标反映了企业创新活动的直接经济效果，以及对企业经济增长的直接贡献。

沈阳制造业各行业企业创新投入/产出绩效评价标体系的构建如表6-2所示。

表6-2　　　　　　　城市企业创新投入/产出指标体系构建

	创新资源投入指标	科技活动人员投入量 I_1
沈阳制造业各行业企业创新投入/产出绩效评价		企业承担科技项目数 I_2
		科技活动经费支出总额 I_3
		R&D经费内部支出 I_4
	创新产出指标	发明专利数 O_1
		新产品产值 O_2

四　数据的收集和整理

此项研究的统计数据全部来源于沈阳市统计局官方出版的《沈阳统计年鉴2012》，数据的统计年度为2011年度全市制造业各行业的统计数据值。表6-3反映了2011年度沈阳市制造业各行业规模以上工业企业创新投入与产出数据。

表6-3　沈阳市制造业各行业规模以上工业企业创新投入与产出分析

序号	行业即决策单元DMU	创新产出			创新投入				参考：企业办科技机构数（个）
		O_1 发明专利数（件）	O_2 新产品产值（万元）	参考：高新技术产品增加值（万元）	I_1 科技活动人员（人）	I_2 科技项目数（项）	I_3 科技活动经费支出总额（万元）	I_4 R&D经费内部支出（万元）	
1	农副食品加工业	7	250753	1145112	763	5	1954	6742	3
2	石油加工、炼焦及核燃料加工业	3	338723	459705	83	6	2255	1056	5
3	化学原料及制品制造业	20	56740	252805	149	33	1906	2633	5
4	医药制造业	32	231579	550239	426	82	23428	11136	10
5	橡胶制品业	10	16210	182589	133	14	3543	1109	3
6	非金属矿物制品业	13	42150	448478	30	7	5119	949	1
7	有色金属冶炼及加工业	1	29362	202883	43	7	785	1738	1
8	金属制品业	67	84843	558732	2286	62	11424	11782	10
9	通用设备制造业	67	1359296	1545877	1904	320	96672	120432	31
10	专用设备制造业	136	1253679	800664	3926	339	59728	95421	23

续表

序号	行业 即决策单元 DMU	创新产出		参考: 高新技术产品增加值（万元）	创新投入				参考: 企业办科技机构数（个）
		O_1 发明专利数（件）	O_2 新产品产值（万元）		I_1 科技活动人员（人）	I_2 科技项目数（项）	I_3 科技活动经费支出总额（万元）	I_4 R&D 经费内部支出（万元）	
11	交通运输设备制造业	201	1842847	2678230	6314	579	380898	522972	19
12	电气机械及器材制造业	35	433876	1492439	1400	95	47532	73865	14
13	通信设备、计算机及其他电子设备制造业	79	314950	686644	835	29	7111	7936	15
14	仪器仪表及文化、办公用机械制造业	41	56557	92773	452	36	8775	8779	12
	合计	702	6065398	11277859	18744	1614	651751	866150	152

资料来源：《沈阳统计年鉴》（2012 年）。

五 DEA 模型的选择和运算

为了能够全面地反映沈阳制造业各行业企业创新活力水平，本项研究同时采用了规模报酬不变（CRS）和规模报酬可变（VRS）两种不同条件下的 DEA 模型，即 C^2R 模型和 BC^2 模型，以期更好地对沈阳制造业各行业企业创新活力进行有效评价。

由于本项研究的主要目的是如何有效地提升沈阳企业的创新活力水平，因此基于产出导向的运算更适合于规模报酬不变条件下本问题的研究，故该部分运算我们采用的是基于产出导向的运算方法。

基于产出角度的运算指的是在投入保持不变的情况下，决策单元如何尽可能扩大产出的问题。从经济学角度来看，产出角度的运算讲的是产出最大化的问题。

本项研究使用 DEAP（Version 2.1）软件进行了 DEA 运算，分别对表中样本数据进行了基于产出的 C^2R 模型和 BC^2 模型运算，测算出了沈阳制造业各行业企业创新的综合效率（CRSTE）、纯技术效率（VRSTE）和规模效率（SE）等系列指标。

第二节 沈阳制造业各行业创新活力水平的 C^2R 模型分析

规模报酬不变（CRS）条件下的 C^2R 模型以规模报酬不变为假设来衡量效率，得到的效率值 θ 是一个综合效率（CRSTE），其经济意义是当产出水平保持不变时，如以被评价决策单元中表现最佳的作为标准，实际所需要的投入比例，$1-\theta$ 就是多投入的比例，即可以减少投入的最大比例。根据所研究问题的实际情况，这里采用基于产出角度的运算。基于产出角度的运算指的是在投入保持不变的情况下，决策单元如何尽可能扩大产出的问题，即产出最大化的问题。

一 制造业各行业创新活力的综合效率分析

在规模报酬不变（CRS）条件下，沈阳制造业各行业企业创新投入与产出的综合效率如表 6-4 所示。

表 6-4　沈阳制造业各行业企业创新投入与产出的综合效率评价

EFFICIENCY SUMMARY:
Results from DEAP Version 2.1
Output orientated DEA
Scale assumption: CRS

序号	行业	综合效率 CRSTE
1	农副食品加工业	1.000
2	石油加工、炼焦及核燃料加工业	1.000
3	化学原料及制品制造业	1.000
4	医药制造业	0.486
5	橡胶制品业	0.658
6	非金属矿物制品业	1.000
7	有色金属冶炼及加工业	1.000
8	金属制品业	1.000
9	通用设备制造业	0.651
10	专用设备制造业	0.964
11	交通运输设备制造业	1.000

续表

序号	行业	综合效率 CRSTE
12	电气机械及器材制造业	0.504
13	通信设备、计算机及其他电子设备制造业	1.000
14	仪器仪表及文化、办公用机械制造业	0.739
均值		0.857

从表 6-4 可以看出，沈阳制造业创新投入与产出的平均综合效率值为 0.857。

在沈阳制造业各行业中，创新投入与产出综合效率（CRSTE）为 1 的有效决策单元为：农副食品加工业（DMU 1）；石油加工、炼焦及核燃料加工业（DMU 2），化学原料及制品制造业（DMU 3），非金属矿物制品业（DMU 6），有色金属冶炼及加工业（DMU 7），金属制品业（DMU 8），交通运输设备制造业（DMU 11），通信设备、计算机及其他电子设备制造业（DMU 13），这 8 个行业的创新投入与产出绩效最高。

在沈阳制造业各行业中，综合效率值最低的行业分别是：医药制造业（DMU 4），其综合效率值仅为 0.486；其次是电气机械及器材制造业（DMU 12），其综合效率值为 0.504。在沈阳制造业的其他 4 个行业中，高于或等于平均综合效率（CRSTE）的非有效决策单元有 1 个，低于平均综合效率的非有效决策单元有 3 个。

因此这里可以将沈阳制造业各行业按创新活力水平的高低分为四类，如图 6-1 所示。

高创新活力行业	创新活力较高行业	创新活力较低行业	低创新活力行业
农副食品加工业 石油加工、炼焦及核燃料加工业 化学原料及制品制造业 非金属矿物制品业 有色金属冶炼及加工业 金属制品业 交通运输设备制造业 通信设备、计算机及其他电子设备制造业	专用设备制造业	仪器仪表及文化、办公用机械制造业 橡胶制品业 通用设备制造业	医药制造业 电气机械及器材制造业

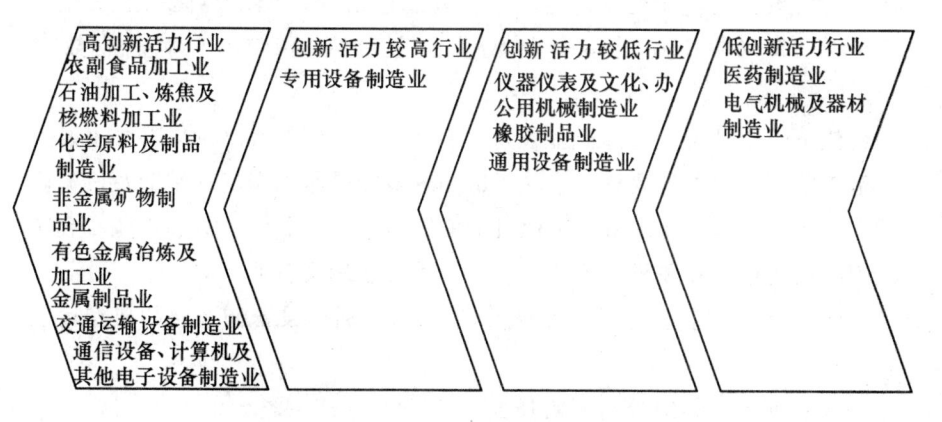

图 6-1 沈阳制造业各行业创新活力分类

二 规模报酬不变条件下沈阳制造业典型行业创新活力具体分析

这里选取在沈阳制造业中工业总产值较大、发明专利较多,对沈阳经济发展具有重要影响的6个行业作为具体分析的对象,对这6个典型行业企业的创新活力水平进行具体分析。表6-5反映了当前沈阳制造业典型行业的具体经济数据。

表6-5 沈阳制造业典型行业经济数据

排名	DMU编号	行业	企业单位数(家)	工业总产值(万元)	发明专利数(件)
1	DMU 9	通用设备制造业	657	13451351	69
2	DMU 11	交通运输设备制造业	222	15233867	201
3	DMU 12	电气机械及器材制造业	351	10698404	35
4	DMU 10	专用设备制造业	267	7118478	136
5	DMU 8	金属制品业	263	6937225	67
6	DMU 4	医药制造业	78	2606106	32

资料来源:《沈阳统计年鉴》(2012年)。

(一) CRS条件下沈阳通用设备制造业的创新活力分析

以沈阳机床集团、沈阳鼓风机集团等为代表的通用设备制造业是沈阳老工业基地的传统优势产业,该行业企业数量较多,但具有较强规模优势的仅几家国有重点企业、私营和外资企业发展也比较迅猛。2011年沈阳通用设备制造业规模以上企业工业总产值为占全市规模以上工业总产值的12.36%;其行业企业数量占全市规模以上工业企业数的15.79%。

沈阳通用设备制造业企业发展现状如表6-6所示,在沈阳通用设备制造业中,企业单位数和工业总产值均较多的是通用零部件制造及机械修理业,泵、阀门、压缩机及类似机械的制造业,金属铸、锻加工业,金属加工机械制造业和风机、衡器、包装设备等通用设备业。

沈阳市工业企业主营业务收入前50名中通用设备制造业的典型代表企业有:

沈阳机床(集团)有限责任公司;

沈阳鼓风机集团有限公司；

沈阳三洋电梯有限公司；

通用电气能源（沈阳）有限公司。

表6-6　　　　　沈阳通用设备制造业企业发展现状

项　目	企业单位数（家）	亏损企业数（家）	工业总产值（万元）
通用设备制造业	**657**	**26**	**13451351**
锅炉及原动机制造业	23	1	244723
金属加工机械制造业	93	4	3372426
起重运输设备制造业	33	4	1248343
泵、阀门、压缩机及类似机械的制造业	158	5	2199493
轴承、齿轮、传动和驱动部件的制造业	33	2	435042
烘炉、熔炉及电炉制造业	4	0	49390
风机、衡器、包装设备等通用设备业	65	3	2171731
通用零部件制造及机械修理业	136	3	1806231
金属铸、锻加工业	112	4	1923973

资料来源：《沈阳统计年鉴》(2012年)。

表6-7反映了规模报酬不变（CRS）条件下作为决策单元之一的沈阳通用设备制造业企业创新投入与产出绩效的DEA运算具体分析结果。

表6-7　　　　　沈阳通用设备制造业的DEA分析数据

FIRM BY FIRM RESULTS：
Results for firm：9
综合效率（CRS Technical efficiency）= 0.65
1PROJECTION SUMMARY：

	要素	原始值（original value）	产出不足值（radial movement）	投入冗余值（slack movement）	目标值（projected value）
产出	发明专利数 O_1（件）	67.000	35.849	0.000	102.849
	新产品产值 O_2（万元）	1359296.000	7273000.950	0.000	2086596.950

续表

	要素	原始值 (original value)	产出不足值 (radial movement)	投入冗余值 (slack movement)	目标值 (projected value)
投入	科技活动人员投入量 I_1（人）	1904.000	0.000	-317.021	1586.979
	企业承担科技项目数 I_2（项）	320.000	0.000	-164.206	155.794
	科技活动经费支出总额 I_3（万元）	96672.000	0.000	0.000	96672.000
	R&D 经费内部支出 I_4（万元）	120432.000	0.000	-24563.516	95868.484

原始值（original value）：表示投入和产出的原始数值。
产出不足值（radial movement）：表示投入指标的松弛变量取值。
投入冗余值（slack movement）：表示产出指标的松弛变量取值。
目标值（projected value）：表示达到 DEA 有效的目标值。

LISTING OF PEERS:
peer　　lambda weight
11　　　0.169
6　　　4.204
2　　　4.715

1. DEA 的有效性

从表 6-7 可以看出，规模报酬不变（CRS）条件下，沈阳通用设备制造业创新投入与产出的综合效率值为 0.651，属于非 DEA 有效，且创新绩效低于沈阳制造业的平均值。

2. 创新投入与产出的合理目标

沈阳通用设备制造业企业创新投入与产出的合理目标应是：投入科技活动人员 1586 人，企业承担科技项目 155 项，企业科技活动经费支出总额 96672 万元，R&D 经费内部支出 95868 万元。在此投入水平下，沈阳通用设备制造业企业创新的理想产出绩效应为：申请发明专利 102 件，实现新产品产值 2086597 万元。

3. 绩效改进的方向

沈阳通用设备制造业企业创新投入与产出绩效要实现 DEA 有效，即综合效率值要想达到 1，结合沈阳通用设备制造业企业创新投入与产出的实际数据来分析，可以进行如下调整和努力：

（1）创新投入方面

在科技活动人员投入量上，可以减少 317 人，达到 1586 人即可；企业承担科技项目数上，可以减少 164 项，达到 155 项即可；而在企业 R&D 经费内部支出上可以减少 24563.516 万元，达到 95868.484 万元即可。科技活动经费支出保持不变。

（2）创新产出方面

在创新产出方面，企业的发明专利数和新产品产值保持不变。

（二）CRS条件下沈阳交通运输设备制造业的创新活力分析

交通运输设备制造业是当前沈阳市的支柱产业，该行业企业的数量虽然不多，但企业经营规模普遍较大，经营效益较好。2011年沈阳交通运输设备制造业规模以上企业工业总产值占全市规模以上工业总产值的14%；其行业企业数量仅占全市规模以上工业企业数量的5.34%。

沈阳交通运输设备制造业企业发展现状如表6-8所示，在沈阳交通运输设备制造业中，企业单位数和工业总产值均最多的是汽车制造业，总计172家相关企业，汽车制造业工业产值占整个交通运输设备制造业工业总产值的81.9%，具有绝对优势；其次是铁路运输设备制造业和航空航天器制造业。

沈阳市工业企业主营业务收入前50名中交通运输设备制造业的典型代表企业有：

沈阳华晨金杯汽车有限公司；

华晨宝马汽车有限公司；

沈阳飞机工业（集团）有限公司；

沈阳黎明航空发动机（集团）有限责任公司；

沈阳金杯车辆制造有限公司；

沈阳北方交通工程公司；

沈阳航天三菱汽车发动机制造有限公司；

沈阳航天新光集团有限公司；

中国北车集团沈阳机车车辆有限责任公司；

沈阳晨发汽车零部件有限公司；

沈阳中顺汽车控股有限公司；

沈阳兴远东汽车零部件有限公司；

沈阳金杯江森自控汽车内饰件有限公司；

沈阳李尔汽车座椅内饰有限公司。

表 6-8　　　　　　沈阳交通运输设备制造业企业发展现状

项目	企业单位数(家)	亏损企业数(家)	工业总产值(万元)
交通运输设备制造业	**222**	**18**	**15233867**
铁路运输设备制造业	32	3	773214
汽车制造业	172	15	12491593
摩托车制造业	1	0	11223
自行车制造业	1	0	6255
航空航天器制造业	11	0	1824635
交通器材及其他交通运输设备制造业	4	0	113516

资料来源：《沈阳统计年鉴》（2012 年）。

表 6-9 反映了规模报酬不变（CRS）条件下作为决策单元之一的沈阳交通运输设备制造业企业创新投入与产出绩效的 DEA 运算具体分析结果。

表 6-9　　　　　　沈阳交通运输设备制造业的 DEA 分析数据

FIRM BY FIRM RESULTS：
Results for firm：　11
综合效率（CRS Technical efficiency）= 1.000
PROJECTION SUMMARY：

	要素	原始值 (original value)	产出不足值 (radial movement)	投入冗余值 (slack movement)	目标值 (projected value)
产出	发明专利数 O_1（件）	201.000	0.000	0.000	201.000
	新产品产值 O_2（万元）	1842847.000	0.000	0.000	1842847.000
投入	科技活动人员投入量 I_1（人）	6314.000	0.000	0.000	6314.000
	企业承担科技项目数 I_2（项）	579.000	0.000	0.000	579.000
	科技活动经费支出总额 I_3（万元）	380898.000	0.000	0.000	380898.000
	R&D 经费内部支出 I_4（万元）	522972.000	0.000	0.000	522972.000

原始值（original value）：表示投入和产出的原始数值。
产出不足值（radial movement）：表示投入指标的松弛变量取值。
投入冗余值（slack movement）：表示产出指标的松弛变量取值。
目标值（projected value）：表示达到 DEA 有效的目标值。

LISTING OF PEERS：
peer　lambda weight
11　　1.000

从表6-9可以看出，规模报酬不变（CRS）条件下，沈阳交通运输设备制造业企业创新投入与产出的综合效率为1.000，属于DEA有效。这充分说明沈阳的交通运输设备制造业，特别是汽车制造等重点企业的创新效果显著，创新活力较强。

（三）CRS条件下沈阳电气机械及器材制造业的创新活力分析

以沈阳变压器集团和沈阳电缆有限责任公司为代表的沈阳电气机械及器材制造业是沈阳的传统制造业产业。2011年沈阳电气机械及器材制造业规模以上企业工业总产值占全市规模以上工业总产值的8.4%；其行业企业数量仅占全市规模以上工业企业数量的8.44%。

沈阳电气机械及器材制造业企业发展现状如表6-10所示，在沈阳电气机械及器材制造业中，企业单位数和工业总产值均最多的是输配电及控制设备制造业和电线、电缆、光缆及电工器材制造业这两个行业。其中沈阳输配电及控制设备制造业企业167家，工业总产值4447753万元，占沈阳电气机械及器材制造业工业总产值的48.39%。电线、电缆、光缆及电工器材制造业企业96家，工业总产值2767671万元，占沈阳电气机械及器材制造业工业总产值的30.11%。

沈阳市工业企业主营业务收入前50名中电气机械及器材制造业的典型代表企业有：

特变电工沈阳变压器集团有限公司；

沈阳电缆有限责任公司；

沈阳华润三洋压缩机有限公司；

沈阳电机股份有限公司；

沈阳三洋空调有限公司；

新东北电气（沈阳）高压开关有限公司；

沈阳东基工业集团有限公司；

沈阳昊诚电器有限公司；

沈阳机电装备工业集团有限责任公司；

沈阳古河电缆有限责任公司。

表 6-10　　　　沈阳电气机械及器材制造业企业发展现状

项　目	企业单位数（家）	亏损企业数（家）	工业总产值（万元）
电气机械及器材制造业	**351**	**19**	**9191722**
电机制造业	30	4	763082
输配电及控制设备制造业	167	5	4447753
电线、电缆、光缆及电工器材制造业	96	7	2767671
电池制造业	6	1	220929
家用电力器具制造业	11	1	400136
非电力家用器具制造业	8	0	157080
照明器具制造业	39	1	394482
其他电气机械及器材制造业	4	0	40589

资料来源：《沈阳统计年鉴（2012年）》。

表 6-11 反映了规模报酬不变（CRS）条件下作为决策单元之一的沈阳电气机械及器材制造业企业创新投入与产出绩效的 DEA 运算具体分析结果。

表 6-11　　　　沈阳电气机械及器材制造业的 DEA 分析数据

FIRM BY FIRM RESULTS：
Results for firm： 12
综合效率（CRS Technical efficiency）= 0.504
PROJECTION SUMMARY：

	要素	原始值（original value）	产出不足值（radial movement）	投入冗余值（slack movement）	目标值（projected value）
产出	发明专利数 O_1（件）	35.000	30.103	0.000	75.103
	新产品产值 O_2（万元）	433876.000	427556.923	0.000	861432.923
投入	科技活动人员投入量 I_1（人）	1400.000	0.000	-785.426	614.574
	企业承担科技项目数 I_2（项）	95.000	0.000	-21.978	73.022
	科技活动经费支出总额 I_3（万元）	47532.000	0.000	0.000	47532.000
	R&D 经费内部支出 I_4（万元）	73865.000	0.000	-41591.728	32273.272

原始值（original value）：表示投入和产出的原始数值。
产出不足值（radial movement）：表示投入指标的松弛变量取值。
投入冗余值（slack movement）：表示产出指标的松弛变量取值。
目标值（projected value）：表示达到 DEA 有效的目标值。

LISTING OF PEERS：
peer　lambda weight
　11　　0.054
　　6　　4.561
　　2　　1.684

1. DEA 的有效性

从表 6-11 可以看出,规模报酬不变（CRS）条件下,沈阳电气机械及器材制造业企业创新投入与产出的综合效率值为 0.504,属于非 DEA 有效,且创新绩效低于沈阳制造业的平均值。

2. 创新投入与产出的合理目标

沈阳电气机械及器材制造业企业创新投入与产出的合理目标应是:投入科技活动人员 614 人,企业承担科技项目 73 项;企业科技活动经费支出总额 47532 万元,R&D 经费内部支出 32273 万元。在此投入水平下,沈阳电气机械及器材制造业企业创新的理想产出绩效应为:申请发明专利 75 件,实现新产品产值 861433 万元。

3. 绩效改进的方向

沈阳电气机械及器材制造业企业创新投入与产出绩效要实现 DEA 有效,即综合效率值要想达到 1,结合沈阳电气机械及器材制造业企业创新投入与产出的实际数据来分析,可以进行如下调整和努力:

（1）创新投入方面

在科技活动人员上,可以减少 785 人,达到 614 人;在承担科技项目数上,可以减少 21 项,达到 73 项即可;而在企业 R&D 经费内部支出上可以减少 41591 万元,达到 32273 万元即可。科技活动经费支出总额数量保持不变。

（2）创新产出方面

在创新产出方面,企业的发明专利数应增加 30 项,达到 75 项;新产品产值应增加 427556 万元,达到 861433 万元。

（四）CRS 条件下沈阳专用设备制造业的创新活力分析

以北方重工集团为代表的专用设备制造业是沈阳重工业的基础。2011 年沈阳专用设备制造业规模以上企业工业总产值占全市规模以上工业总产值的 6.16%;其行业企业数量占全市规模以上工业企业数量的 6.39%。

沈阳专用设备制造业企业发展现状如表 6-12 所示,在沈阳专用设备制造业中,企业单位数和工业总产值均最多的是矿山、冶金、建筑专用设备制造业,总计 98 家相关企业,矿山、冶金、建筑专用设备制造业工业产值占整个专用设备制造业工业总产值的 54.75%,具有绝对优势;其次是化工、木材、非金属加工专用设备业和环保、社会公共安全及其他专用设备制造业。

沈阳市工业企业主营业务收入前 50 名中专用设备制造业的典型企业是北方重工集团有限公司、泰科安全产品（沈阳）有限公司等。

表 6-12　　　　　　　　沈阳专用设备制造业企业发展现状

项　目	企业单位数（家）	亏损企业数（家）	工业总产值（万元）
专用设备制造业	**266**	**18**	**6698421**
矿山、冶金、建筑专用设备制造业	98	5	3667425
化工、木材、非金属加工专用设备业	48	6	986450
食品、饮料、烟草及饲料生产专用设备制造业	41	0	190819
印刷、制药、日化生产专用设备制造业	10	0	206219
纺织、服装和皮革工业专用设备制造业	8	2	134266
电子和电工机械专用设备制造业	23	2	457790
农、林、牧、渔专用机械制造业	20	0	214610
医疗仪器设备及器械制造业	14	1	319038
环保、社会公共安全及其他专用设备制造业	34	2	521805

资料来源：《沈阳统计年鉴（2012 年）》。

表 6-13 反映了规模报酬不变（CRS）条件下作为决策单元之一的沈阳专用设备制造业企业创新投入与产出绩效的 DEA 运算具体分析结果。

表 6-13　　　　　　沈阳专用设备制造业的 DEA 分析数据

FIRM BY FIRM RESULTS：
Results for firm：10
综合效率（CRS Technical efficiency）= 0.964
PROJECTION SUMMARY：

	要素	原始值（original value）	产出不足值（radial movement）	投入冗余值（slack movement）	目标值（projected value）
产出	发明专利数 O_1（件）	136.000	5.035	0.000	141.035
	新产品产值 O_2（万元）	1253679.000	46410.237	0.000	1300089.237

续表

	要素	原始值 (original value)	产出不足值 (radial movement)	投入冗余值 (slack movement)	目标值 (projected value)
投入	科技活动人员投入量 I_1（人）	3926.000	0.000	-3378.649	547.351
	企业承担科技项目数 I_2（项）	339.000	0.000	-249.623	89.377
	科技活动经费支出 总额 I_3（万元）	59728.000	0.000	0.000	59728.000
	R&D 经费内部支出 I_4（万元）	95421.000	0.000	-84609.312	10811.688

原始值（original value）：表示投入和产出的原始数值。
产出不足值（radial movement）：表示投入指标的松弛变量取值。
投入冗余值（slack movement）：表示产出指标的松弛变量取值。
目标值（projected value）：表示达到 DEA 有效的目标值。

LISTING OF PEERS:
peer　lambda weight
2　　2.544
6　　10.187
11　　0.005

1. DEA 的有效性

从表 6-13 可以看出，规模报酬不变（CRS）条件下，沈阳专用设备制造业创新投入与产出的综合效率值为 0.964，属于非 DEA 有效，但创新绩效高于沈阳制造业的平均值。

2. 创新投入与产出的合理目标

沈阳专用设备制造业企业创新投入与产出的合理目标应是：投入科技活动人员 547 人，企业承担科技项目 89 项，企业科技活动经费支出总额 59728 万元，R&D 经费内部支出 10812 万元。在此投入水平下，沈阳专用设备制造业企业创新的理想产出绩效应为：申请发明专利 141 件，实现新产品产值 1300089 万元。

3. 绩效改进的方向

沈阳专用设备制造业企业创新投入与产出绩效要实现 DEA 有效，即综合效率值要想达到 1，结合沈阳专用设备制造业企业创新投入与产出的实际数据来分析，可以进行如下调整和努力：

（1）创新投入方面

在科技活动人员投入量上，可以减少 3378 人，达到 547 人即可；企业承担科技项目数上，可以减少 249 个，达到 89 个；在而在企业 R&D 经费内部支出上可以减少 84609 万元，达到 10812 万元即可。科技活动经费支出总额保持不变。

(2) 创新产出方面

在创新产出方面，企业的发明专利数应增加 5 项，达到 141 项；新产品产值应增加 46410.237 万元，达到 1300089.237 万元。

(五) CRS 条件下沈阳金属制品业的创新活力分析

2011 年沈阳金属制品业规模以上企业工业总产值占全市规模以上工业总产值的 5.64%；其行业企业数量仅占全市规模以上工业企业数量的 5.84%。

沈阳金属制品业企业发展现状如表 6-14 所示，在沈阳金属制品业中，企业单位数和工业总产值均最多的是结构性金属制品制造业，总计 133 家相关企业，结构性金属制品制造业工业产值占整个金属制品业工业总产值的 54.73%，具有绝对优势；其次是集装箱及金属包装容器制造业和建筑、安全用金属制品制造业。

沈阳市工业企业主营业务收入前 50 名中金属制品业企业的典型代表有：

沈阳远大铝业工程有限公司金属门窗分公司；

沈阳星河有色金属加工厂；

沈阳辽沈集团有限总公司；

沈阳造币厂。

表 6-14　　　　　　沈阳金属制品业企业发展现状

项　目	企业单位数（家）	亏损企业数（家）	工业总产值（万元）
金属制品业	**243**	**8**	**6139060**
结构性金属制品制造业	133	5	4242375
金属工具制造业	16	0	125393
集装箱及金属包装容器制造业	25	1	621484
金属丝绳及其制品的制造业	5	2	248133
建筑、安全用金属制品制造业	18	0	164109
金属表面处理及热处理加工业	17	0	276643
搪瓷制品制造业	3	0	45632
不锈钢及类似日用金属制品制造业	7	0	57231
其他金属制品制造业	19	0	358059

资料来源：《沈阳统计年鉴（2012 年）》。

表 6-15 反映了规模报酬不变（CRS）条件下作为决策单元之一的沈阳金属制品业企业创新投入与产出绩效的 DEA 运算具体分析结果。

表 6-15　　　　　　　沈阳金属制品业的 DEA 分析数据

FIRM BY FIRM RESULTS:
Results for firm: 8
综合效率（CRS Technical efficiency）= 1.000
PROJECTION SUMMARY:

	要素	原始值 (original value)	产出不足值 (radial movement)	投入冗余值 (slack movement)	目标值 (projected value)
产出	发明专利数 O_1（件）	67.000	0.000	0.000	67.000
	新产品产值 O_2（万元）	84843.000	0.000	0.000	84843.000
投入	科技活动人员投入量 I_1（人）	2286.000	0.000	0.000	2286.000
	企业承担科技项目数 I_2（项）	62.000	0.000	0.000	62.000
	科技活动经费支出总额 I_3（万元）	11424.000	0.000	0.000	11424.000
	R&D 经费内部支出 I_4（万元）	11782.000	0.000	0.000	11782.000

原始值（original value）：表示投入和产出的原始数值。
产出不足值（radial movement）：表示投入指标的松弛变量取值。
投入冗余值（slack movement）：表示产出指标的松弛变量取值。
目标值（projected value）：表示达到 DEA 有效的目标值。

LISTING OF PEERS:
peer　lambda weight
8　　1.000

从表 6-15 可以看出，规模报酬不变（CRS）条件下，沈阳金属制品业企业创新投入与产出的综合效率为 1.000，属于 DEA 有效。这充分说明沈阳的金属制品业，特别是结构性金属制品制造等重点企业的创新效果显著，创新活力较强。

（六）CRS 条件下沈阳医药制造业的创新活力分析

2011 年沈阳医药制造业规模以上企业工业总产值占全市规模以上工业总产值的 2.08%，其行业企业数量占全市规模以上工业企业数量的 1.85%。

沈阳医药制造业企业发展现状如表 6-16 所示，在沈阳医药制造业中，企业单位数和工业总产值均较多的是化学药品原药制造、化学药品制剂制造、中成药制造和生物、生化制品的制造这4个行业。其中化学药品原药制造业企业13家，工业总产值占整个医药制造业的25.52%；化学药品制剂制造企业21家，工业总产值占整个医药制造业的23.92%；中成药制造企业15家，工业总产值占整个医药制造业的13.7%；生物、生化制品制造业企业10家，工业总产值占整个医药制造业的20.1%。

沈阳市工业企业主营业务收入前50名中的医药制造业典型代表企业是：东北制药集团有限责任公司。沈阳市利税总额前50名中的医药制造业企业还包括：辽宁诺康生物制药有限责任公司；辽宁成大生物股份有限公司；安斯泰来制药（中国）有限公司；沈阳三生制药有限责任公司。

表6–16　　　　　　　　沈阳医药制造业企业发展现状

项　目	企业单位数（家）	亏损企业数（家）	工业总产值（万元）
医药制造业	**77**	**8**	**2267559**
化学药品原药制造业	13	1	578664
化学药品制剂制造业	21	4	542288
中药饮片加工业	7	0	96749
中成药制造业	15	2	310551
兽用药品制造业	8	0	269100
生物、生化制品的制造业	10	1	455836
卫生材料及医药用品制造业	3	0	14372

资料来源：《沈阳统计年鉴（2012年）》。

表6–17反映了规模报酬不变（CRS）条件下作为决策单元之一的沈阳医药制造业企业创新投入与产出绩效的DEA运算具体分析结果。

表6–17　　　　　　　　沈阳医药制造业的DEA分析数据

```
             FIRM BY FIRM RESULTS:
               Results for firm: 4
      综合效率（CRS Technical efficiency）= 0.486
              PROJECTION SUMMARY:
```

续表

	要素	原始值 (original value)	产出不足值 (radial movement)	投入冗余值 (slack movement)	目标值 (projected value)
产出	发明专利数 O_1（件）	32.000	33.851	0.000	65.851
	新产品产值 O_2（万元）	231579.000	244977.469	0.000	476556.469
投入	科技活动人员投入量 I_1（人）	426.000	0.000	-124.414	301.586
	企业承担科技项目数 I_2（项）	82.000	0.000	-45.026	36.974
	科技活动经费支出总额 I_3（万元）	23428.000	0.000	0.000	23428.000
	R&D经费内部支出 I_4（万元）	11136.000	0.000	-6996.021	4139.979

原始值（original value）：表示投入和产出的原始数值。
产出不足值（radial movement）：表示投入指标的松弛变量取值。
投入冗余值（slack movement）：表示产出指标的松弛变量取值。
目标值（projected value）：表示达到 DEA 有效的目标值。

LISTING OF PEERS：
peer	lambda weight
2	0.775
6	4.042
13	0.139

1. DEA 的有效性

从表 6-17 可以看出，规模报酬不变（CRS）条件下，沈阳医药制造业创新投入与产出的综合效率值为 0.486，属于非 DEA 有效，且创新绩效低于沈阳制造业的平均值。

2. 创新投入与产出的合理目标

沈阳医药制造业企业创新投入与产出的合理目标应是：投入科技活动人员 302 人，企业承担科技项目 37 项，企业科技活动经费支出总额 23428 万元，R&D 经费内部支出 4139.979 万元。在此投入水平下，沈阳医药制造业企业技术创新的理想产出绩效应为：申请发明专利 66 件，实现新产品产值 476556 万元。

3. 绩效改进的方向

沈阳医药制造业企业创新投入与产出绩效要实现 DEA 有效，即综合效率值要想达到 1，结合沈阳医药制造业企业创新投入与产出的实际数据来分析，可以进行如下调整和努力：

（1）创新投入方面

在科技活动人员上，可以减少 124 个，达到 301 个；在企业承担科技项目数上，可以减少 45 项，达到 37 项即可；而在企业 R&D 经费内部支出上可以减少 6996.021 万元，达到 4139.979 万元即可。科技活动经费支出总额保持不变。

(2) 创新产出方面

在创新产出方面，企业的发明专利数应增加 33 项，达到 65 项；新产品产值应增加 244977 万元，达到 476556 万元。

第三节　沈阳制造业各行业创新活力水平的 BC^2 模型分析

BC^2 模型考虑规模报酬变动的假设，将综合效率（CRSTE）分解为纯技术效率（VRSTE）与规模效率（SE），来衡量综合效率及规模报酬。由于本项研究的主要目的是如何有效地提升沈阳企业的创新活力水平，因此基于产出导向的运算更适合于规模报酬可变条件下本问题的研究，故该部分运算我们采用的是基于产出导向的运算方法。

基于产出角度的运算指的是在投入保持不变的情况下，决策单元如何尽可能扩大产出的问题。从经济学角度来看，产出角度的运算讲的是产出最大化的问题。

一　制造业各行业创新活力水平的综合分析

在规模报酬可变（VRS）条件下，沈阳制造业各行业规模以上工业企业创新投入与产出的各项效率如表 6-18 所示。

表 6-18　VRS 条件下沈阳制造业各行业企业创新综合绩效评价

Results from DEAP Version 2.1
Output orientated DEA |
Scale assumption: VRS
Slacks calculated using multi-stage method

序号	行业	综合效率 CRSTE	纯技术效率 VRSTE	规模效率 SE	规模效率增减状况
1	农副食品加工业	1.000	1.000	1.000	不变
2	石油加工、炼焦及核燃料加工业	1.000	1.000	1.000	不变
3	化学原料及制品制造业	1.000	1.000	1.000	不变
4	医药制造业	0.486	0.901	0.539	递减

续表

序号	行　业	综合效率 CRSTE	纯技术效率 VRSTE	规模效率 SE	规模效率 增减状况
5	橡胶制品业	0.658	0.923	0.714	递增
6	非金属矿物制品业	1.000	1.000	1.000	不变
7	有色金属冶炼及加工业	1.000	1.000	1.000	不变
8	金属制品业	1.000	1.000	1.000	不变
9	通用设备制造业	0.651	1.000	0.651	递减
10	专用设备制造业	0.964	1.000	0.964	递减
11	交通运输设备制造业	1.000	1.000	1.000	不变
12	电气机械及器材制造业	0.504	1.000	0.504	递减
13	通信设备、计算机及其他电子设备制造业	1.000	1.000	1.000	不变
14	仪器仪表及文化、办公用机械制造业	0.739	0.861	0.858	递减
	均值	0.857	0.978	0.874	

Note: crste = technical efficiency from CRS DEA
vrste = technical efficiency from VRS DEA
scale = scale efficiency = crste/vrste
Note also that all subsequent tables refer to VRS results

DEA 分析中的规模效率（SE）指的是，当投入增大 K 倍（K>1），产出是大于 K 倍、等于 K 倍，还是小于 K 倍时，分别称生产状态是处于规模收益递增、规模收益不变还是规模收益递减。规模效率主要是由于决策单元自身规模不当所引起的。而技术效率指的是，决策单元的经营管理和技术运用等方面的能力水平或效率水平。技术效率低表明由于决策单元本身经营管理能力较差，所导致的投入与产出效率较低。

（一）沈阳制造业各行业企业创新的纯技术效率和规模效率分析

从表 6-18 可以看出，沈阳制造业企业创新投入与产出的综合效率均值为 0.857，其中纯技术效率均值为 0.978，略高于综合效率均值；规模效率均值为 0.874，略低于纯技术效率均值。

在沈阳制造业中，企业创新的规模效率普遍较高，规模效率较低的行业分别是：医药制造业、通用设备制造业，以及电气机械及器材制造业等 3 个行业。其中电气机械及器材制造业的规模效率极低。

沈阳制造业企业创新的纯技术效率略高于综合效率均值，纯技术效率有效的行业是农副食品加工业，石油加工、炼焦及核燃料加工业，化学原料及制品制造业，非金属矿物制品业，有色金属冶炼及加工业，金属制品业，通用设备制造业，专用设备制造业和交通运输设备制造业，电气机械及器材制造业，通信设备、计算机及其他电子设备制造业这11个行业；其中纯技术效率最低的行业是仪器仪表及文化、办公用机械制造业，其次是医药制造业。

（二）各行业规模报酬增减状况分析

在沈阳制造业各行业中，企业创新投入与产出属于规模报酬递增的行业有1个，是橡胶制品业。

属于创新规模报酬不变的行业有8个，分别是农副食品加工业，石油加工、炼焦及核燃料加工业，化学原料及制品制造业，非金属矿物制品业，有色金属冶炼及加工业，金属制品业，交通运输设备制造业及通信设备、计算机及其他电子设备制造业。

属于创新规模报酬递减的行业有5个，即医药制造业，通用设备制造业，专用设备制造业，交通运输设备制造业，以及仪器仪表及文化、办公用机械制造业。

二 规模报酬可变条件下沈阳制造业典型行业创新活力具体分析

这里同样选取在沈阳制造业中工业总产值较大、发明专利较多，对沈阳经济发展具有重要影响的通用设备制造业、交通运输设备制造业等6个行业作为具体分析的对象，对这6个典型行业企业的创新活力进行具体分析。

（一）VRS条件下沈阳通用设备制造业的创新活力分析

表6-19反映了规模报酬可变（VRS）条件下作为决策单元之一的沈阳通用设备制造业企业创新投入与产出绩效的DEA运算具体分析结果。

表6-19　VRS条件下沈阳通用设备制造业的DEA分析数据

```
                    FIRM BY FIRM RESULTS：
                      Results for firm： 9
            综合效率（CRS Technical efficiency）= 0.651
            纯技术效率（VRS Technical efficiency）= 1.000
      规模效率（Scale efficiency）= 0.651  规模报酬递减（drs）
                     PROJECTION SUMMARY：
```

续表

	要素	原始值 (original value)	产出不足值 (radial movement)	投入冗余值 (slack movement)	目标值 (projected value)
产出	发明专利数 O_1 (件)	67.000	0.000	0.000	67.000
	新产品产值 O_2 (万元)	1359296.000	0.000	0.000	1359296
投入	科技活动人员投入量 I_1 (人)	1904.000	0.000	0.000	1904.000
	企业承担科技项目数 I_2 (项)	320.000	0.000	0.000	320.000
	科技活动经费支出总额 I_3 (万元)	96672.000	0.000	0.000	96672.00
	R&D 经费内部支出 I_4 (万元)	120432.000	0.000	0.000	120432.0

原始值 (original value): 表示投入和产出的原始数值。
产出不足值 (radial movement): 表示投入指标的松弛变量取值。
投入冗余值 (slack movement): 表示产出指标的松弛变量取值。
目标值 (projected value): 表示达到 DEA 有效的目标值。

LISTING OF PEERS:
peer　lambda weight
9　　1.000

从表 6-19 可以看出,规模报酬可变 (VRS) 条件下,沈阳通用设备制造业企业创新投入与产出绩效的非 DEA 有效 (CRSTE = 0.651) 是由于规模效率 (SE = 0.651) 较低所引起的。当前沈阳通用设备制造业企业创新投入与产出属于规模报酬递减阶段。

因此,要提升沈阳通用设备制造业企业创新活力水平,首要的是提升其创新的规模效率,即改善原有的创新投入结构,完善创新产出体系,提高创新投入的转化效率。在此基础上可考虑适当增加创新投入的数量和水平。

(二) VRS 条件下沈阳交通运输设备制造业的创新活力分析

表 6-20 反映了规模报酬可变 (VRS) 条件下作为决策单元之一的沈阳交通运输设备制造业企业创新投入与产出绩效的 DEA 运算具体分析结果。

表 6-20　VRS 条件下沈阳交通运输设备制造业的 DEA 分析数据

FIRM BY FIRM RESULTS:
Results for firm:　11
综合效率 (CRS Technical efficiency) = 1.000
纯技术效率 (VRS Technical efficiency) = 1.000
规模效率 (Scale efficiency) = 1.000　规模报酬不变 PROJECTION SUMMARY:

续表

	要素	原始值 (original value)	产出不足值 (radial movement)	投入冗余值 (slack movement)	目标值 (projected value)
产出	发明专利数 O_1（件）	201.000	0.000	0.000	201.000
	新产品产值 O_2（万元）	1842847.000	0.000	0.000	1842847.000
投入	科技活动人员投入量 I_1（人）	6314.000	0.000	0.000	6314.000
	企业承担科技项目数 I_2（项）	579.000	0.000	0.000	579.000
	科技活动经费支出总额 I_3（万元）	380898.000	0.000	0.000	380898.000
	R&D 经费内部支出 I_4（万元）	522972.000	0.000	0.000	522972.000

原始值（original value）：表示投入和产出的原始数值。
产出不足值（radial movement）：表示投入指标的松弛变量取值。
投入冗余值（slack movement）：表示产出指标的松弛变量取值。
目标值（projected value）：表示达到 DEA 有效的目标值。

LISTING OF PEERS：
peer　　lambda weight
11　　　1.000

从表 6-20 可以看出，规模报酬可变（VRS）条件下，沈阳交通运输设备制造业企业创新投入与产出的绩效属于 DEA 有效（CRSTE = 1.000），即规模效率有效，同时纯技术效率也有效，该行业企业创新活力水平较高。

当前沈阳交通运输设备制造业企业创新投入与产出属于规模报酬不变阶段，因此沈阳交通运输设备制造业企业应保持现有的良好创新发展势头，并进一步通过扩大创新投入的规模来实现更大的技术进步。

（三）VRS 条件下沈阳电气机械及器材制造业的创新活力分析

表 6-21 反映了规模报酬可变（VRS）条件下作为决策单元之一的沈阳电气机械及器材制造业企业创新投入与产出绩效的 DEA 运算具体分析结果。

表 6-21　VRS 条件下沈阳电气机械及器材制造业的 DEA 分析数据

FIRM BY FIRM RESULTS：Results for firm：　12
综合效率（CRS Technical efficiency）= 0.504
纯技术效率（VRS Technical efficiency）= 1.000
规模效率（Scale efficiency）= 0.504　规模报酬递减（drs）PROJECTION SUMMARY：

续表

要素		原始值 (original value)	产出不足值 (radial movement)	投入冗余值 (slack movement)	目标值 (projected value)
产出	发明专利数 O_1 (件)	35.000	0.000	0.000	35.000
	新产品产值 O_2 (万元)	433876.000	0.000	0.000	433876.000
投入	科技活动人员投入量 I_1 (人)	1400.000	0.000	0.000	1400.000
	企业承担科技项目数 I_2 (项)	95.000	0.000	0.000	95.000
	科技活动经费支出总额 I_3 (万元)	47532.000	0.000	0.000	47532.000
	R&D经费内部支出 I_4 (万元)	73865.000	0.000	0.000	73865.000

原始值(original value): 表示投入和产出的原始数值。
产出不足值(radial movement): 表示投入指标的松弛变量取值。
投入冗余值(slack movement): 表示产出指标的松弛变量取值。
目标值(projected value): 表示达到DEA有效的目标值。

LISTING OF PEERS:
peer   lambda weight
12   1.000

从表6-21可以看出,规模报酬可变(VRS)条件下,沈阳电气机械及器材制造业企业创新投入与产出绩效的非DEA有效(CRSTE=0.504)是由于规模效率(SE=0.504)较低所引起的。当前沈阳电气机械及器材制造业企业创新投入与产出属于规模报酬递减阶段。

因此,要提升沈阳电气机械及器材制造业企业创新投入与产出绩效,应抓规模效率,即增加创新投入的数量和水平。

(四) VRS条件下沈阳专用设备制造业的创新活力分析

表6-22反映了规模报酬可变(VRS)条件下作为决策单元之一的沈阳专用设备制造业企业创新投入与产出绩效的DEA运算具体分析结果。

表6-22　VRS条件下沈阳专用设备制造业的DEA分析数据

FIRM BY FIRM RESULTS:
Results for firm: 10
综合效率(CRS Technical efficiency) = 0.964
纯技术效率(VRS Technical efficiency) = 1.000
规模效率(Scale efficiency) = 0.964   规模报酬递减(drs) PROJECTION SUMMARY:

续表

	要素	原始值 (original value)	产出不足值 (radial movement)	投入冗余值 (slack movement)	目标值 (projected value)
产出	发明专利数 O_1（件）	136.000	0.000	0.000	136.000
	新产品产值 O_2（万元）	1253679.000	0.000	0.000	1253679.000
投入	科技活动人员投入量 I_1（人）	3926.000	0.000	0.000	3926.000
	企业承担科技项目数 I_2（项）	339.000	0.000	0.000	339.000
	科技活动经费支出 总额 I_3（万元）	59728.000	0.000	0.000	59728.000
	R&D 经费内部支出 I_4（万元）	95421.000	0.000	0.000	95421.000

原始值（original value）：表示投入和产出的原始数值。
产出不足值（radial movement）：表示投入指标的松弛变量取值。
投入冗余值（slack movement）：表示产出指标的松弛变量取值。
目标值（projected value）：表示达到 DEA 有效的目标值。

LISTING OF PEERS：
peer　　lambda weight
10　　　1.000

从表 6-22 可以看出，由于沈阳专用设备制造业企业技术创新的非 DEA 有效（CRSTE = 0.964）主要是由于其规模无效率（SE = 0.964）所引起的，纯技术效率还是有效的（VRSTE = 1.000）。因此，无论是基于投入导向还是基于产出导向，沈阳专用设备制造业企业的创新均无投入松弛和产出松弛量。当前沈阳专用设备制造业企业创新投入与产出属于规模报酬递减阶段。

因此，要提升沈阳专用设备制造业企业创新活力水平，首要的是提升其创新的规模效率，即增加创新投入的数量和水平。

（五）VRS 条件下沈阳金属制品业的创新活力分析

表 6-23 反映了规模报酬可变（VRS）条件下作为决策单元之一的沈阳金属制品业企业创新投入与产出绩效的 DEA 运算具体分析结果。

表 6-23　VRS 条件下沈阳金属制品业的 DEA 分析数据

FIRM BY FIRM RESULTS：
Results for firm：8
综合效率（CRS Technical efficiency） = 1.000
纯技术效率（VRS Technical efficiency） = 1.000
规模效率（Scale efficiency） = 1.000　规模报酬不变 PROJECTION SUMMARY：

续表

要素		原始值 (original value)	产出不足值 (radial movement)	投入冗余值 (slack movement)	目标值 (projected value)
产出	发明专利数 O_1（件）	67.000	0.000	0.000	67.000
	新产品产值 O_2（万元）	84843.000	0.000	0.000	84843.000
投入	科技活动人员投入量 I_1（人）	2286.000	0.000	0.000	2286.000
	企业承担科技项目数 I_2（项）	62.000	0.000	0.000	62.000
	科技活动经费支出总额 I_3（万元）	11424.000	0.000	0.000	11424.000
	R&D 经费内部支出 I_4（万元）	11782.000	0.000	0.000	11782.000

原始值（original value）：表示投入和产出的原始数值。
产出不足值（radial movement）：表示投入指标的松弛变量取值。
投入冗余值（slack movement）：表示产出指标的松弛变量取值。
目标值（projected value）：表示达到 DEA 有效的目标值。

LISTING OF PEERS:
peer　lambda weight
8　　　1.000

从表 6-23 可以看出，规模报酬可变（VRS）条件下，沈阳金属制品业企业创新投入与产出的绩效属于 DEA 有效（CRSTE = 1.000），即规模效率有效，同时纯技术效率也有效，该行业企业创新活力水平较高。

当前沈阳金属制品业企业创新投入与产出属于规模报酬不变阶段，因此沈阳金属制品业企业应保持现有的良好创新发展势头，并进一步通过扩大创新投入的规模来实现更大的技术进步。

（六）VRS 条件下沈阳医药制造业的创新活力分析

表 6-24 反映了规模报酬可变（VRS）条件下作为决策单元之一的沈阳医药制造业企业创新投入与产出绩效的 DEA 运算具体分析结果。

表 6-24　VRS 条件下沈阳医药制造业的 DEA 分析数据

FIRM BY FIRM RESULTS:
Results for firm: 4
综合效率（CRS Technical efficiency）= 0.486
纯技术效率（VRS Technical efficiency）= 0.901
规模效率（Scale efficiency）= 0.539　规模报酬递减（drs）PROJECTION SUMMARY:

要素		原始值 (original value)	产出不足值 (radial movement)	投入冗余值 (slack movement)	目标值 (projected value)
产出	发明专利数 O_1（件）	32.000	3.498	0.000	35.498
	新产品产值 O_2（万元）	231579.000	25316.651	0.000	256895.651

续表

	要素	原始值 (original value)	产出不足值 (radial movement)	投入冗余值 (slack movement)	目标值 (projected value)
投入	科技活动人员投入量 I_1（人）	426.000	0.000	0.000	426.000
	企业承担科技项目数 I_2（项）	82.000	0.000	-47.176	34.824
	科技活动经费支出总额 I_3（万元）	23428.000	0.000	-11951.651	11476.349
	R&D经费内部支出 I_4（万元）	11136.000	0.000	0.000	11136.000

原始值（original value）：表示投入和产出的原始数值。
产出不足值（radial movement）：表示投入指标的松弛变量取值。
投入冗余值（slack movement）：表示产出指标的松弛变量取值。
目标值（projected value）：表示达到 DEA 有效的目标值。

LISTING OF PEERS:
peer   lambda weight
6   0.464
1   0.018
13   0.309
9   0.068
2   0.142

从表 6-24 可以看出，规模报酬可变（VRS）条件下，沈阳医药制造业企业创新投入与产出绩效的非 DEA 有效（CRSTE = 0.486）既是由于其纯技术效率（VRSTE = 0.901）不高，也是由于规模效率（SE = 0.539）较低所引起的。当前沈阳医药制造业企业创新投入与产出属于规模报酬递减阶段。

因此，要提升沈阳医药制造业企业创新活力水平需要两手抓，一手要抓纯技术效率的提升，即改善原有的创新投入结构，完善创新产出体系，提高创新投入的转化效率。另一方面要抓规模效率，即增加创新投入的数量和水平。

第四节 沈阳制造业各行业创新活力水平的评价分析结果

制造业是沈阳市的工业和经济基础，在整个沈阳的国民经济发展中占有极其重要的战略地位，更是沈阳企业创新的主导力量。截至 2011 年底，沈阳市规模以上工业企业总计 4161 家，其中制造业企业 4046 家，占97.23%；沈阳市规模以上工业企业工业总产值 10880.6441 亿元，其中制造业工业总产值 10375.3792 亿元，占 95.36%。本项研究采用沈阳统计年鉴的制造业分类方法，具体将沈阳市的制造业分为 14 个不同的行业来加以分析。

一　沈阳制造业创新活力水平的平均综合效率值为 0.857

DEA 运算结果显示，在沈阳制造业各行业中，创新投入与产出综合效率（CRSTE）为 1 的有效决策单元为：农副食品加工业（DMU 1），石油加工、炼焦及核燃料加工业（DMU 2），化学原料及制品制造业（DMU 3），非金属矿物制品业（DMU 6），有色金属冶炼及加工业（DMU 7），金属制品业（DMU 8），交通运输设备制造业（DMU 11），通信设备、计算机及其他电子设备制造业（DMU 13），这 8 个行业的创新活力水平最高。

在沈阳制造业各行业中，综合效率值最低的行业分别是：医药制造业（DMU 4），其综合效率值仅为 0.486；其次是电气机械及器材制造业（DMU 12），其综合效率值为 0.504。在沈阳制造业的其他 4 个行业中，高于或等于平均综合效率（CRSTE）的非有效决策单元有 1 个，低于平均综合效率的非有效决策单元有 3 个。因此这里可以将沈阳制造业各行业按创新活力水平的高低分为四类，如图 6-1 所示。

高创新活力行业	创新活力较高行业	创新活力较低行业	低创新活力行业
农副食品加工业 石油加工、炼焦及核燃料加工业 化学原料及制品制造业 非金属矿物制品业 有色金属冶炼及加工业 金属制品业 交通运输设备制造业 通信设备、计算机及其他电子设备制造业	专用设备制造业	仪器仪表及文化、办公用机械制造业 橡胶制品业 通用设备制造业	医药制造业 电气机械及器材制造业

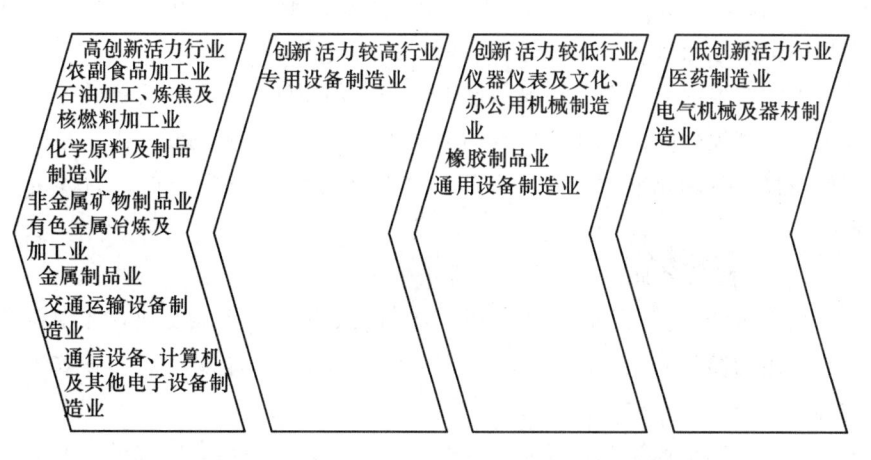

图 6-1　沈阳制造业各行业创新活力水平分类

二　沈阳制造业创新投入与产出的纯技术效率为 0.978

基于规模报酬可变（VRS）条件下的分析显示，沈阳制造业企业创新投入与产出的综合效率均值为 0.857，其中纯技术效率均值为 0.978，略高于综合效率均值；规模效率均值为 0.874，略低于纯技术效率均值。

在沈阳制造业中，企业创新的规模效率普遍较高，规模效率较低的行业分别是：医药制造业，通用设备制造业，以及电气机械及器材制造业等 3 个行业。其中电气机械及器材制造业的规模效率极低。

沈阳制造业企业创新的纯技术效率略高于综合效率均值，纯技术效率有效的行业是农副食品加工业，石油加工、炼焦及核燃料加工业，化学原料及制品制造业，非金属矿物制品业，有色金属冶炼及加工业，金属制品业，通用设备制造业，专用设备制造业，交通运输设备制造业，电气机械及器材制造业，通信设备、计算机及其他电子设备制造业这 11 个行业；其中纯技术效率最低的行业是仪器仪表及文化、办公用机械制造业，其次是医药制造业。

三　沈阳制造业典型行业规模以上企业创新活力分析及发展对策

（一）沈阳通用设备制造业的创新活力

规模报酬可变（VRS）条件下，沈阳通用设备制造业企业创新投入与产出绩效的非 DEA 有效（CRSTE = 0.651）是由于规模效率（SE = 0.651）较低所引起的。当前沈阳通用设备制造业企业创新投入与产出属于规模报酬递减阶段。

因此，要提升沈阳通用设备制造业企业创新活力水平，首要的是提升其创新的规模效率，即改善原有的创新投入结构，完善创新产出体系，提高创新投入的转化效率。在此基础上可考虑适当增加创新投入的数量和水平。

（二）沈阳交通运输设备制造业的创新活力

规模报酬可变（VRS）条件下，沈阳交通运输设备制造业企业创新投入与产出的绩效属于 DEA 有效（CRSTE = 1.000），即规模效率有效，同时纯技术效率也有效，该行业企业创新活力水平较高。

当前沈阳交通运输设备制造业企业创新投入与产出属于规模报酬不变阶段，因此沈阳交通运输设备制造业企业应保持现有的良好创新发展势头，并进一步通过扩大创新投入的规模来实现更大的技术进步。

（三）沈阳电气机械及器材制造业的创新活力

规模报酬可变（VRS）条件下，沈阳电气机械及器材制造业企业创新投入与产出绩效的非 DEA 有效（CRSTE = 0.504）是由于规模效率（SE = 0.504）较低所引起的。当前沈阳电气机械及器材制造业企业创新投入与产出属于规模报酬递减阶段。

因此，要提升沈阳电气机械及器材制造业企业创新活力水平，应抓规模效率，即增加创新投入的数量和水平。

（四）沈阳专用设备制造业的创新活力

由于沈阳专用设备制造业企业创新的非 DEA 有效（CRSTE = 0.964）主要是由于其规模无效率（SE = 0.964）所引起的，纯技术效率还是有效的（VRSTE = 1.000）。因此，无论是基于投入导向还是基于产出导向，沈阳专用设备制造业企业的创新均无投入松弛和产出松弛量。当前沈阳专用设备制造业企业创新投入与产出属于规模报酬递减阶段。

因此，要提升沈阳专用设备制造业企业创新活力水平，首要的是提升其创新的规模效率，即增加创新投入的数量和水平。

（五）沈阳金属制品业的创新活力

规模报酬可变（VRS）条件下，沈阳金属制品业企业创新投入与产出的绩效属于 DEA 有效（CRSTE = 1.000），即规模效率有效，同时纯技术效率也有效，该行业企业的创新活力水平较高。

当前沈阳金属制品业企业创新投入与产出属于规模报酬不变阶段，因此沈阳金属制品业企业应保持现有的良好创新发展势头，并进一步通过扩大创新投入的规模来实现更大的技术进步。

（六）沈阳医药制造业的创新活力

规模报酬可变（VRS）条件下，沈阳医药制造业企业创新投入与产出绩效的非 DEA 有效（CRSTE = 0.486）既是由于其纯技术效率（VRSTE = 0.901）不高，也是由于规模效率（SE = 0.539）较低所引起的。当前沈阳医药制造业企业创新投入与产出属于规模报酬递减阶段。

因此，要提升沈阳医药制造业企业创新活力水平需要两手抓，一手要抓纯技术效率的提升，即改善原有的创新投入结构，完善创新产出体系，提高创新投入的转化效率。另一方面要抓规模效率，即增加创新投入的数量和水平。

第七章　当前沈阳企业创新活力提升中存在的问题分析

近年来，沈阳企业的创新活力水平有了很大的提升，涌现出诸多创新型的知名企业，如沈阳机床集团、沈鼓集团、沈飞集团、东软股份等。然而与国内其他省市相比较，这种创新的速度和效率还很低，长期制约沈阳企业创新活力的体制性、机制性矛盾尚未从根本上消除，在企业的创新过程中还存在很多亟待解决的突出矛盾。当前沈阳企业在创新活力提升过程中存在问题主要表现为以下几方面内容：

第一节　沈阳企业创新活力的综合水平不高

一　沈阳企业创新活力的综合效率仍处于中等水平

通过对我国11个副省级城市规模以上企业创新投入与产出绩效的DEA分析显示：我国11个副省级城市企业创新投入与产出的综合效率均值为0.812，其中长春、杭州、广州、成都和宁波5个城市的企业创新综合效率值均等于1，为最高。而沈阳市企业创新投入与产出的综合效率值为0.836，略高于平均值0.812，在我国11个副省级城市中企业创新活力排名第六，仍处于中等水平。

二　沈阳企业创新的科技人员和项目投入过多，效率偏低

通过基于规模报酬不变（CRS）假设条件下的DEA研究发现，沈阳企业创新的科技活动人员和项目这两个要素的投入量过多，出现不同程度的冗余，说明这两个要素的创新转化效率偏低。

（一）科技活动人员投入过多

在科技活动人员投入量方面，11个副省级城市中沈阳企业的创新投

入冗余最多,其次为济南市,而其他城市均无此项冗余。这充分说明沈阳市的科技活动人员创新投入产出效率极低,表现为参与创新的科技活动人员总量虽然很多,但创新产出效果却不明显。这可能是由于科技活动人员的质量不高,或科技活动人员的管理无效等因素所致。

(二)企业承担科技项目数过多

在企业承担科技项目数方面,沈阳和大连是冗余最多的两个城市,均在1500项以上,其次是武汉、哈尔滨和南京。这表明沈阳市企业科技项目的成果转化率不高,虽然科技项目数量巨大,但专利产出和新产品产值并不高。

三 沈阳制造业创新活力仍有提高的空间

通过基于规模报酬可变(VRS)条件下的 DEA 分析显示,沈阳制造业企业创新投入与产出的综合效率均值为 0.857,其中纯技术效率均值为 0.978,略高于综合效率均值;规模效率均值为 0.874,略低于纯技术效率均值。这表明沈阳制造业企业创新的总体技术效率还比较高,而规模效率有些偏低,创新投入结构应进一步优化。

第二节 沈阳企业创新活力的投入规模不足

一 沈阳企业创新活力的综合效率受其规模效率所牵制

通过基于规模报酬可变(VRS)假设条件下的 DEA 研究发现,我国 11 个副省级城市企业创新投入与产出的综合效率均值为 0.812,其中纯技术效率均值为 0.914,略高于综合效率均值;规模效率均值为 0.881,略低于纯技术效率均值。这表明我国副省级城市企业创新的总体技术效率较高,而规模效率较低,创新投入水平应进一步提升。

从沈阳市的情况来看,沈阳企业创新投入与产出的纯技术效率值为 1.000,规模效率值为 0.836,即纯技术效率有效,而规模效率无效。由此可以看出,沈阳企业创新的综合效率受其规模效率所牵制。

二 沈阳企业创新投入与产出当前属于规模报酬递增阶段

通过基于规模报酬可变(VRS)假设条件下的 DEA 研究发现,沈阳企业创新投入与产出当前属于规模报酬递增阶段。在我国的 11 个副省级城市中，企业创新投入与产出属于规模报酬递增的城市有5个，分别是哈尔滨、沈阳、济南、武汉和大连；属于规模报酬不变的城市有5个，分别是长春、杭州、广州、成都和宁波；属于规模报酬递减的城市有1个，即南京。

当前沈阳企业创新投入与产出属于规模报酬递增阶段意味着，沈阳企业创新的规模效率无效，在创新投入方面每增加1个单位的投入水平，将会产生大于1个单位的产出。因此在该阶段，要实现创新的综合效率有效，沈阳企业应加大创新的投入规模。

三 企业创新投入水平不高

与发达地区相比，沈阳的企业尚未真正成为创新的主体。目前，深圳有科技型企业3万多家，而沈阳市仅有3900家，为深圳的13%；深圳90%以上的研发机构、研发人员、研发投资、职务发明专利来自企业，而沈阳市仅有36%的研发机构设在企业，19%的研发人员集中在企业，40%的研发投入来源于企业，47.6%的职务发明专利出自企业。大多数企业，包括一部分高新技术企业的R&D强度低于1%，这种低水平的R&D投入水平难以为企业创新发展提供可靠的技术基础。

第三节 沈阳制造业企业创新活力发展不均衡

通过基于规模报酬可变（VRS）条件下的DEA分析显示，沈阳制造业企业创新投入与产出的综合效率均值为0.857，其中纯技术效率均值为0.978，略高于综合效率均值；规模效率均值为0.874，略低于纯技术效率均值。这表明沈阳制造业企业创新的总体技术效率还比较高，而规模效率有些偏低，创新投入结构应进一步优化。

DEA运算结果显示，在沈阳制造业各行业中，企业创新绩效和发展水平并不均衡，创新投入与产出综合效率（CRSTE）为1的有效决策单元为：农副食品加工业（DMU 1），石油加工、炼焦及核燃料加工业（DMU 2），化学原料及制品制造业（DMU 3），非金属矿物制品业（DMU 6），有色金属冶炼及加工业（DMU 7），金属制品业（DMU 8），交通运输设备制造业（DMU 11），通信设备、计算机及其他电子设备制造业（DMU 13），这8个行业企业的创新投入与产出绩效最高。

在沈阳制造业各行业中,综合效率值最低的行业分别是:医药制造业(DMU 4),其综合效率值仅为 0.486,其次是电气机械及器材制造业(DMU 12),其综合效率值为 0.504。在沈阳制造业的其他 4 个行业中,高于或等于平均综合效率(CRSTE)的非有效决策单元有 1 个,低于平均综合效率的非有效决策单元有 3 个。

在沈阳制造业各行业中,企业创新投入与产出属于规模报酬递增的行业有 1 个,是橡胶制品业。

属于创新规模报酬不变的行业有 8 个,分别是农副食品加工业,石油加工、炼焦及核燃料加工业,化学原料及制品制造业,非金属矿物制品业,有色金属冶炼及加工业,金属制品业,交通运输设备制造业及通信设备、计算机及其他电子设备制造业。

属于创新规模报酬递减的行业有 5 个,即医药制造业,通用设备制造业,专用设备制造业,交通运输设备制造业,以及仪器仪表及文化、办公用机械制造业。

第四节 沈阳企业创新的整体意识不强

通过对当前沈阳典型创新型企业的调研发现,当前沈阳企业中的高层管理者和技术人员普遍都很重视创新,但企业中的基层管理者和员工大多认为创新,特别是技术创新是企业研发人员的工作和任务,因此这些员工对创新积极性并不高,从而导致企业创新的整体意识不强。

另一方面,虽然调查中大部分企业普遍重视创新,但长期以来满足于追求眼前利益的思维方式束缚了一些企业管理者和员工的创新意识。有的企业员工认为,已经发展成熟的传统产业没有技术可以创新;有的认为,技术研发既增加成本,又需要精力,不如买设备见效快;有的甚至认为只要有了先进设备,就代表有了科技含量,因而在经营决策上主要考虑扩大生产规模,对科技创新考虑还不深远。以致出现了用一流的设备,生产三流的产品,造成资源的极大浪费。

调查中还发现沈阳某些企业经营者存在着短期行为的思维方式,他们尚未充分认识到创新的必要性和紧迫性。结果往往是急功近利,仍习惯注重以资金投入和设备更新的方式扩大再生产来推动量的扩张,技术以引进和模仿为主,生产以加工或组装为主,热衷追求短平快项目,这种急功近利的思想严重阻碍了企业进行创新发展的进程。

第五节 沈阳企业的原始创新能力不足

2006年召开的全国科技大会提出，企业创新主要分为原始创新、集成创新和引进消化吸收再创新三种基本类型。其中原始创新是创新的基础，属于创新中具有战略突破性的科学活动，是一种超前的科学思维或挑战现有理论的重大科技创新，原始创新是科技进步的先导和源泉。

通过对沈阳典型企业创新现状的调研发现，虽然当前产品创新已成为沈阳企业创新的最基本技术形态，但技术引进基础上的再创新仍然是沈阳企业创新的最主要技术来源。调研数据显示，引进技术消化吸收和再创新占沈阳企业创新技术来源的49.02%；其次为以自主开发技术为主的创新技术来源，占29.41%。

在对当前沈阳企业创新过程中技术获取主要途径的调研中发现，沈阳企业创新过程中技术获取的主要途径分别是引进人才和培训、购买设备和自主开发，其中从引进人才和培训中获取技术的企业占29.88%，从购买设备中获取技术的企业占24.39%，企业进行自主开发的占20.12%。该项调研分析表明，沈阳企业在创新过程中的自主开发能力仍然不足，企业技术获取仍以引进人才和培训、购买设备为主要途径。

在对沈阳企业核心技术的创新模式方面的调研显示，引进基础上的二次创新或综合的模式所占比例最多，达到30.39%，其次为自主研发创新模式。该项调查表明，沈阳企业核心技术的创新以引进基础上的二次创新和自主研发创新为主，但同时该项调研中还发现沈阳企业技术模仿的比例仍然很高，这些都表明沈阳企业原始创新的能力还是不足。

第六节 沈阳企业的创新活力体系不健全

企业创新活力体系是企业为了实现其关键核心技术的突破，取得自主知识产权而建立的创新网络、组织和制度。企业的创新活力体系通常包括知识创造体系，技术创新体系，创新管理体系，以及服务创新体系等。当前沈阳还没有完全形成企业、高校、科研单位的互动机制，企业创新缺少外部支撑，高校、科研单位成果未能充分向应用领域转移。公共创新平台建设尚不完善，为中小企业创新提供的服务和条件仍显不足。

一 创新型人才短缺

人才短缺是沈阳企业创新活力体系的一个薄弱环节。调研表明，当前沈阳企业中的科技人员供给状况是：科技人员基本满足研发需求和尚不能满足研发需求的企业各占一半；而高层次科技人员短缺成为部分企业创新发展中的重要瓶颈。具体调研数据是：36.27%的被调研企业认为其科技人员的供给基本满足企业的研发需求，27.45%的被调研企业认为其科技人员的供给尚不能满足企业的研发需求，认为企业科技人员短缺的被调研企业占总数的11.76%，另有21.57%的被调研企业认为当前企业的高层次科技人员短缺。

当前沈阳制造业企业现有职工约35万人，其中技术工人只占23%，技术岗位上初级技工占60%，中级技工占35%，高级技工占5%，技工储备严重不足。对于沈阳的制造业而言，在很大程度上是以传统的成熟技术为基础的，它的技术进步主要取决于"干中学"和"用中学"，大多数创新属于渐进性的技术改造。没有大量的高素质的人才储备，这种创新的学习效应就无法得到充分释放，也就无法转换为企业、产业的核心竞争力。

二 高校知识创新体系与企业技术创新体系衔接不够

（一）调研发现，虽然当前省内、外的高校和科研院所，以及省内大型企业是沈阳企业进行联合研发的主要对象，但辽宁省的各类技术市场和研发机构与沈阳市企业间的接触最为密切，而省内高校与沈阳企业间的接触程度相对较低。

调研过程中，在被问及"所调研企业与哪些研发机构有过接触"这一问题时，27.48%的企业中被访者指出曾与本省的技术市场有过接触，25.19%的被访者指出曾与本省的研发机构有过接触，这两类接触占总数的50%以上。而省内、外省高校和外省研发机构与沈阳企业间的接触程度不高，占被调研企业的12%—16%左右。这说明高校知识创新体系与企业技术创新体系缺少衔接，今后应进一步加强高校与企业间的技术联系。

（二）调研数据显示，当前沈阳企业中57.84%的研发任务主要由本企业研发机构或技术人员来执行的，占总数的一半以上，与其他企业、高校、科研单位合作执行的研发任务约占总数的 11.76%，主要委托省内其他企业执行研发任务的约占 10.78%，主要委托省外其他企业执行研发任务的约占 8.82%，主要委托省内高校、科研机构执行研发任务的约占 7.84%，委托省外高校、科研机构执行研发任务的约占 2.94%。

该项调研表明，当前沈阳企业研发任务的执行主要由本企业研发机构或技术人员来执行，而企业委托省内高校和科研机构执行研发任务的较少，省内高校和科研机构在执行企业研发任务上未发挥应有的作用。

三　企业技术创新方式单一

调研发现，当前沈阳创新型企业面对日益加剧的市场竞争，虽然有了技术改造和创新的一般要求，但缺乏与市场经济发展要求相适应的创新新思路。

沈阳企业在技术创新途径和方式的选择上主要从引进新产品或新技术入手的方式，这种产品起点高、技术成熟，必须下大功夫进行消化、吸收和改造。而对于技术成果商品化、产业化和国际化，即选择水平较高、质量可靠、配套条件较好、经济合理的技术成果进行后续开发工作和以市场需求为主，综合利用市场和技术发展提供的机会来进行项目选择，按照产业化的要求实行技术经济一体化开发的方式采取较少，即使采取了成功率也不高。但不论采取何种途径和方式进行技术创新，都应有新思路。如果企业仅满足于较低层次的技术创新，那么沈阳创新型企业的产品开发和培育新产业就不会有快速的发展。

四　企业创新的管理体系和管理能力有待完善

企业创新管理体系指的是企业制定的一套对企业创新活动进行有效组织和管理的制度、结构安排。而企业创新的管理能力是指企业从整体上、战略上确定创新战略和组织实施的能力。由于原有经济体制的影响，当前沈阳很多企业没有一个健全的创新管理机构和机制。很多企业忽视对技术创新工作的总体安排与规划，缺少对技术信息的收集、分析、比较及对其准确性、真实性和有效性的识别，缺乏真正具有创新意识和技术背景的管理者，并且，很多企业未根据自身的情况确定创新的主攻方向。

五 缺乏有效的技术创新中介服务体系

调研数据显示，49.02%的被调查者认为技术市场不发达是制约沈阳企业创新最重要的政策环境方面的影响因素；而24.51%的被调查者认为沈阳企业创新最重要的政策环境方面的制约因素是沈阳地区的创新服务体系不成熟。

在技术创新和科技成果转化中，中介服务机构因其能有效地传递信息、协调产需、提高效率、降低成本而发挥着桥梁和纽带作用。对企业而言，中介服务体系的支持和帮助不可或缺。但是，沈阳技术创新中介机构普遍存在着队伍素质不高和装备条件差等问题，其场地、设施和服务水平都还不尽如人意。由于未形成互补的服务体系，中介机构的运作往往各自为政，其综合服务效能远未发挥出来，还不能为企业的技术创新提供全方位的优质服务。

第七节 企业创新活力的激励机制不完善

有效的创新活力激励机制是实现企业创新发展的重要制度基础，在各类创新激励机制中，产权激励是最为有效的。然而当前沈阳企业技术要素参与收益分配的发展现状仍处于起步阶段。创新成果的贡献难以测量、成果的所有权难以界定以及害怕科技人员与普通员工的收入差距太大这三方面原因是制约沈阳企业创新成果参与收益分配困难的主要因素。

调研数据显示，岗位技能工资制仍然是当前沈阳企业技术要素参与收益分配的最主要形式，占被调研企业的34.15%；采用科技奖励和技术成果转让与有偿技术服务这两种技术要素参与收益分配形式的企业均占18.7%；采用科技项目承包奖励的企业占被调研企业总体的15.45%；采用收益分享和技术入股这两种技术要素参与收益分配形式的企业较少，分别仅占8.13%和4.88%。该项调研表明，传统的岗位技能工资制仍是当前沈阳企业技术要素参与收益分配的最主要形式，虽然采用科技奖励和技术成果转让与有偿技术服务的企业也在不断增多，但作为创新激励效果最好的技术要素参与收益分配的两种形式，收益分享和技术入股的企业采用比例却极低。

另一方面，沈阳企业中技术人员持股的比例也很低，仅占14.71%。

技术人员持股这种在国外早已普遍运用的员工创新激励方式在沈阳的应用很少，说明沈阳企业创新的制度激励环境亟待改善。

因此，从总体上看沈阳企业在技术要素参与收益分配方面创新步伐较慢，收益分享和技术入股等有效的创新激励形式在国外早已普及，而在沈阳企业中却应用较少，这说明沈阳企业的创新激励机制还不完善，而这必将制约沈阳企业员工的创新积极性。

第八节 创新活力环境有待进一步改善

从全国来看，由于法律法规制定的相对滞后，相关创新体制不健全，以及人为因素等，致使我国创新活力环境建设至今仍然面临着一系列问题。有利于科技进步和创新的充满活力的体制尚未完全形成，有利于科技成果向现实生产力转化的有效机制尚未真正建立，基础科技的推广等公共领域的投入尚无体制和制度上的保证。

在沈阳，虽然被调查者对当前沈阳企业发展的科技政策环境总体上比较满意，但调研显示，接近一半的沈阳企业认为其所在产业中产品和技术仿冒现象比较严重，因此沈阳企业创新的市场环境有待进一步改善。而另一方面，沈阳24.51%的被调研企业曾被侵权，这一数据说明企业市场竞争的法制环境也有待进一步改善。

在沈阳企业中技术市场不发达被认为是制约沈阳企业创新活力最重要的政策环境方面的影响因素。而缺乏技术人员和创新费用过高被认为是制约沈阳企业创新活力的技术环境方面的最重要影响因素。因此要塑造良好的企业创新的技术环境，加大技术人才的引进和培养，采取有效措施降低创新费用是沈阳市政府和企业的当务之急。

此外，行业协会应该对调解行业内的专利纠纷起到积极作用，但目前沈阳的行业协会在此方面的作用并不明显，未来沈阳行业协会应在调解企业间专利纠纷等方面发挥更大作用。

第八章 沈阳高新技术产业及高新技术产品创新活力现状分析

第一节 我国高技术产业发展活力分析

一 高技术产业总体保持平稳较快增长,电子及通信设备制造业最具规模,医疗设备及仪器仪表制造业增长最快

2007—2011年我国高技术产业总产值、主营业务收入、利润等均保持年均18%以上的高速增长,2011年总产值达到88434亿元,主营业务收入87527亿元(见附表8-1-1)。

表8-1-1　　我国高技术产业主要经济指标(2007—2011)　　(亿元)

	2007年	2008年	2009年	2010年	2011年
总产值	50461	57087	60430	74709	88434
主营业务收入	49714	55729	59567	74483	87527
利润	2396	2725	3279	4880	5245
利税	3353	4024	4660	6753	7814
出口交货值	28423	31504	29500	37002	40600

资料来源:《中国科技统计年鉴》(2012)。

电子及通信设备制造业是当前我国高技术产业中最具规模的行业。2011年电子及通信设备制造业总产值占我国高技术产业总产值的49.26%,主营业务收入占49.36%,利润占41.2%;电子计算机及办公设备制造业和医药制造业位于其次,而行业规模最小的是航空航天器制造业(见表8-1-2,表8-1-3)。

表8-1-2 我国高技术产业分行业主要经济指标（2011） （亿元）

	总产值	主营业务收入	利润	利税
医药制造业	14942.0	14484.4	1606.0	2374.7
航空航天器制造业	1913.0	1934.3	104.0	139.7
电子及通信设备制造业	43559.5	43206.3	2161.9	3356.7
电子计算机及办公设备制造业	21135.2	21163.5	710.4	1017.7
医疗设备及仪器仪表制造业	6884.2	6738.6	662.6	925.0

资料来源：《中国科技统计年鉴》（2012）。

表8-1-3 我国高技术产业总产值发展情况统计 （亿元）

	2004年	2005年	2006年	2007年	2008年	2009年	2010年
合计	27769	34367	41996	50461	57087	60430	74709
医药制造业	3241	4250	5019	6362	7875	9443	11741
航空航天器制造业	502	797	828	1024	1199	1353	1598
电子及通信设备制造业	14007	16867	21218	25088	281151	28947	35930
电子计算机及办公设备制造业	8692	10667	12511	14859	16493	16292	19823
医疗设备及仪器仪表制造业	1327	1785	2421	3128	3369	4394	5617

资料来源：《中国高技术产业统计年鉴》（2012）。

医疗设备及仪器仪表制造业是我国高技术产业中增长最快的行业。从总产值的年增长率发展来看，我国的医疗设备及仪器仪表制造业、医药制造业、航空航天器制造业这三个行业的平均年增长率均达到了20%以上，是我国高技术产业中发展潜力最大、规模增长最快的三个行业（见表8-1-4）。

表8-1-4 我国高技术产业分行业总产值年增长率情况

年增长率	2005年	2006年	2007年	2008年	2009年	2010年	2011年	平均
医药制造业	0.311	0.181	0.268	0.238	0.199	0.243	0.273	0.245
航空航天器制造业	0.588	0.039	0.237	0.171	0.128	0.181	0.197	0.220
电子及通信设备制造业	0.204	0.258	0.182	0.122	0.028	0.241	0.212	0.178

续表

年增长率	2005年	2006年	2007年	2008年	2009年	2010年	2011年	平均
电子计算机及办公设备制造业	0.227	0.173	0.188	0.110	-0.012	0.217	0.066	0.138
医疗设备及仪器仪表制造业	0.345	0.356	0.292	0.077	0.304	0.278	0.226	0.268
合计	0.238	0.222	0.202	0.131	0.059	0.236	0.184	0.182

资料来源：《中国高技术产业统计年鉴》（2012）。

二　与发达国家相比我国高技术产业的总体技术水平相对较低

R&D 经费强度是国际上界定高技术产业的重要标准，在 20 世纪 80 年代，OECD 将 R&D 经费强度高于 4% 的行业划分为高技术产业，90 年代后期该组织将这一比例提高到 8%。从我国的 R&D 经费强度来看，2011 年我国高技术产业 R&D 经费强度仅为 1.63%，与国内全部制造业的 R&D 经费强度相比并不明显，与国外发达国家相比差距很大，仅相当于国际上 20 世纪 80 年代界定的中技术产业发展水平，90 年代界定的低技术产业发展水平（见图 8-1-1、表 8-1-5、表 8-1-6）。

三　航空航天器制造业是我国唯一的真正高技术产业

2011 年我国航空航天器制造行业的 R&D 经费强度达到 7.82%，明显

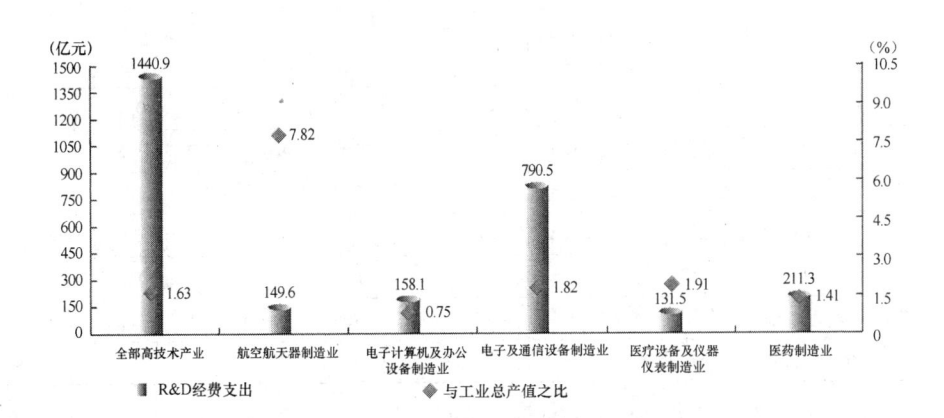

图 8-1-1　我国高技术产业 R&D 经费支出及其与工业总产值之比（2011 年）
资料来源：《中国科技统计年鉴》（2012）。

高于国内其他高技术行业,基本达到了发达国家同行业的平均水平,是我国唯一一个达到 OECD 认定的高技术产业标准的行业。相反的,国内电子计算机及办公设备制造业的 R&D 经费强度仅为 0.75%,按国际标准只能算是低技术产业,而其他三个行业的 R&D 经费强度也均未超过 2%,按国际标准属于中低技术产业,这说明我国的高技术产业除航空航天器制造业以外,均属于以加工组装为主的劳动密集型产业,来料加工装配和进料加工贸易仍是产业的主导发展形式(见表 8-1-5、表 8-1-6)。

表 8-1-5　　　　我国高技术产业 R&D 经费支出及其与工业总产值之比(2011 年)

	R&D 经费支出(亿元)	与工业总产值之比(%)
全部高技术产业	1440.9	1.63
航空航天器制造业	149.6	7.82
电子计算机及办公设备制造业	158.1	0.75
电子及通信设备制造业	790.5	1.82
医疗设备及仪器仪表制造业	131.5	1.91
医药制造业	211.3	1.41

资料来源:《中国科技统计年鉴》(2012)。

表 8-1-6　　　　部分国家制造业和高技术产业的 R&D 强度　　　　(%)

	中国 2010 年	美国 2007 年	日本 2008 年	德国 2007 年	法国 2006 年	英国 2006 年	意大利 2007 年	韩国 2006 年
制造业	1.1	3.4	3.4	2.3	2.5	2.4	0.7	1.9
高技术产业	1.6	16.9	10.5	6.9	7.7	11.1	3.8	5.9
医药制造业 Ps	1.8	26.6	16.4	8.3	8.7	24.9	1.8	2.5
航空航天器制造业 AS	6.2	9.9	2.9	8.6	5.2	10.7	13.4	9.0
电子及通信设备制造业 ETE	1.9	15.7	8.9	6.3	12.2	7.6	4.5	6.7
电子计算机及办公设备制造业 COE	0.6	10.7	7.6	4.5	7.9	0.4	1.2	3.9
医疗设备及仪器仪表制造业 MEM	2.1	18.3	17.0	6.3	7.1	3.6	2.6	2.2

注:R&D 强度按 R&D 经费占工业总产值的百分比计算。

资料来源:中国数据来自国家统计局等编,《中国高技术产业统计年鉴》(2011);其他国家数据来自 OECD《结构分析数据库 2011》。

四 劳动生产率国际差距较大,产业区域发展不均衡

我国高技术产业劳动生产率近年来稳步提升,2010 年达到人均总产值 68.4 万元人民币水平,但仍然低于国内制造业的整体水平,并且与发达国家相比劳动生产率水平明显较低。我国高技术产业中电子计算机及办公设备制造业的劳动生产率最高,而航空航天器制造业最低(见表 8 – 1 – 7、表 8 – 1 – 8)。

表 8 – 1 – 7　　我国高技术产业劳动生产率发展状况(2004—2010)　　(万元)

	2004 年	2005 年	2006 年	2007 年	2008 年	2009 年	2010 年
全部制造业 Total manufacturing	30.9	36.7	43.3	51.6	57.1	62.1	72.6
高技术产业 High-tech industries	47.3	51.8	56.4	59.9	60.4	63.1	68.4
医药制造业 PS	28.3	34.4	38.5	46.3	52.2	58.8	67.8
航空航天器制造业 AS	18.5	26.2	27.8	34.0	38.2	41.6	47.4
电子及通信设备制造业 ETE	46.1	48.7	53.9	55.1	53.8	56.8	59.7
电子计算机及办公设备制造业 COE	105.0	105.5	102.9	103.9	100.0	99.8	109.2
医疗设备及仪器仪表制造业 MEM	22.7	29.0	34.8	40.6	45.3	48.1	54.8

注:劳动生产率指人均总产值。
资料来源:《中国高技术产业统计年鉴》(2012)。

表 8 – 1 – 8　　　　部分国家高技术产业的劳动生产率比较　　　　(千美元)

	中国 2010 年	美国 2009 年	日本 2008 年	德国 2007 年	法国 2007 年	意大利 2007 年
制造业 Total manufacturing	10.7	37.0	30.5	30.4	37.0	27.0
高技术产业 High-tech industries	10.1	38.8	33.2	31.3	54.4	26.7
医药制造业 PS	10.0	71.8	70.2	41.2	107.0	42.6
航空航天器制造业 AS	7.0	39.7	20.0	37.2	99.4	28.1
电子及通信设备制造业 ETE	8.8	29.0	31.4	43.2	34.3	24.3

续表

	中国 2010年	美国 2009年	日本 2008年	德国 2007年	法国 2007年	意大利 2007年
电子计算机及办公设备制造业 COE	16.1	50.3	39.0	46.6	40.4	30.1
医疗设备及仪器仪表制造业 MEM	8.1	28.5	20.1	19.2	24.0	19.1

资料来源：《中国高技术产业统计年鉴》(2012)。

我国高技术产业区域发展不均衡。2010年，从高技术产业总产值来看，广东省达到2万亿元以上，江苏省达到1万亿元以上，是我国高技术产业发展最具规模的省份；上海、北京、辽宁、山东、浙江等省份总产值在1000亿元以上属于中上等水平（见表8-1-9、图8-1-2）。

表8-1-9　　　　我国高技术产业总产值按地区分布状况（2008—2010）　　　　（亿元）

地区 Region	2008年	2009年	2010年	地区 Region	2008年	2009年	2010年
北京 Being	2953	2757	2993	上海 Shanghai	5901	5557	6901
天津 Tianjin	1944	1901	2242	江苏 Jiangsu	11910	13015	16278
河北 Hebei	557	629	843	浙江 Zhejiang	2701	2672	3413
山西 Shanxi	188	196	249	安徽 Anhui	340	460	682
内蒙古 Inner Mongolia	188	237	235	福建 Fujian	1981	1972	2621
辽宁 Liaoning	1177	1314	1712	江西 Jiangxi	586	756	1038
吉林 Jilin	426	538	727	山东 Shandong	3924	4556	5176
黑龙江 Heilongjiang	285	311	352	河南 Henan	809	953	1227
湖北 Hubei	847	1040	1312	云南 Yunnan	124	147	169
湖南 Hunan	523	649	931	西藏 Tibet	6	6	6
广东 Guangdong	16750	17162	21050	陕西 Shanxi	650	717	858
广西 Guangxi	243	274	432	甘肃 Gansu	60	67	81
海南 Hainan	48	55	86	青海 Qinghai	15	19	23
重庆 Chongqing	283	353	532	宁夏 Ningxia	25	33	36
四川 Sichuan	1404	1767	2154	新疆 Xinjiang	20	24	29

续表

地区 Region	2008年	2009年	2010年	地区 Region	2008年	2009年	2010年
贵州 Guizhou	220	294	323				

资料来源：《中国高技术产业统计年鉴》（2012）。

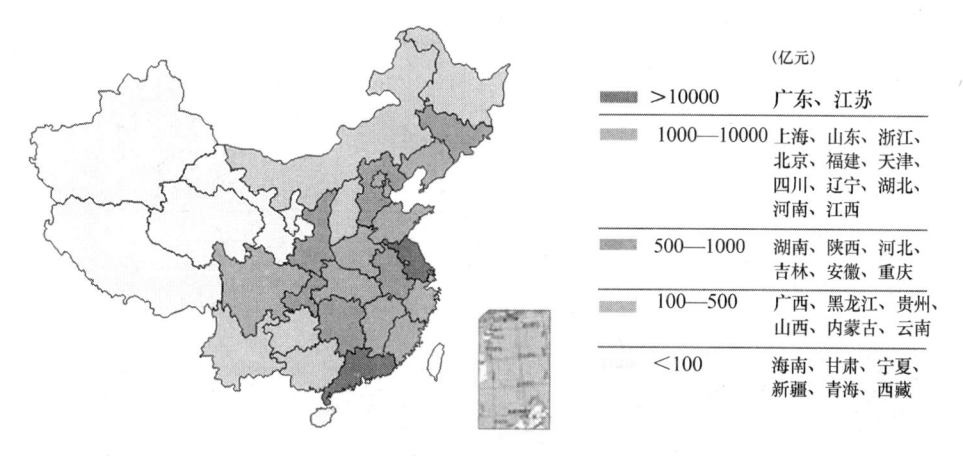

（亿元）
- \>10000　广东、江苏
- 1000—10000　上海、山东、浙江、北京、福建、天津、四川、辽宁、湖北、河南、江西
- 500—1000　湖南、陕西、河北、吉林、安徽、重庆
- 100—500　广西、黑龙江、贵州、山西、内蒙古、云南
- <100　海南、甘肃、宁夏、新疆、青海、西藏

图8-1-2　我国高技术产业总产值的地域分布（2010）

五　高技术产品进出口以加工贸易为主，技术依赖和外资依赖严重

近年来，我国高技术产品进出口总量逐年提升，贸易顺差不断加大（见表8-1-10、图8-1-3）。但深入分析发现，高技术产品出口的最主要贡献者是以富士康等企业为代表的电子产品国际代工企业，其中计算机与通信技术产品出口占我国高技术产品出口总额的71.6%，是高技术产品贸易顺差的主要因素，国内自主创新产品的出口优势并不明显，而其他行业高技术产品仍以进口为主（见表8-1-11、表8-1-12），对于国外的技术依赖仍十分严重。

表8-1-10　我国高技术产品进出口数据表（2006-2011）

	2006年	2007年	2008年	2009年	2010年	2011年
高技术产品出口额（亿美元） Exports of high-tech products (USD million)	2814.5	3478.0	4156.1	3769.3	4923.8	5488.3
占商品出口总额的比重（%） Share in total exports	29.0	28.6	29.1	31.4	31.2	28.9

续表

	2006年	2007年	2008年	2009年	2010年	2011年
占工业制成品出口额的比重（%） Share in industrial manufactured exports（%）	30.7	30.1	30.7	33.1	32.9	30.5
高技术产品进口额（亿美元） Imports of high-tech products（USD 100 million）	2473.0	2870.0	3418.2	3098.5	4126.6	4632.3
占商品进口总额的比重（%） Share in total imports（%）	31.2	30.0	30.2	30.8	29.6	26.6
占工业制成品进口额的比重（%） Share in industrial manufactured imports（%）	40.9	40.3	44.4	43.3	42.9	40.7

资料来源：《中国科技统计年鉴》（2012）。

全国高技术产品进出口（2001—2011）

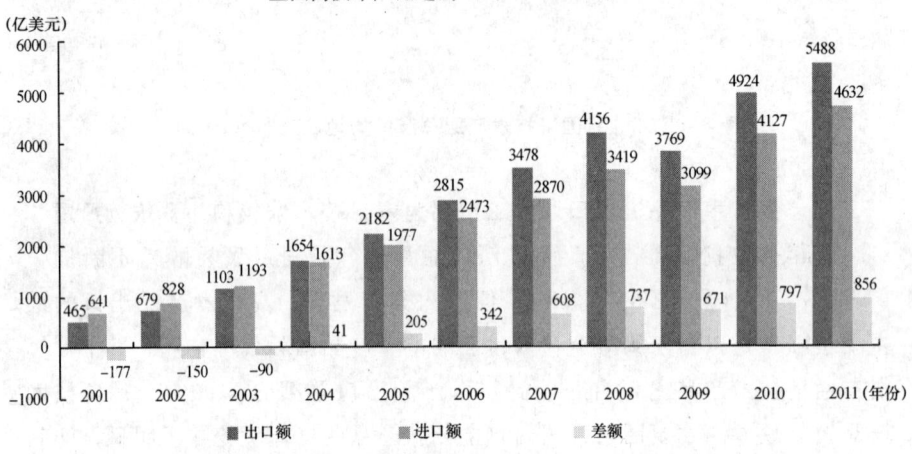

年份	出口额	进口额	差额
2001	465	641	-177
2002	679	828	-150
2003	1103	1193	-90
2004	1654	1613	41
2005	2182	1977	205
2006	2815	2473	342
2007	3478	2870	608
2008	4156	3419	737
2009	3769	3099	671
2010	4924	4127	797
2011	5488	4632	856

图 8-1-3 我国高技术产品进出口发展态势

资料来源：《中国科技统计年鉴》（2012）。

表 8-1-11　　我国高技术产品进出口按领域分类统计（2011）　　（百万美元）

	出口 Exports	进口 Imports	差额 Balance
合计 Total	548830	463225	85605

续表

	出口 Exports	进口 Imports	差额 Balance
计算机与通信技术 Computers and telecommunications	392943	105641	287302
生命科学技术 Life science technologies	17843	15796	2047
电子技术 Electronics	86584	213975	-127391
计算机集成制造技术 Computer-integrated manufacturing	8940	46926	-37986
航空航天技术 Aerospace	4599	19015	-14416
光电技术 Opto-electronics	32114	54203	-22089
生物技术 Biotechnology	414	449	-35
材料技术 Materials	4716	5933	-1217
其他技术 Other technologies	677	1287	-610

资料来源：《中国高技术产业统计年鉴》（2012）。

表8-1-12　　　高技术产品进出口概况（2004—2011）　　　（亿美元）

	2004年	2005年	2006年	2007年	2008年	2009年	2010年	2011年
出口额 Exports	1654	2183	2815	3478	4156	3769	4924	5488
进口额 Imports	1613	1977	2473	2870	3418	3099	4127	4632
进出口总额 Total trade	3267	4160	5288	6348	7574	6868	9050	10121
差额 Balance	40	205	342	608	738	671	797	856

资料来源：《中国高技术产业统计年鉴》（2012）。

技术含量较低，具有劳动密集型特征的进料加工贸易仍是我国现阶段高技术产品出口的主要形式。具体表现为：2011年外商独资企业主导的进料加工贸易占高技术产品出口贸易的69.7%（见图8-1-4），是我国高技术产品出口的主要贸易方式。另一方面，我国高技术产业的外资依赖性仍然较高，外商独资企业在我国高技术产品出口企业中所占的份额一直较高，并且还在逐年提升，2011年达到67%的份额（见图8-1-5）。

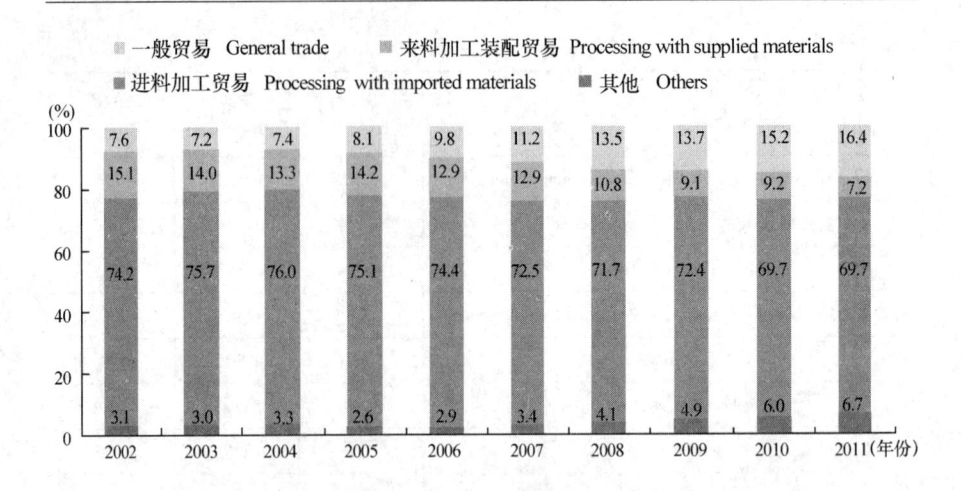

图 8-1-4　高技术产品出口按贸易方式分布（2002—2011）

资料来源：《中国高技术产业统计年鉴》（2012）。

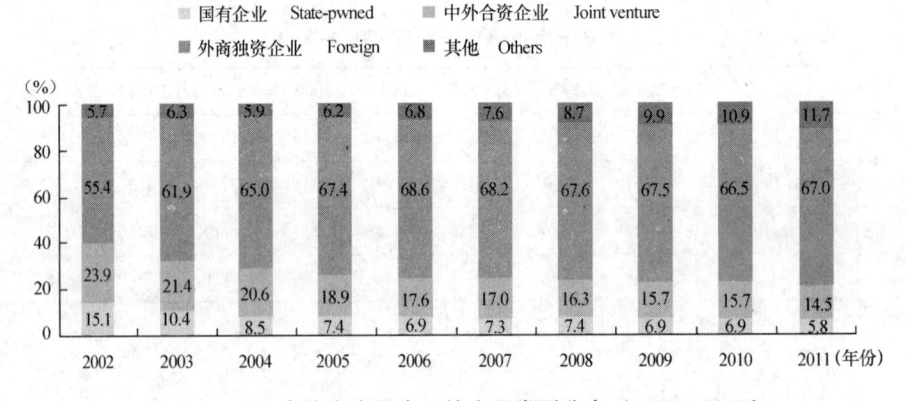

图 8-1-5　高技术产品出口按企业类型分布（2002—2011）

六　我国"高新技术"产业发展迅猛，企业经营活力明显增强

2004—2011 年间，全国高新技术企业数量保持稳定，但工业总产值、营业收入、净利润等经营指标大幅提升，表现出强劲的增长势头。工业总产值年均增长 18.8%，2011 年我国高新技术产业实现工业总产值 140339 亿元，营业总收入 156223 亿元（见表 8-1-13）。

表 8-1-13　全国高新技术企业主要经济指标（2004—2011）

	2004年	2005年	2006年	2007年	2008年	2009年	2010年	2011年
企业数（个） Number of companies	39490	43249	49166	56047	51476	25386	31858	39343
年末从业人员数（万人） Employment（1000 persons）	864	1016	1183	1452	1275	1003	1314	1509
工业总产值（亿元） Production（RMB ￥100 million）	44616	55781	71841	95912	96546	93319	119022	140339
工业增加值（亿元） Value added（RMB ￥100 million）	10002	13000	16409	22031	20956	18485	28714	33461
营业总收入（亿元） Revenue（RMB ￥100 million）	48101	59714	76493	104771	105115	86193	129505	156223
净利润（亿元） Net profit（RMB ￥100million）	2901	3388	4428	6684	5854	6329	9807	10998
上缴税费（亿元） Taxes（RMB ￥100 million）	2366	2901	3842	4851	5805	4282	6262	7379
出口创汇额（亿美元） Export（USD 100 million）	1515	2051	2646	3684	3564	2493	3595	4521

第二节　沈阳"高技术"产业发展活力分析

一　产业基础雄厚、省内优势明显，但绩效产出并不突出

2011年，沈阳市高技术产业所属企业246家，占制造业企业总数的6.08%，其中电子及通信设备制造业和医药制造业企业数量最多，航空航天器制造和电子计算机及办公设备制造业企业数量最少。值得一提的是沈阳航空航天器制造企业虽然仅有11家，但大多数是央企，其平均资产规模却是最高的（见表8-2-1、图8-2-1）。

沈阳高技术产业产值占辽宁省的比重较大，具有绝对优势，并且高技术产业产品出口已经成为沈阳出口贸易的重要领域。2011年全市高技术产业实现出口交货值82.19亿元，占全部制造业出口交货值的34.19%

(见表8.2.1)。在资产总额、土地购置、房屋和建筑物、机器设备等投入方面,分别占制造业的12.99%、16.02%、14.08%和15.2%,全部从业人员年平均人数占制造业的11.97%。

相对于较高的资产和人员投入,沈阳高技术产业的规模优势和绩效产出并不明显。2011年全年实现的工业总产值、主营业务收入、利润等各项产出指标均占全市制造业的8%左右。

电子及通信设备制造业 35%
电子计算机及办公设备制造业 3%
医疗设备及仪器仪表制造业 27%
航空航天器制造业 4%
医药制造业 31%

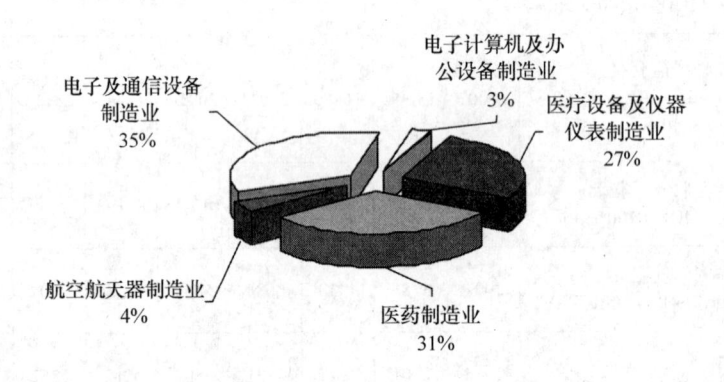

图8-2-1 沈阳高技术产业企业数量分布

二 沈阳高新技术产品生产仍以传统产业为主

2011年全年沈阳市高技术产业实现工业总产值852.84亿元,占制造业工业总产值的8.22%,相对于全市2011年高新技术产品工业总产值4617.7亿元,占工业总产值42.44%的比重而言,高技术产业产值仍然较小。这说明沈阳高新技术产品生产仍以传统产业为主,高技术产业中的高新技术产品并不占优势,以汽车制造等为代表的传统产业是沈阳高新技术产品生产的主力。①

---

① 沈阳高技术产业发展相关数据:当前沈阳市统计部门还未将高技术产业作为专门的统计类别进行数据收集和统计整理,因此在《沈阳统计年鉴》中至今还没有高技术产业统计相关数据,这里以OECD和国家统计局界定高技术产业的理念和方法对沈阳高技术产业进行相似统计分析。
沈阳高技术产业规模以上工业企业发展现状数据:根据2002年国家统计局制订的《高技术产业统计分类目录》标准,并对《沈阳统计年鉴》中规模以上工业企业主要经济数据指标进行归类整理,得出"沈阳高技术产业规模以上工业企业发展相关数据",如表8-2-1所示。

表 8-2-1 沈阳高技术产业规模以上工业企业发展相关数据（2011）

单位：万元

项目	企业单位数（家）	亏损企业	工业总产值	出口交货值	资产总额	外商资本	营业收入	主营业务收入	营业成本	主营业务成本	利润
制造业	4046	182	103753792	2404245	58413123	2168757	103919258	103341119	87143106	86543431	6712920
高技术产业	246	18	8528398	821938	7585088	194042	8923436	8852671	7467728	7377177	567130
高技术产业占制造业的比重	6.08%	9.89%	8.22%	34.19%	12.99%	8.95%	8.59%	8.57%	8.57%	8.52%	8.45%
医药制造业	77	8	2267559	104845	2000195	82100	2638661	2608818	2026551	2004043	241383
化学药品原药制造业	13	1	578664	98770	981128	14840	1072844	1046474	947421	924934	30799
化学药品制剂制造业	21	4	542288		311765	31359	497076	493647	365641	365633	28879
中药饮片加工业	7		50690		96749	4800	95291	95291	66719	66719	6283
中成药制造业	15	2	310551		148913	1860	309429	309386	238556	238544	29705
兽用药品制造业	8		269100		47916		269446	269446	215822	215822	35917
生物、生化制品的制造业	10	1	455836	6075	458056	29241	380332	380332	180643	180643	109628
卫生材料及医药用品制造业	3		14372		1727		14243	14243	11749	11749	173
航空航天器制造业	11		1824635	202499	2970635	208	1909354	1883639	1678688	1653161	70502
电子及通信设备制造业	85	2	3394947	423448	1829549	75564	3313032	3309370	2876751	2870665	160189
通信设备制造业	11		423871	147051	16630		402879	402879	363459	363459	16682
广播电视设备制造业	2		63934	390	86012		58971	58971	38683	38683	5678
电子器件制造业	12	1	175141	6716	92967	10298	173994	173708	132159	131974	5326
电子元件制造业	15		386378	116778	149717	15767	378974	376907	331906	329752	25384
家用视听设备制造业	6		626116	297904	548515	14061	577823	576541	556562	555164	24173
其他电子设备制造业	39		1719507	1660	805287	18808	1720391	1720364	1453982	1451633	82946

续表

项目	企业单位数(家)	亏损企业	工业总产值	出口交货值	资产总额	外商资本	营业收入	主营业务收入	营业成本	主营业务成本	利润
电子计算机及办公设备制造业	7	2	152999	1449	72136	9542	172431	171202	145079	144518	11694
电子计算机制造业	5	1	131121	445	39708	7377	147860	146631	127702	127141	9980
文化、办公用机械制造业	2	1	21878	1004	32428	2165	24571	24571	17377	17377	1714
医疗设备及仪器仪表制造业	66	6	888258	89697	712573	26628	889958	879642	740659	704790	83362
医疗仪器设备及器械制造业	14	1	319038	64698	265483	13062	326142	318824	274973	242311	26508
通用仪器仪表制造业	44	4	494524	12669	391455	12926	493416	490531	408115	405424	49431
专用仪器仪表制造业	8	1	74696	12330	55635	640	70400	70287	57571	57055	7423

续表

项目	应缴所得税	亏损企业亏损总额	利税总额	应缴税金及附加	固定资产投入			全部从业人员年平均人数(人)
					土地购置	房屋和建筑物	机器设备	
制造业	770680	148582	9896908	4258471	558553	2816697	4519367	762719
高技术产业	63538	5516	759003	310835	89501	396622	687133	91280
高技术产业占制造业的比重	8.24%	3.71%	7.67%	7.30%	16.02%	14.08%	15.20%	11.97%
医药制造业	26531	2834	332338	126203	12462	100831	197389	22748
化学药品原药制造业	3918	1949	59897	37238	640	21643	100966	11954
化学药品制剂制造业	3291	804	50049	26037	8200	21745	20600	3396
中药饮片加工业	475		10117	4377		80		792
中成药制造业	2006	80	36809	9694	2296	14522	12134	2564
兽用药品制造业	3812		42096	10116	250	5361	27333	925

续表

项目	应缴所得税	亏损企业亏损总额	利税总额	应缴税金及附加	固定资产投入			全部从业人员年平均人数(人)
					土地购置	房屋和建筑物	机器设备	
生物、生化制品的制造业	13029	2	133124	38659	1076	37479	36357	2987
卫生材料及医药用品制造业	10088		246	83				130
航空航天器制造业	18196		78761	22160	60241	221196	340441	33065
电子及通信设备制造业	3650	256	226389	120826	4144	57160	137510	24317
通信设备制造业	946		24377	11424	3724	54592	44754	1499
广播电视设备制造业	771	235	7844	3197			1503	822
电子器件制造业	2595	21	9020	6974	420	2568	75	1294
电子元件制造业	809		37198	14791			86988	6276
家用视听设备制造业	9425	103	25083	18378			3043	2904
其他电子设备制造业	1178	5	122867	66062	0	530	1147	11522
电子计算机及办公设备制造业	896	98	15195	6971		530	37	1235
文化、办公用机械制造业	282	2323	12890	5982			37	785
医疗设备及仪器仪表制造业	7545	200	2305	989	12654	16905	11756	450
医疗仪器设备及器械制造业	1750	2047	106320	34675	231	1163	1220	9915
通用仪器仪表制造业	5018	76	34995	10818	9445	6342	6081	3435
专用仪器仪表制造业	777		61554	20635	2978	9400	4455	5655
			9771	3222				825

资料来源：《沈阳统计年鉴》(2012)。

三 高技术产业各行业绩效产出差异明显

2011年,从投入水平来看,沈阳的航空航天器制造、医药制造业和电子及通信设备制造业的资产总值、固定资产投入、从业人员年平均人数等各项投入指标均有明显优势,特别是航空航天器制造业,其企业平均投入指标均明显高于其他行业(见图8-2-2—图8-2-6)。

(万元)	医药制造业	航空航天器制造业	电子及通信设备制造业	电子计算机及办公设备制造业	医疗设备及仪器仪表制造业
	2000195	2970635	1829549	72136	712573

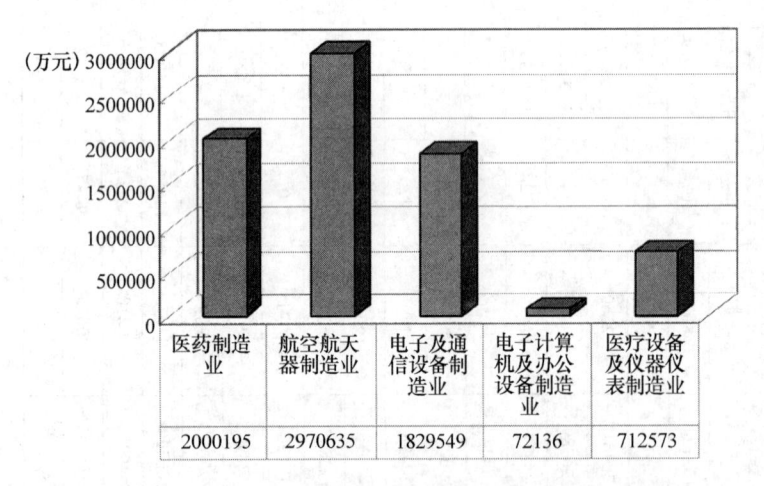

图8-2-2 沈阳高技术产业各行业资产总值比较

(万元)	医药制造业	航空航天器制造业	电子及通信设备制造业	电子计算机及办公设备制造业	医疗设备及仪器仪表制造业
	25976.56	270057.7	21524.11	10305.14	10796.56

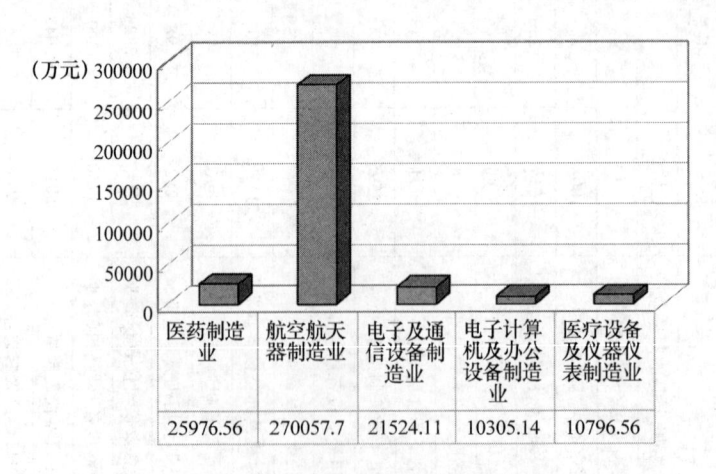

图8-2-3 企业平均资产总值比较

表8-2-2 沈阳高技术产业各行业外资占总资产比例 （万元）

项目	资产总额	外商资本	外资比例
医药制造业	2000195	82100	4.10%
航空航天器制造业	2970635	208	0.01%
电子及通信设备制造业	1829549	75564	4.13%
电子计算机及办公设备制造业	72136	9542	13.23%
医疗设备及仪器仪表制造业	712573	26628	3.74%

	医药制造业	航空航天器制造业	电子及通信设备制造业	电子计算机及办公设备制造业	医疗设备及仪器仪表制造业
土地购置	12462	60241	4144	0	12654
房屋和建筑物	100831	221196	57160	530	16905
机器设备	197389	340441	137510	37	11756

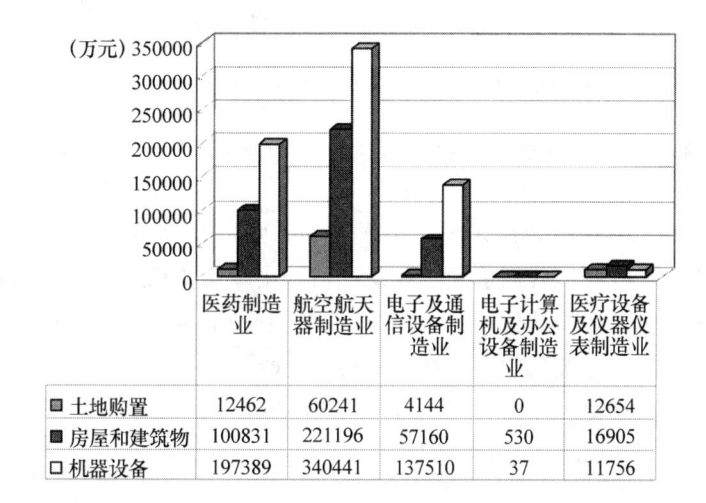

图8-2-4 沈阳高技术产业各行业固定资产投入比较

医药制造业	航空航天器制造业	电子及通信设备制造业	电子计算机及办公设备制造业	医疗设备及仪器仪表制造业
22748	33065	24317	1235	9915

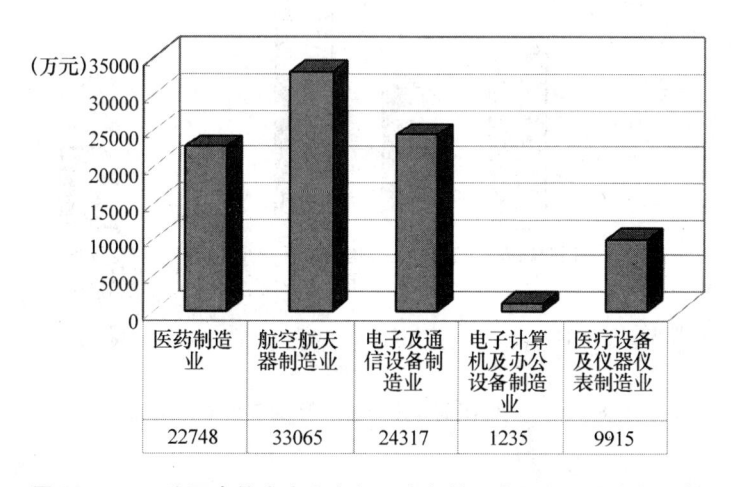

图8-2-5 沈阳高技术产业各行业全部从业人员年平均人数比较

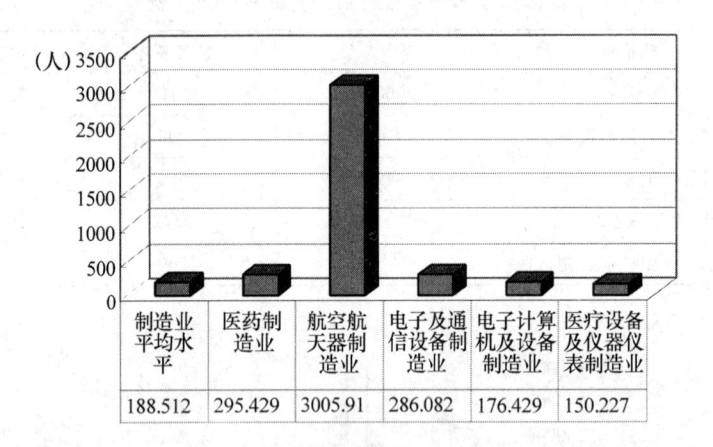

图8-2-6 沈阳高技术产业各行业企业从业人员年平均人数比较

制造业平均水平	医药制造业	航空航天器制造业	电子及通信设备制造业	电子计算机及设备制造业	医疗设备及仪器仪表制造业
188.512	295.429	3005.91	286.082	176.429	150.227

2011年，从绩效产出来看，电子及通信设备制造业是沈阳产出效率最高的高技术行业，其创造的工业总产值、出口交货值、营业收入水平等各项指标均明显高于其他高技术行业。医药制造业和电子及通信设备制造业是沈阳盈利能力最强的两个高技术行业，这两个行业的利润和利税总额明显高于其他高技术行业（见图8-2-7—图8-2-14）。

医药制造业	航空航天器制造业	电子及通信设备制造业	电子计算机及办公设备制造业	医疗设备及仪器仪表制造业
2267559	1824635	3394947	152999	888258

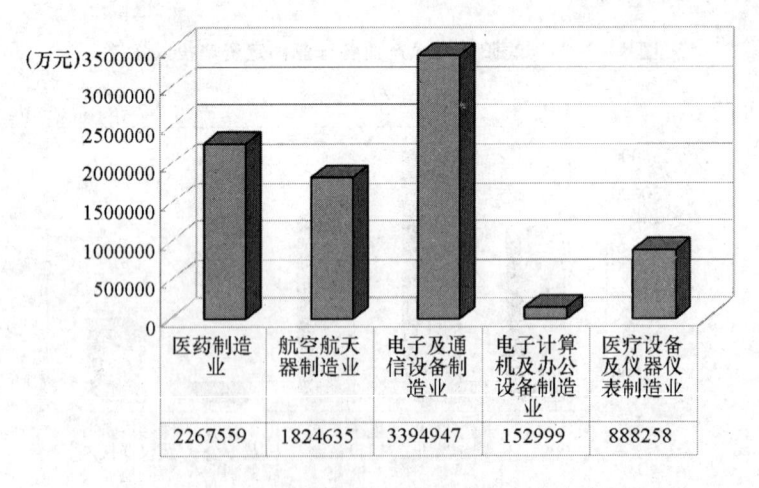

图8-2-7 沈阳高技术产业各行业工业总产值比较

	医药制造业	航空航天器制造业	电子及通信设备制造业	电子计算机及办公设备制造业	医疗设备及仪器仪表制造业
	104845	202499	423448	1449	89697

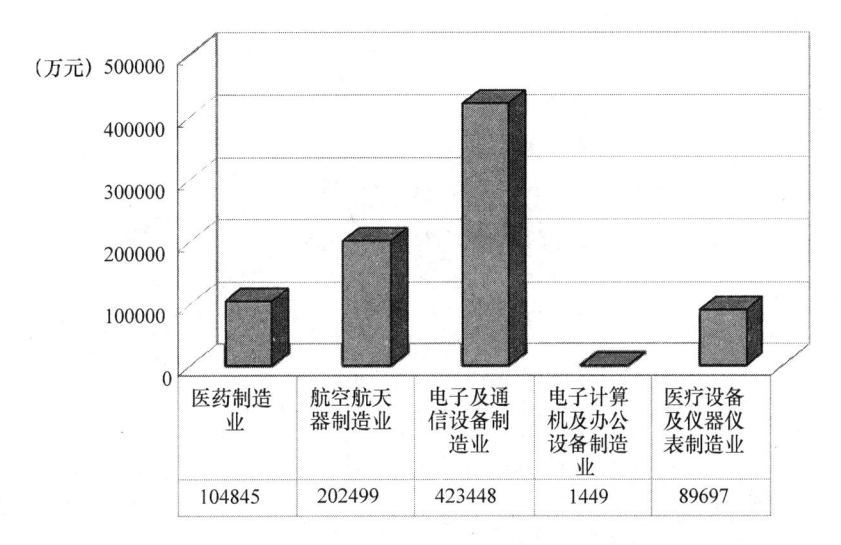

图 8-2-8　沈阳高技术产业各行业出口交货值比较

	医药制造业	航空航天器制造业	电子及通信设备制造业	电子计算机及办公设备制造业	医疗设备及仪器仪表制造业
营业收入	2638661	1909354	3313032	172431	889958
主营业务收入	2608818	1883639	3309370	171202	879642

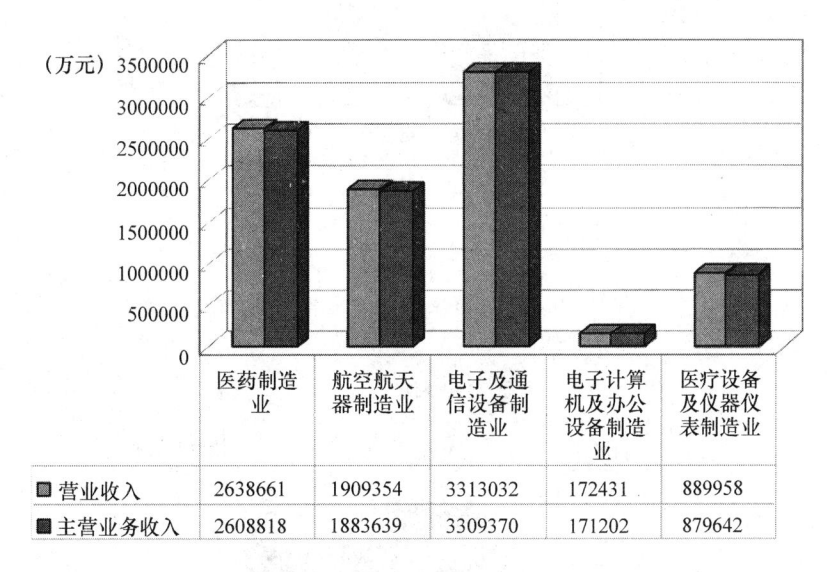

图 8-2-9　沈阳高技术产业各行业营业收入和主营业务收入比较

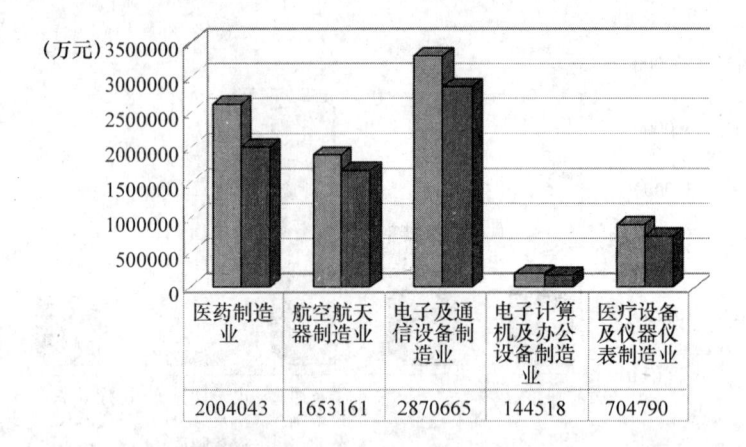

图 8-2-10　沈阳高技术产业各行业主营业务收入和主营业务成本比较

医药制造业	航空航天器制造业	电子及通信设备制造业	电子计算机及办公设备制造业	医疗设备及仪器仪表制造业
2004043	1653161	2870665	144518	704790

医药制造业	航空航天器制造业	电子及通信设备制造业	电子计算机及办公设备制造业	医疗设备及仪器仪表制造业
241383	70502	160189	11694	83362

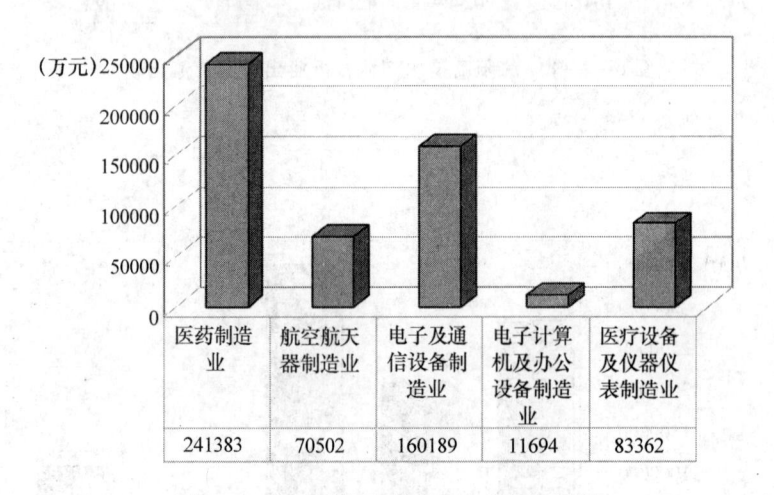

图 8-2-11　沈阳高技术产业各行业比较

- 医疗设备及仪器仪表制造业 15%
- 电子计算机及办公设备制造业 2%
- 医药制造业 43%
- 电子及通信设备制造业 28%
- 航空航天器制造业 12%

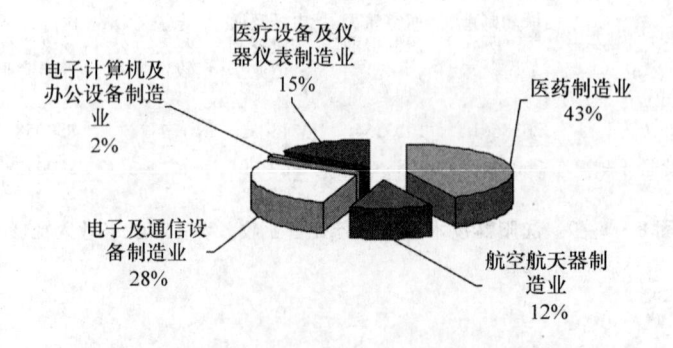

图 8-2-12　沈阳高技术产业各行业利润比较

	医药制造业	航空航天器制造业	电子及通信设备制造业	电子计算机及办公设备制造业	医疗设备及仪器仪表制造业
应缴所得税	26531	10088	18196	1178	7545
利税总额	332338	78761	226389	15195	106320
应缴税金及附加	126203	22160	120826	6971	34675

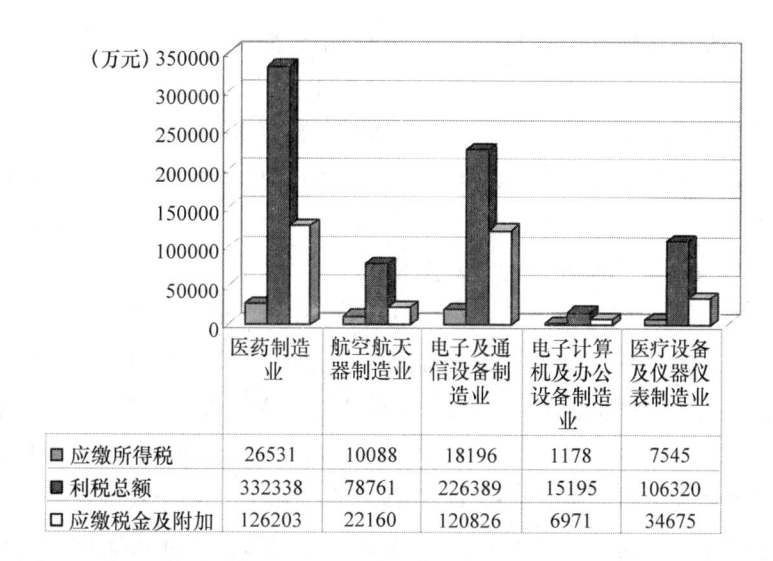

图 8-2-13 沈阳高技术产业各行业应缴所得税、利税总额和应缴税金及附加比较

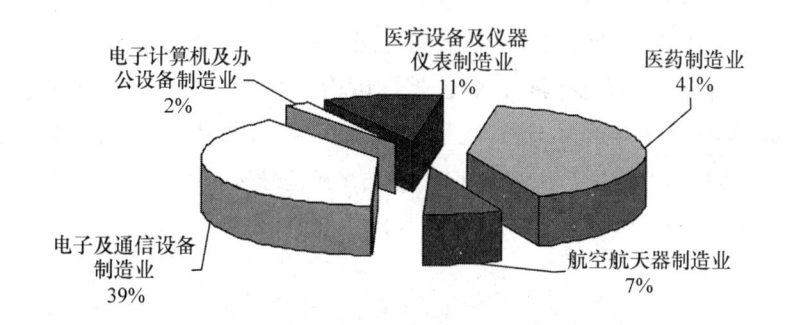

图 8-2-14 沈阳高技术产业各行业应缴税金及附加比较

注：利税总额：是反映企业一定时期内全部纯收入的重要指标，是企业（集团）的利润和税金的总和指标，它反映企业（集团）在一定时期内实现的全部利润额和对社会承担义务的量化。应缴税金及附加：反映企业对国家和地区所承担的义务和贡献。

因此，总体来看，沈阳高技术产业各行业绩效产出差异明显。航空航天器制造业的资产雄厚，从业人员数量众多，但产值创造并不明显，相反产业基础较为一般的电子及通信设备制造业却是沈阳高技术产业中工业总产值、出口交货值和营业收入最多的行业，医药制造业是沈阳盈利能力最强的高技术行业。

四 交通运输及装备制造业是沈阳的相对高技术产业

经济合作与发展组织（OECD）将 R&D 经费强度明显高于其他传统行业的产业定义为高技术产业，根据此初衷和原则对沈阳不同行业和不同类型企业的研发强度（即 R&D 强度：R&D 经费支出占工业总产值的比重）进行分析发现：

1. 设备制造业是沈阳的相对高技术产业[①]

2011 年沈阳制造业平均 R&D 强度为 0.88%，低于我国制造业的平均水平（1.1%）；沈阳的交通运输设备制造业、专用设备制造业、仪器仪表及办公用机械制造业和通用设备制造业这四个行业的 R&D 强度高于全市制造业平均水平。特别是以华晨宝马、通用北盛、华晨汽车等为代表的沈阳交通运输设备制造业，其 R&D 强度为 3.63%，高于我国高技术产业 R&D 强度的平均水平（1.6%），虽然当前在国际上交通运输设备制造业已经是公认的中低技术产业，但是现阶段，该产业却是沈阳相对高技术产业的典型代表。

2. 国有大型企业的 R&D 强度明显高于其他类型企业

2011 年沈阳国有及国有控股企业的 R&D 强度为 2.68%；大、中、小型企业的 R&D 强度分别为 2.95%、0.33% 和 0.04%，差异明显；中央和地方企业的 R&D 强度分别为 9.45% 和 0.43%，相差悬殊。因此，实力雄厚的央企和国企等大型企业是沈阳研发投入的主体（见表 8-2-3、表 8-2-4）。

表 8-2-3　　沈阳规模以上工业企业研究与试验发展（R&D）
经费支出情况　　　　　　　　　　（万元）

项目	内部支出合计	外部支出合计	R&D 经费支出合计	工业总产值	R&D 经费支出占工业总产值的比重
总计	871351	42929	914280	108806441	0.84%

[①] 区域相对高技术产业，是指虽然按照当前国际标准，属于中低技术产业，但结合我国和区域产业发展特定历史阶段的实际状况，参照 OECD 的高技术产业划分理念，研发投入强度明显高于我国或区域制造业平均水平，且具有较好经济效益的产业。这些产业是一定社会发展阶段内区域的高研发投入强度产业，对区域的经济发展具有较强引导作用。

续表

项目	内部支出合计	外部支出合计	R&D 经费支出合计	工业总产值	R&D 经费支出占工业总产值的比重
国有及国有控股企业	690605	37746	728351	27192508	2.68%
一、按企业规模分					
大型企业	795308	40798	836106	28339726	2.95%
中型企业	50242	1485	51727	15549458	0.33%
小型企业	25802	646	26448	63764797	0.04%
二、按隶属关系分					
中央	449389	18497	467886	4949118	9.45%
地方	421962	24432	446394	103857324	0.43%
三、按登记注册类型分					
内资企业	828613	38034	866647	84678205	1.02%
国有企业	17558	499	18057	4719836	0.38%
联营企业	402		402	50047	0.80%
有限责任公司	696042	36416	732458	22583763	3.24%
国有独资公司	115749	12063	127812	4024315	3.18%
其他有限责任公司	580293	24353	604646	18559448	3.26%
股份有限公司	63076	932	64008	4718133	1.36%
私营企业	50997	188	51185	49144461	0.10%
私营独资企业	659	182	841	11730494	0.01%
私营有限责任公司	49557	6	49563	33751892	0.15%
私营股份有限公司	781		781	2481856	0.03%
港澳台商投资企业	21706	1736	23442	3932440	0.60%
合资经营企业（港或澳、台资）	2672	739	3411	1238204	0.28%
港、澳、台商独资经营企业	19034	997	20031	2403298	0.83%
外商投资企业	21033	3159	24192	20195797	0.12%
中外合资经营企业	15593	3159	18752	14233997	0.13%
外资企业	5441		5441	5506876	0.10%
四、按行业大类分					
制造业	870869	42929	913798	103753792	0.88%
农副食品加工业	6742	2059	8801	11155367	0.08%

续表

项目	内部支出合计	外部支出合计	R&D 经费支出合计	工业总产值	R&D 经费支出占工业总产值的比重
石油加工、炼焦及核燃料加工业	1056	289	1345	2177271	0.06%
化学原料及化学制品制造业	2633		2633	3331616	0.08%
医药制造业	11136	355	11491	2267559	0.51%
橡胶制品业	1109	40	1149	1252836	0.09%
塑料制品业	4721	1282	6003	4229446	0.14%
非金属矿物制品业	549	58	607	7027671	0.01%
有色金属冶炼及压延加工业	1738		1738	1957022	0.09%
金属制品业	11782	88	11870	6139060	0.19%
通用设备制造业	120432	6911	127343	13451351	0.95%
专用设备制造业	95421	1544	96965	6698421	1.45%
交通运输设备制造业	522972	30083	553055	15233867	3.63%
电气机械及器材制造业	73865	206	74071	9191722	0.81%
通信设备、计算机及其他电子设备制造业	7936		7936	3526068	0.23%
仪器仪表及文化、办公用机械制造业	8779	14	8793	621738	1.41%
电力、燃气及水的生产和供应业	483		483	3275692	0.01%
水的生产和供应业	483		483	187645	0.26%

资料来源：《沈阳统计年鉴》（2012 年）。

表 8-2-4　　　　沈阳制造业各行业研发投入强度比较

排序	项目	内部支出合计	外部支出合计	R&D 经费支出合计	工业总产值	R&D 经费支出占工业总产值的比重
1	交通运输设备制造业	522972	30083	553055	15233867	3.63%
	中国高技术产业（2010）					1.6%
2	专用设备制造业	95421	1544	96965	6698421	1.45%

续表

排序	项目	内部支出合计	外部支出合计	R&D 经费支出合计	工业总产值	R&D 经费支出占工业总产值的比重
3	仪器仪表及文化、办公用机械制造业	8779	14	8793	621738	1.41%
	中国制造业（2010 年）					1.1%
4	通用设备制造业	120432	6911	127343	13451351	0.95%
5	沈阳制造业	870869	42929	913798	103753792	0.88%
6	电气机械及器材制造业	73865	206	74071	9191722	0.81%
7	医药制造业	11136	355	11491	2267559	0.51%
8	通信设备、计算机及其他电子设备制造业	7936		7936	3526068	0.23%
9	金属制品业	11782	88	11870	6139060	0.19%
10	塑料制品业	4721	1282	6003	4229446	0.14%
11	橡胶制品业	1109	40	1149	1252836	0.09%
12	有色金属冶炼及压延加工业	1738		1738	1957022	0.09%
13	农副食品加工业	6742	2059	8801	11155367	0.08%
14	化学原料及化学制品制造业	2633		2633	3331616	0.08%
15	石油加工、炼焦及核燃料加工业	1056	289	1345	2177271	0.06%
16	非金属矿物制品业	549	58	607	7027671	0.01%

资料来源：《沈阳统计年鉴》(2012 年)。

从表 8-2-3 可以看出，当前沈阳制造业 R&D 经费支出占工业总产值的比重，即制造业平均研发强度为 0.88%。2010 年我国高技术产业 R&D 强度为 1.6%，制造业平均 R&D 强度为 1.1%。交通运输设备制造业是现阶段沈阳的相对高技术产业，其 R&D 经费支出占工业总产值的比重达到 3.63%。

第三节 沈阳"高新技术"产业发展活力分析

一 "高新技术改造传统产业"仍是沈阳高新技术企业的主体

截至 2013 年 3 月，沈阳市高新技术企业总计 275 家，其中按技术领域划分，高新技术改造传统产业企业数量最多，共有 92 家，占企业总数的 33.45%；其次是电子信息技术领域企业 50 家，占 18.18%；新材料技术领域企业 39 家，占 14.18%；生物与新医药技术企业 35 家，占 12.73%；航空航天技术企业最少，仅为 3 家（见表 8-3-1、图 8-3-1）。

表 8-3-1　　　　沈阳市高新技术企业按技术领域分布

技术领域	企业数量（家）	所占比例（%）
电子信息技术领域	50	18.18
生物与新医药技术	35	12.73
航空航天技术	3	1.09
新材料技术领域	39	14.18
高技术服务业	18	6.55
新能源及节能技术	23	8.36
资源与环境技术	15	5.45
高新技术改造传统产业	92	33.45

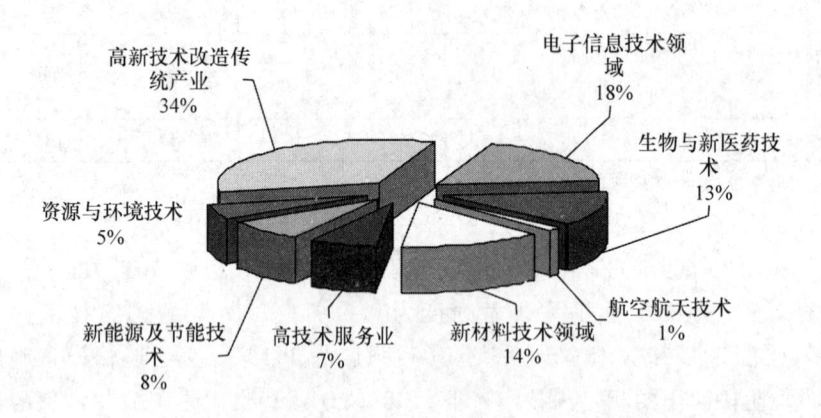

图 8-3-1　沈阳高新技术企业分技术领域构成

二　沈阳高新技术产业产值集中趋势明显

2012 年，产值排名前 5 位高新技术企业的产品产值占全市高新技术产品产值的比重为 25.54%；前 10 位企业产品产值占全市高新技术产品产值的比重为 31.40%；前 30 位企业产品产值占全市高新技术产品产值的比重为 44.99%。产值集中趋势十分明显，前 30 家企业所创造的产品产值接近全市高新技术产品产值的一半。详见沈阳市高新技术产品产值前 30 位企业名单（见表 8-3-2、表 8-3-3）。

表 8-3-2　沈阳市高新技术产品产值排名前 30 位企业和产品名单（2012）

组织机构代码	单位名称	高新技术产品名称	高新技术产品产值（千元）
746494975	华晨宝马汽车有限公司	宝马汽车	54219025
604606804	上海通用（沈阳）北盛汽车有限公司	汽车	30988658
410718023	沈阳远大铝业集团有限公司	幕墙	17356238
243381258	沈阳机床（集团）有限责任公司	数控机床	10832400
74712989X	辽宁禾丰牧业股份有限公司	饲料	9563190
243381258	沈阳机床（集团）有限责任公司	高精度机床	6873300
410724239	金德铝塑复合管有限公司	铝塑复合管	5449147
604603259	沈阳华晨金杯汽车有限公司	轻型客车	5354745
117978061	沈阳鼓风机（集团）有限公司	风机压缩机	5290282
744327380	华晨汽车集团控股有限公司	中华轿车	5281334
755504303	特变电工沈阳变压器集团有限公司	变压器	4814025
604630556	沈阳航天三菱汽车发动机制造有限公司	电喷汽油机	4465137
604602766	沈阳新兴铜业有限公司	高级阴极铜	4149525
742740665	中纺粮油（沈阳）有限公司	大豆蛋白深加工产品	3655575
755517657	蒙牛乳业（沈阳）有限责任公司	酸奶	3608809
793197148	北方重工集团有限公司	堆取料机及散料输送设备	3580558
604608172	东软集团股份有限公司	应用软件	3440073
755513533	三一重型装备有限公司	采矿采石设备制造	3365841
742741537	采埃孚伦福德汽车系统（沈阳）有限公司	汽车零部件	3365188
750750580	沈阳晨发汽车零部件有限公司	汽车零部件	3357413
774827546	沈阳工业大学科技园有限公司	电力电子元器件	3244411
118297946	沈阳星河铜业有限公司	低氧光亮铜线杆	3054338
780057613	沈阳北方交通重工集团	特种车零部件	3001989

续表

组织机构代码	单位名称	高新技术产品名称	高新技术产品产值（千元）
798463708	德信无线通讯科技（沈阳）有限公司	手机生产	2803485
242587748	沈阳三洋电梯有限公司	起重运输设备	2763686
764398194	沈阳同方多媒体科技有限公司	液晶电视	2671671
604614214	沈阳万顺达集团有限公司	生产玉米淀粉	2640194
604621123	米其林沈阳轮胎有限公司	子午线轮胎	2540353
410622347	沈阳乳业有限责任公司	多菌种固定化共生发酵饮料	2487546
11774373X	长白计算机集团公司	彩色电视机	2412290

表8-3-3 沈阳高新技术企业产品产值的集中趋势（2012）

按产值排名	高新技术产品产值（千元）	占全市高新技术产品产值的比重（%）
前5家企业	122959511	25.54
前10家企业	151208319	31.40
前30家企业	216630426	44.99
前50家企业	252135355	52.36
全市所有企业	481528793	1

三 汽车及相关配套企业是沈阳高新技术产业的重要支柱

2012年，沈阳市汽车及汽车相关配套企业高新技术产品产值1266.97亿元，占全市高新技术产品产值的比重达到26.31%，远远高于其他行业。特别是"华晨宝马"和"通用北盛"这两家汽车制造企业，其所创造的高新技术产品产值占全市高新技术产品产值的17.70%。因此，汽车及其相关配套企业是沈阳高新技术产业的重要支柱（见表8-3-4）。

表8-3-4 沈阳市汽车及汽车相关产业高新技术产品产值状况（2012）

组织机构代码	单位名称	高新技术产品名称	高新技术产品产值（千元）
746494975	华晨宝马汽车有限公司	宝马汽车	54219025
604606804	上海通用（沈阳）北盛汽车有限公司	汽车	30988658

续表

组织机构代码	单位名称	高新技术产品名称	高新技术产品产值（千元）
604603259	沈阳华晨金杯汽车有限公司	轻型客车	5354745
744327380	华晨汽车集团控股有限公司	中华轿车	5281334
742741537	采埃孚伦福德汽车系统（沈阳）有限公司	汽车零部件	3365188
750750580	沈阳晨发汽车零部件有限公司	汽车零部件	3357413
780057613	沈阳北方交通重工集团	特种车零部件	3001989
604621123	米其林沈阳轮胎有限公司	子午线轮胎	2540353
788714614	丹东黄海汽车有限责任公司沈阳分公司	客车及零部件	1482270
74649430X	沈阳李尔汽车座椅内饰系统有限公司	汽车座椅	1400682
687478798	沈阳华晨专用车有限公司	改装汽车	1398170
604623495	普利斯通（沈阳）轮胎有限公司	子午线轮胎	1347227
715762615	沈阳金杯江森自控汽车内饰件有限公司	汽车零部件	1249952
711148319	沈阳兴远东汽车零部件有限公司	汽车零部件	1190487
780084283	贝卡尔特沈阳精密钢制品有限公司	子午线轮胎用钢丝帘线	1163741
711148853	沈阳新光华晨汽车发动机有限公司	汽车发动机	751260
755524670	沈阳名华模塑科技有限公司	汽车外饰件	721400
764395938	沈阳华晨动力机械有限公司	发动机动力总成	695932
769581510	辽宁曙光汽车底盘系统有限公司	汽车制动系统	685776
117933584	沈阳捷通消防车有限公司	新型消防车整车及零部件	574217
760092462	沈阳三花戴卡轮毂有限公司	汽车零部件	569900
774838392	沈阳来金汽车零部件有限公司	汽车零部件及配件制造	505621
696509162	沈阳五洲龙新能源汽车有限公司	改装汽车	415911
604620016	沈阳都瑞轮毂有限公司	汽车零部件	408863
734653174	沈阳金杯恒隆汽车转向系统有限公司	汽车零部件	372442
691997216	沈阳六和机械有限公司	汽车零部件	370286
410722137	沈阳华晨东兴汽车零部件有限公司	汽车零部件	294001
744327380	华晨汽车集团控股有限公司	发动机	284113
604601325	沈阳沈飞巴士制造有限公司	客车整车及零部件	250622
702041165	新民市华星机械工业有限公司	汽车部件	219850
711107787	沈阳市航空汽车部件制造有限公司	轿车整车及零部件	210713

续表

组织机构代码	单位名称	高新技术产品名称	高新技术产品产值（千元）
755514878	沈阳金杯锦恒汽车安全系统有限公司	汽车零部件	198651
750765993	沈阳上汽金杯汽车变速器有限公司	汽车零部件	182818
604611558	广汽日野（沈阳）汽车有限公司	大客车	138783
679514111	沈阳淦普科技有限公司	生物有机肥	138170
715784531	沈阳航天新星机电有限责任公司	改装车	138000
118267798	沈阳中港弹簧制造公司	轿车整车及零部件	122495
72093352X	沈阳华晨安泰线束有限公司	汽车电束线	114731
58935779X	沈阳上航发汽车零部件有限公司	轿车整车及零部件	109000
793159256	沈阳东盛基汽车部件制造有限公司	轿车整车及零部件	108435
702047831	沈阳伍享工业有限公司	汽车零件	105017
764398784	沈阳诚利达机床部件有限公司	新型清洁燃料汽车及零部件	104156
760091654	沈阳华铁汽车散热器有限公司	汽车中冷器	91310
410729099	沈阳福达汽车零部件有限公司	汽车零部件	81000
746488030	沈阳三浦汽车电子有限公司	汽车零部件	63784
711149602	沈阳马刚汽车制动器制造有限公司	汽车刹车盘	63486
573482297	沈阳英联精密模塑有限公司	轿车整车及零部件	55775
702024947	沈阳市鸿业汽车制动器制造厂	汽车刹车盘	49572
760063901	沈阳圣鸿机械有限公司	汽车刹车盘	45686
604604577	沈阳维用精密机械有限公司	汽车零件	38950
117650306	沈阳汽车暖风机厂	汽车暖风装置	36500
734682709	沈阳市航达科技有限责任公司	汽车涂料	21206
760053623	沈阳慧文汽车附件有限公司	汽车零部件	17718
	全部汽车及汽车相关产业高新技术产品产值		126697384
	占全市高新技术产品产值的比重		26.31%

第四节 沈阳高新技术产品创新发展活力及问题

一 沈阳市高新技术产品创新活力现状分析

（一）规模优势明显，行业分布广泛

2012年全市高新技术产品产值5026.6亿元，占全部规模以上工业总产值的39.1%。高新技术产品实现销售收入4873.2亿元，占全市规模以上工业销售收入的38.7%，其中，出口产品销售收入为204.3亿元；实现利税436.9亿元，占全市规模以上工业利税的39.7%。近十年来，高新技术产品产值占工业总产值的年比重平均为42.95%，具有较强的规模优势。

高新技术产品行业分布广泛，2012年全市共有774户企业拥有高新技术产品，占规模以上工业企业总户数的18.5%。高新技术产品种数达到884个，涵盖了当前国民经济行业分类目录中的所有24个行业，其中交通运输设备制造业的高新技术产品产值超过1000亿元。

（二）高新技术产品生产实现较快增长，总量指标全省领先

沈阳高新技术产品生产一直保持较快的发展速度，2012年高新技术产品产值5026.6亿元，是2007年的2.45倍，2004年的6.66倍。近十年间，产值年平均增长率为27.30%，产值总量指标一直保持全省领先。2012年沈阳高新技术产品产值总量在全省位居第1位，比第2位的大连市多出1030.4亿元，占全省的32.5%（见表8-4-1、8-4-2、图8-4-1）。

表8-4-1　　沈阳规模以上工业高新技术产品产值增长情况　　　　（亿元）

年份	2004	2005	2006	2007	2008	2009	2010	2011	2012
规模以上工业总产值	1493.4	2195.2	3290.9	4786	6529.5	7637.1	9612.5	10880.6	12855.8
规模以上工业高新技术产品产值	755.2	977.8	1419.7	2048.0	2699.8	3216.2	3890.0	4617.7	5026.6
产值增长率	—	29.48%	45.19%	44.26%	31.83%	19.13%	20.95%	18.71%	8.86%
高新技术产品产值占工业总产值的比重	50.57%	44.54%	43.14%	42.79%	41.35%	42.11%	40.47%	42.44%	39.1%

高新技术产品产值年平均增长率27.30%
高新技术产品产值占工业总产值的年比重42.95%

资料来源：《沈阳统计年鉴》（2005—2012）。

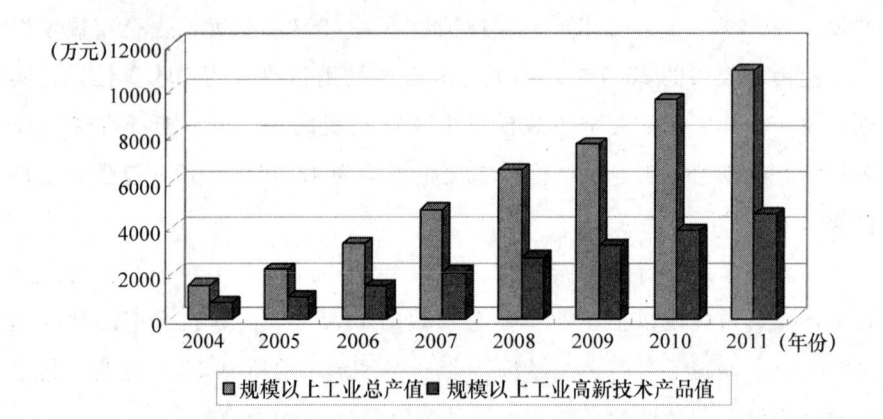

图 8-4-1　沈阳高新技术产品产值增长状况图

表 8-4-2　2012 年全省及省内各市高新技术产品产值及增速　（亿元、%）

地　区	产值总量	总量排序	产值增速	增速排序
全省	15443.1	-	16.3	-
沈阳市	5026.6	1	8.9	10
大连市	3996.2	2	24.4	6
鞍山市	930.9	3	15.4	8
辽阳市	887.2	4	-2.3	12
锦州市	790.0	5	72.0	1
营口市	727.2	6	26.7	4
抚顺市	662.0	7	6.0	11
本溪市	476.1	8	-7.6	13
盘锦市	469.5	9	25.2	5
铁岭市	466.7	10	34.8	3
朝阳市	393.6	11	56.2	2
丹东市	341.9	12	24.0	7
阜新市	169.9	13	11.5	9
葫芦岛市	105.4	14	-33.8	14

（三）内资企业数量优势明显，产值贡献较高

内资企业数量在高新技术产品企业中占绝对优势，全市共有 636 户内资企业拥有高新技术产品，占全部高新技术产品企业总户数的 82.2%，

高新技术产品种数达到 732 个，占全部高新技术产品种数的 82.8%。

沈阳 60% 以上的高新技术产品产值由内资企业完成。2012 年内资企业高新技术产品产值占全市高新技术产品产值的 60.9%，其中，私营企业在高新技术产品产值内资企业中所占比重最高，占全市的 47.4%。外商投资企业和港澳台商投资企业分别占全市的 32.9% 和 6.2%（见表 8-4-3）。

此外，沈阳高新技术产品生产中，大中型企业发挥了重要引领作用。2012 年沈阳大中型企业实现高新技术产品产值 2733.5 亿元，比上年增长 6.8%，占全市高新技术产品产值的 59.2%（见表 8-4-3）。

表 8-4-3　2012 年沈阳规模以上工业企业高新技术产品按规模及属性分主要指标　　单位：万元

项目	产品种类（种）	产品产值	产品增加值	产品销售收入	产品实现利税
合计	882	46176888	12194576	45300211	3849059
一、按企业规模分					
大型企业	41	16084671	3929308	15773583	1520537
中型企业	112	11250374	2924689	11026162	789944
小型企业	729	18841843	5340580	18500465	1538578
二、按隶属关系分					
中央	28	2927882	811875	3027737	204730
地方	854	43249006	11382701	42272474	3644329
三、按登记注册类型分					
内资企业	723	28103481	7697623	27423373	2095077
国有企业	31	1332202	568967	1159230	168841
集体企业	19	319419	86588	315367	16811
股份合作企业	16	171394	51370	169143	13319
联营企业	2	25433	6818	24533	2562
国有联营企业	1	6428	1581	6403	471
其他联营企业	1	19005	5238	18130	2091
有限责任公司	135	11381884	2694109	11086028	620978
国有独资公司	16	3230753	911876	3452236	214284

续表

项目	产品种类（种）	产品产值	产品增加值	产品销售收入	产品实现利税
合计	882	46176888	12194576	45300211	3849059
其他有限责任公司	119	8151131	1782232	7633792	406693
股份有限公司	43	1518415	474690	1453917	195310
私营企业	474	13312933	3801744	13177162	1075413
私营独资企业	101	1791489	537365	1781800	122576
私营合伙企业	1	126647	33022	126457	136
私营有限责任公司	351	10548545	3007166	10456927	918749
私营股份有限公司	21	846253	224191	811979	33952
其他企业	3	41802	13337	37993	1844
港、澳、台商投资企业	48	2872024	780370	2671284	216502
合资经营企业	25	1087277	302954	1043775	136901
合作经营企业	1	62127	20280	62127	3215
港、澳、台独资企业	19	1632291	437142	1470686	73448
港、澳、台投资股份公司	3	90329	19456	94696	2937
外商投资企业	111	15201382	3716583	15205555	1537480
中外合资经营企业	58	11562404	2742647	11505663	1171545
中外合作经营企业	2	37062	9365	40169	838
外资企业	46	3314372	879133	3372887	326886
外商投资股份有限公司	5	287545	85438	286836	38211

（四）外商及港澳台投资企业产品高新化程度较高

在沈阳市外商及港澳台投资企业生产的产品中，70%以上为高新技术产品。外商及港澳台商投资企业工业总产值的74.5%是由其生产的高新技术产品完成的，其中外商投资企业工业总产值的79.3%是由其生产的高新技术产品完成的，港澳台商投资企业工业总产值的54.1%是由其生产的高新技术产品完成的。由此可见，从企业产品高新化程度看，外商及港澳台商投资企业产品高新化程度较高。

（五）高新技术产品产值向制造业，特别是交通运输设备制造业集中

沈阳市高新技术产品98.8%集中在制造业，制造业的高新技术产品分布于23个行业大类。其中，通用设备制造业高新技术企业数最多，为

110户,高新技术产品种数为121个;电气机械及器材制造业次之,为108户,高新技术产品种数为121个;农副食品加工业企业数为81户,高新技术产品种数81个。2012年,交通运输设备制造业高新技术产品产值占全市比重最大,为26.6%,其次是通用设备制造业(10.7%),第三是电气机械及器材制造业(12.3%)(见表8-4-4、图8-4-2)。

表8-4-4 2012年沈阳规模以上工业企业高新技术产品按行业大类分主要指标 (万元)

项目	产品种类(种)	产品产值	产品增加值	产品销售收入	产品实现利税
合计	**882**	**46176888**	**12194576**	**45300211**	**3849059**
制造业	874	46017334	12120940	45145991	3794814
农副食品加工业	81	4168815	1145112	4080181	286735
食品制造业	6	765675	189059	743401	55036
饮料制造业	8	574701	126784	468310	47625
纺织业	6	112235	31494	112144	8522
纺织服装、鞋、帽制造业	2	32339	11372	32267	3951
造纸及纸制品业	4	215474	57155	199882	13833
印刷业和记录媒介的复制业	4	68469	19338	70465	15593
石油加工、炼焦及核燃料加工业	15	1020128	459705	900445	107045
化学原料及化学制品制造业	60	902386	252805	889536	58185
医药制造业	67	1694786	550239	1987713	241564
橡胶制品业	15	618299	182589	636573	65757
塑料制品业	32	1474804	403526	1449965	77732
非金属矿物制品业	52	1580843	448478	1545481	164201
黑色金属冶炼及压延加工业	10	721554	180689	684459	39342
有色金属冶炼及压延加工业	19	733535	202883	722992	54767
金属制品业	32	3006144	558732	2087325	200175
通用设备制造业	121	4950835	1545877	4805749	380968
专用设备制造业	66	2747295	800664	2715972	295676
交通运输设备制造业	70	12272324	2678230	12813725	1164178
电气机械及器材制造业	121	5665448	1492439	5583650	301684

续表

项目	产品种类（种）	产品产值	产品增加值	产品销售收入	产品实现利税
通信设备、计算机及其他电子设备制造业	53	2412330	686644	2333748	173293
仪器仪表及文化、办公用机械制造业	28	265709	92773	268896	38775
工艺品及其他制造业	2	13207	4351	13112	178
电力、燃气及水的生产和供应业	8	159554	73637	154220	54244
电力、热力的生产和供应业	8	159554	73637	154220	54244

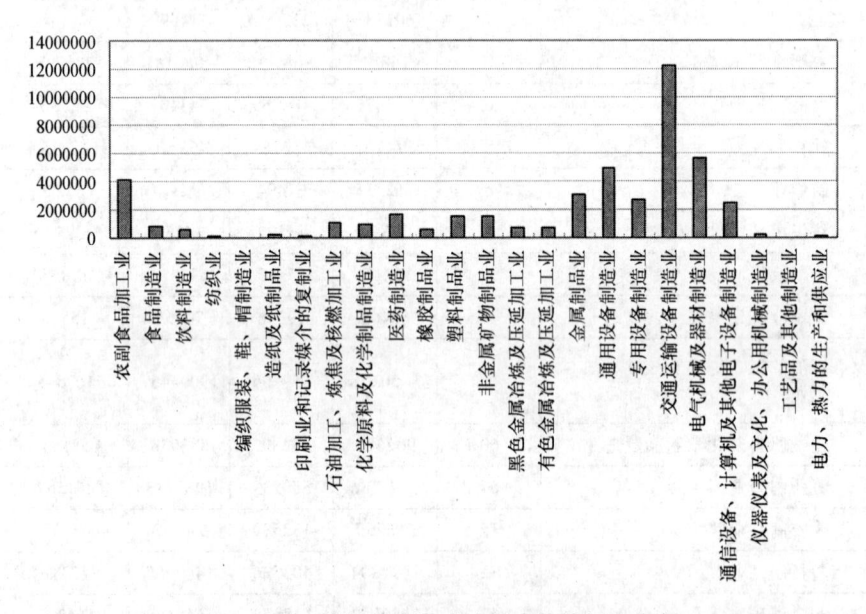

图 8-4-2 沈阳高新技术产品产值按行业分布

（六）八大高技术领域中"光机电一体化"和"新材料"是重点领域

在八大高技术领域中，沈阳市高新技术产品均有分布，但分布并不均衡。2012年，八大高技术领域共有765户高新技术企业，高新技术产品种数为765个。其中新材料领域产品种数最多，有325个，其次是光机电

第八章 沈阳高新技术产业及高新技术产品创新活力现状分析 187

一体化，有257个，其他依次为生物医药和医疗器械（67个）、电子信息（57个）、新能源、高效节能（44个）、航空航天技术（9个）和环境保护（4个）、软件（2个）等。

2012年，八大高技术领域共实现高新技术产品产值4381.6亿元，比上年增长9.5%，占全市的87.2%。其中，光电一体化领域实现高新技术产品产值2193.6亿元，比上年增长78.2%，占全市的43.6%；新材料实现高新技术产品产值1351.4亿元，占全市的26.9%，这两个领域的高新技术产品产值占全市的70.5%，是沈阳高新技术产品生产的重点领域（见表8-4-5、表8-4-6、图8-4-3）。

表8-4-5　　　　2012年沈阳高技术领域高新产品生产情况　　　　（亿元、%）

指标名称	单位数（户）	高新产品数（个）	高新产品产值	占全市高新产品产值比重	比上年增长
全市	774	884	5026.6	—	8.9
八大高技术领域小计	765	765	4381.6	87.2	9.5
新材料	325	325	1351.4	26.9	-33.3
光机电一体化	257	257	2193.6	43.6	78.2
生物医药和医疗器械	67	67	176.8	3.5	6.5
电子信息	57	57	252.9	5.0	62.7
新能源、高效节能	44	44	161.3	3.2	-13.0
航空航天技术	9	9	200.5	4.0	198.9
环境保护	4	4	10.3	0.2	24.5
软件	2	2	34.8	0.7	-78.3

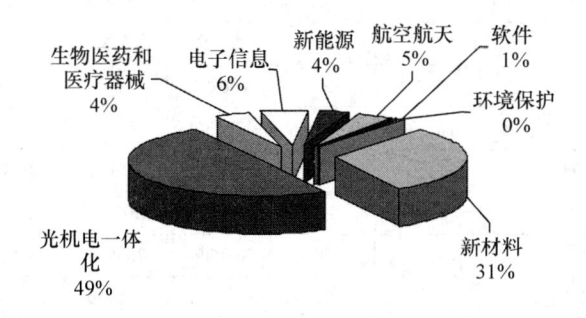

图8-4-3　沈阳高新技术产品产值的高技术领域分布

表 8-4-6　　2012 年沈阳规模以上工业企业高新技术产品
按高技术领域分主要指标　　　　　　单位：万元

项目	产品种类（种）	产品产值	产品增加值	产品销售收入	产品实现利税
合计	882	46176888	12194576	45300211	3849059
电子信息	38	1659718	482107	1589196	136387
计算机及外部设备	16	578511	186889	578392	25447
微电子元器件	6	145890	48601	142127	16590
广播电视技术产品	3	504108	119487	452872	16085
通信设备及产品	9	383119	111763	369419	72917
专用工艺生产设备及测试仪表	4	48090	15367	46387	5349
软件	18	671182	198528	669056	40035
系统软件	3	39439	11123	39426	2368
应用软件	15	631743	187405	629630	37667
航空航天技术	9	1601646	240996	1828660	41287
航空器及配套产品	8	1593564	239541	1820578	47419
航天器及配套产品	1	8082	1455	8082	-6132
光机电一体化	266	20273419	5249172	20267949	1828619
先进制造技术及设备	32	2231787	714337	2263911	165641
机电一体化机械设备	116	6318456	1816840	6120235	504059
监控设备及控制系统	32	904848	249456	800183	59306
自动化仪器仪表及传感器	13	173654	45111	170520	18234
机电基础件	73	10644673	2423429	10913100	1081381
生物医药和医疗器械	68	1553542	517653	1868499	227701
生物技术药品	8	327413	131673	275805	94912
中药	17	294567	96989	270809	51836
化学药	33	700727	219952	1090217	57170
轻工、食品生物技术及产品	4	26830	4114	23273	-1045
新型医疗器械	6	204004	64925	208396	24828
新材料	319	12306936	3277391	11200937	899833
金属新材料	70	2670394	734931	2578900	237022
无机非金属新材料	55	3248652	616139	2394520	207127
有机高分子新材料	94	3926110	1291447	3822673	294813

续表

项目	产品种类（种）	产品产值	产品增加值	产品销售收入	产品实现利税
合计	**882**	**46176888**	**12194576**	**45300211**	**3849059**
纺织高分子新材料	13	227086	68101	228404	32752
新型复合材料	52	1848302	469259	1795536	101263
新型高效、低残留、安全农药	1	9670	2899	9449	232
新型染料	4	38382	10219	38065	3931
新型涂料	23	296222	72127	291370	19886
新型黏合剂及表面活性剂	4	18046	6055	18689	1520
新型食品和饮料添加剂	3	24133	6214	23330	1286
新能源、高效节能	40	1854931	558490	1858494	222857
新能源技术与产品	33	1755063	530071	1763136	210933
高效节能技术与产品	7	99868	28419	95358	11924
环境保护	4	82944	21471	79614	10576
大气污染防治设备	3	76674	19646	73669	10159
固体废弃物处理设备	1	6270	1825	5945	417
其他高技术产品	109	5806806	1548055	5578913	420877

（七）铁西区是沈阳高新技术产品生产的主战场

在全市区县（市）中，高新技术产品产值占全市的比重超过10%的有4个，其中，铁西新区排在第一位，占全市高新技术产品产值比重最大，为23.7%；第二位是大东区，占22.8%；第三位是沈北新区，占12.1%；第四位是浑南新区，占11.9%。2012年，除沈河区及铁西新区高新技术产值增速出现回落外，其他区县（市）均有不同程度增长，其中，法库县增幅名列第一，比上年增长69.4%；第二位是辽中县，比上年增长29.6%；第三是大东区，比上年增长21.7%（见表8-4-7）。

表8-4-7　　　2012年区县（市）高新技术产品产值完成情况　　　（亿元、%）

指标名称	高新技术产品产值	占地区规模以上产值比重	高新技术产品增长	占全市高新技术产品产值比重
全市合计	5026.6	39.1	8.9	

续表

指标名称	高新技术产品产值	占地区规模以上产值比重	高新技术产品增长	占全市高新技术产品产值比重
沈河区	11.7	11.1	-8.2	0.2
大东区	1145.1	83.1	21.7	22.8
皇姑区	136.5	57.2	14.0	2.7
铁西新区	1191.3	45.8	-9.1	23.7
其中：铁西区	1.7	6.7	-68.2	0.0
经济技术开发区	1189.6	46.2	-8.9	23.7
苏家屯区	192.0	24.2	15.7	3.8
东陵区（浑南新区）	596.9	53.6	3.8	11.9
其中：东陵区	66.6	48.0	100.4	1.3
浑南新区	530.3	54.3	-2.1	10.5
沈北新区	610.5	38.0	15.1	12.1
于洪区	330.3	30.1	2.2	6.6
辽中县	345.6	31.7	29.6	6.9
康平县	18.5	3.7	21.3	0.4
法库县	92.9	8.8	69.4	1.8
新民市	355.2	32.6	20.7	7.1

（八）部分高新技术产品取得重大科技成果，已经迈入国内外先进行列

沈阳市近年来相继实施了高档数控机床、IC装备等一批国家重大科技专项和全断面掘进机、特高压交直流输变电设备等一批市级重大科技项目，在先进制造及自动化、电子信息、新材料、新能源装备、医药医疗设备等五大领域十六个类别中，取得了以重型燃气轮机、直径11.97米盾构机、4米/秒高速电梯、百万吨乙烯压缩机组、1000千伏超高压输变电设备、高端等离子体化学气相沉积设备（PECVD）、正电子扫描成像系统（PET）等为代表的60余项世界级重大科技成果和产品。

电子信息领域，正在形成以通信、IC装备、光电子等领域为主导方向，以浑南新区、沈北光电产业园为主要载体的发展格局；生物医

药领域，全市拥有东北制药等高新技术企业为代表的生产企业百余家，进入全国医药制造业百强企业两家；航空航天领域，航空产业产值全国排名第 2 位，是我国重要的航空航天研发制造基地；新材料领域，新材料在整个材料工业中所占比重逐年增加；新能源领域，以远大集团、沈鼓集团等为代表，分布于风电装备、光伏产业等方面，核泵、核阀技术稳居全国排头兵地位；资源与环境领域，污泥处理、潜水泵、煤的清洁燃烧技术与设备等均处于全国先进或领先水平；高新技术改造传统产业方面，拥有沈阳鼓风机集团、沈阳机床集团等一批国内行业领军企业，百万吨级乙烯压缩机、大型盾构机等重大装备已经迈入世界先进行列。

二　沈阳高新技术产品创新发展中存在的问题及其原因

（一）总量指标增速趋缓

2012 年沈阳市规模以上工业高新技术产品产值继续保持稳定增长，但增长率仅为 8.86%，远低于近十年产值年平均增长率 27.30% 的水平；高新技术产品产值占工业总产值的比重为 39.1%，首次下降到 40% 以下，低于近十年来的年平均比重 42.95%。从全省来看，2012 年沈阳高新技术产品产值、销售收入和利税总额等总量指标虽然在全省仍位居首位，但产值增速却排在第 10 位，相对较为缓慢。

就辽宁省范围来看，沈阳无疑是高新技术产业第一大市，其高新技术产品在近年的发展也是突飞猛进，在经历了前几年的迅猛增长后，进入缓慢增长期符合产业周期发展规律。同时，随着辽宁省高新技术产业的发展，各地区对于高新技术产品的发展都给予足够的重视，基数较大的沈阳市自然在增速上并不占优。

（二）高新技术产品种类未见明显增加

2012 年，全市拥有高新技术产品的企业数和高新技术产品种数均与 2011 年基本持平，未见较大增长。这主要是由于沈阳市近年来开展的创新型城市建设，对于企业高新技术产品的审查趋于严格，一些指标不达标的产品逐渐被驱逐出高新技术产品的行列，因此，沈阳市高新技术产品种类的增长缓慢实为实现城市科技创新过程中的正常"优胜劣汰"的过程。

(三) 产品发展不均衡，产业运行风险加大

沈阳市高新技术产品产值主要依赖交通运输和装备制造业企业所创造，2012 年汽车及汽车相关行业高新技术产品产值占全市高新技术产品产值的比重为 26.31%，其中"华晨宝马"和"通用北盛"两家主要汽车制造企业所创造的高新技术产品产值占全市的 17.70%。这种产品发展不均衡、产业依赖性较强的现状，将增加沈阳高新技术产业的运行风险。

(四) 内资企业产品高新化程度较低

2012 年，内资企业工业总产值中，仅有 31.2% 是由其生产的高新技术产品完成的，与外商、港澳台商投资企业产值 70% 以上为高新技术产品相比，相差甚远。由此可见，从企业产品高新化程度看，内资企业产品高新化程度远远低于外商及港澳台商投资企业。内资企业在沈阳市进行相关产业投资的时间较长，其投资之初正处于传统产业繁荣的阶段，因此，其投资必然倾向于传统产业，发展至今，虽然投资高新技术产品的比重有所增加，但总体仍处于较低的程度。

(五) 中小企业高新技术产品数量居多，但竞争能力不强

2012 年全市有高新技术产品的工业企业中，中型企业 100 户，占 13.1%；小型企业 641 户，占 83.8%。从不同规模企业实现的高新技术产品产值看，中型企业占高新技术产品产值的 20.3%，小型企业占 39.2%。从效益看，小型企业销售收入和利税总额增长均低于全市平均水平。由此可见，中小型企业虽数量占优势，但生产能力、盈利能力均不如大型企业。

三 沈阳重点高新技术企业和高新技术产品创新活力分析

为有效识别沈阳市重点监测和扶植的高新技术企业和产品，我们建立《高新技术产品水平评价体系》，将沈阳市高新技术产品水平评价指标分为五大类，分别为产品自主创新水平、产品科技投入水平、产品扩散能力及市场前景、产品附加值、产品经济效益。根据这五大类指标的计算，分别找出沈阳市高新技术产品的代表性企业，并进行企业高新技术产品的相关分析。

(一) 高新技术产品水平评价体系 (见表 8-4-8)

表 8-4-8　　　　　　　　　**高新技术产品水平评价体系**

指标名称			高新技术产品认定规则及标准			
一级指标	二级指标	三级指标	优	良	中	差
高新技术产品水平	产品自主创新水平	产品技术质量标准	国际标准，通过质量认证。	国家标准，通过质量认证；或国际标准，有技术检测证书。	行业标准或地方标准，通过质量认证。	行业标准、地方标准，未经质量认证，有检测证书。
		产品知识产权水平	拥有产品核心技术的国际发明专利；或多项国家发明专利。	拥有产品核心技术的国家发明专利；或多项国家实用新型专利。	拥有产品核心技术的国家使用新型专利；或多项外观设计专利。	采用外观设计专利。
		产品技术含量与复杂程度	技术复杂程度和工艺先进性很高，属重大技术创新范围。	技术复杂程度和工艺先进性高，属重要技术创新范围。	技术复杂程度和工艺先进性比较高，有一定技术创新。	采用了高新技术，技术复杂程度和工艺先进性一般，或具有少量的技术创新。
	产品科技投入水平	产品R&D经费强度	15%以上，在同类产品中属于高投入水平。	11%—15%，在同类产品中属于中上等投入水平。	5%—10%，在同类产品中属于中等投入水平。	4%以下，在同类产品中属于较低投入水平。
		产品科技人员强度	40%以上，在同类产品中属于高水平。	31%—40%，在同类产品中属于较高水平。	16%—30%，在同类产品中属于中等水平。	15%以下，在同类产品中属于较低水平。
	产品扩散能力及市场前景	产品应用领域及市场前景	应用的领域多（8个以上），或潜在市场大，在同类产品中属于高水平。	应用的领域较多（5—8个），或潜在市场较大，在同类产品中属于中上等水平。	应用的领域（3—5个），或潜在市场在同类产品中属于中等水平。	应用领域少，市场规模和潜在市场在同类产品中属于中下等水平。
	产品附加值	产品利税率	40%以上，在同类产品中属于高水平。	26%—39%，在同类产品中属于较高水平。	16%—25%，在同类产品中属于中等水平。	15%以下，在同类产品中属于较低水平。
	产品经济效益	产品销售收入水平	产品的年销售收入在同类产品中处于高水平。	产品的年销售收入在同类产品中处于比较高的水平。	产品的年销售收入在同类产品中处于中等水平。	产品的年销售收入在同类产品中处于较低的水平。
		产品出口水平	相关的产品出口水平指标在同类产品中处于高水平。	相关的产品出口水平指标在同类产品中处于较高水平。	相关的产品出口水平指标在同类产品中处于中等水平。	相关的产品出口水平指标在同类产品中处于较低水平。

根据高新技术产品水平评价体系,将高新技术产品分为优势产品、一般产品、劣势产品三类,具体分类标准如下:

(1) 优势产品:五大类二级指标中存在四项指标为优或良、一项指标为中或差;

(2) 一般产品:五大类二级指标中存在三项指标为优或良,两项指标为中或差;

(3) 劣势产品:五大类二级指标中存在两项以下指标为优或良,三项以上指标为一般或差。

(二) 代表性沈阳高新技术产品生产企业(见表8-4-9)

表8-4-9　　2010年上半年沈阳市部分企业高新技术产品数据　　(千元)

企业名称	高新技术产品名称	高新技术产品产值	高新技术产品销售收入	高新技术产品实现利税总额	出口产品销售收入	出口产品实现利税总额
农副食品加工业						
辽宁禾丰牧业股份有限公司	饲料	2836704	2836704	28367	0	0
辽宁大成农牧实业有限公司	浓缩饲料	602090	503394	7388	0	0
食品制造业						
沈阳万顺达集团有限公司	玉米淀粉	1164961	1106713	41544	0	0
沈阳市新鸿顺达油脂有限公司	大豆蛋白深加工产品	319790	319790	2091	0	0
酒、饮料和精制茶制造业						
蒙牛乳业(沈阳)有限责任公司	酸奶	2461374	2444324	67418	0	0
康师傅(沈阳)饮品有限公司	功能性饮料	1127394	951236	138728	0	0
纺织业						
沈阳鑫园纺织有限公司	无接头绢棉纱	113750	112711	9200	0	0
造纸和纸制品业						
辽宁宝树包装有限公司	高档瓦楞纸	239434	239434	20	0	0
印刷和记录媒介复制业						
沈阳博润印刷有限公司	防伪印刷制品	54750	54750	602	0	0
石油加工、炼焦和核燃料加工业						
沈阳化工集团有限公司	汽柴油重液蜡	1178090	1188293	62309	0	0

续表

企业名称	高新技术产品名称	高新技术产品产值	高新技术产品销售收入	高新技术产品实现利税总额	出口产品销售收入	出口产品实现利税总额
沈阳经发沥青厂	沥青	276864	274654	31645	0	0
化学原料和化学制品制造业						
沈阳化工集团有限公司	丙烯酸酯、环氧丙烷	1000614	908609	190527	1656	0
医药制造业						
东北制药集团有限责任公司	化学原料	1915422	5012478	297029	2361401	139931
巴斯夫维生素有限公司	化学原料药	156210	118033	49859	349	147
化学纤维制造业						
沈阳绿洲制药有限责任公司	西药	163660	162217	15547	0	0
橡胶和塑料制品业						
米其林沈阳轮胎有限公司	轮胎	1090474	1161105	148137	248017	31642
普利司通（沈阳）轮胎有限公司	轮胎	673046	711613	106269	0	0
非金属矿物制品业						
沈阳萍顺塑料模具工贸有限公司	塑料制品	263097	2880072	64	0	0
沈阳市金德铝塑复合管有限公司	铝塑复合管	2512113	2336265	48057	322695	35823
沈阳金德新型管业有限公司	塑料管件	511432	475631	44219	17446	1855
黑色金属冶炼和压延加工业						
沈阳远大铝业集团有限公司	幕墙	4377246	1854485	126415	191652	13064
沈阳鸿祥塑胶制造有限公司	PU、PS泡沫塑料制品	548819	527596	2388	0	0
有色金属冶炼和压延加工业						
沈阳雷明钢管有限公司	钢管	723602	676568	110933	0	0
金属制品业						
沈阳星河铜业有限公司	低氧光亮铜线杆	1692669	1692521	65711	0	0
沈阳北恒铜业有限公司	铜承力索	1299830	1299830	117	0	0
沈阳九星线缆有限公司	低氧光亮铜线杆	816781	816771	14960	0	0
通用设备制造业						
沈阳造币厂	纪念币	498806	576459	213756	0	0

续表

企业名称	高新技术产品名称	高新技术产品产值	高新技术产品销售收入	高新技术产品实现利税总额	出口产品销售收入	出口产品实现利税总额
专用设备制造业						
沈阳机床(集团)有限责任公司	金属切削机床	7251480	7150580	479580	497310	33610
北方重工集团有限公司	起重运输设备	2142082	1806378	144510	298511	26866
三一重型装备有限公司	采矿采石设备制造	1354656	1448183	414682	0	0
沈阳三洋电梯有限公司	起重运输设备	1226667	1104000	23095	0	0
沈阳鼓风机集团有限公司	鼓风机	1739674	1043045	88474	59840	5076
汽车制造业						
上海通用(沈阳)北盛汽车有限公司	别克GL8、雪佛兰科鲁兹	12188962	12271779	2126934	0	0
华晨宝马汽车有限公司	宝马轿车	7253535	8004352	1362228	0	0
华晨汽车集团控股有限公司	中华轿车	4095230	4979207	-16331	10798	0
沈阳华晨金杯汽车有限公司	轻型客车	1526250	2351179	572863	112615	27439
沈阳晨发汽车零部件有限公司	汽车零部	851837	1049501	764	0	0
铁路、船舶、航空航天和其他运输设备制造业						
沈阳飞机工业(集团)有限公司	飞机制造	5887280	6488220	-142190	178320	-39110
电气机械和器材制造业						
特变电工沈阳变压器集团有限公司	变压器	2504389	2405530	461425	42720	8194
新东北电气集团有限公司	变压器、整流器和电感器制造	2921783	1821783	-1458	17446	-13
新东北电气(沈阳)高压开关有限公司	开关	1663892	1389572	-5359	0	0
沈阳华润三洋压缩机有限公司	空调用压缩机	1142562	1227279	202434	62274	0
沈阳阻燃电缆有限责任公司	电力电缆	1214541	1193379	60276	0	0
仪器仪表制造业						

续表

企业名称	高新技术产品名称	高新技术产品产值	高新技术产品销售收入	高新技术产品实现利税总额	出口产品销售收入	出口产品实现利税总额
沈阳德信无限科技有限公司	手机生产	1216773	1181342	148286	1181342	148286
其他制造业						
沈阳中光电子有限公司	光电开关	263080	341132	22116	341132	22116
电力、热力生产和供应业						
沈阳龙源风力发电有限公司	风力发电	208005	87847	64889	0	0
软件和信息技术服务业						
东软集团股份有限公司	应用软件	1014496	1007721	146588	0	0

（三）优势产品、劣势产品和一般产品名单及其扶持对策

在代表性企业中，大型企业的高新技术产品一般水平较高，而中小企业中也不乏水平较高的高新技术产品，为此，重点提出以下产品需给予特别关注：

1. 优势产品

（1）上海通用（沈阳）北盛汽车有限公司的别克 GL8、雪佛兰科鲁兹。

根据计算，其产品自主创新水平、产品扩散能力及市场前景、产品科技投入水平、产品经济效益这四项指标均处于优势，只有产品附加值一项指标属于中等水平，总体高新技术产品水平高，建议对其继续扶持。

（2）沈阳机床（集团）有限责任公司的金属切削机床。

根据计算，其产品自主创新水平、产品扩散能力及市场前景、产品附加值、产品经济效益这四项指标均处于优势，只有产品科技投入水平一项指标较差，总体高新技术产品水平高，建议对其继续扶持。

（3）东北制药集团有限责任公司的化学原料。

根据计算，其产品自主创新水平、产品扩散能力及市场前景、产品附加值、产品经济效益这四项指标均处于优势，只有产品科技投入水平一项指标属于中等水平，总体高新技术产品水平高，建议对其继续扶持。

（4）特变电工沈阳变压器集团有限公司的变压器。

根据计算，其产品自主创新水平、产品扩散能力及市场前景、产品科技投入水平、产品经济效益这四项指标均处于优势，只有产品附加值一项

指标属于中等水平，总体高新技术产品水平高，建议对其继续扶持。

（5）沈阳远大铝业集团有限公司的幕墙。

根据计算，其产品自主创新水平、产品扩散能力及市场前景、产品科技投入水平、产品经济效益这四项指标均处于优势，只有产品附加值一项指标属于较差水平，总体高新技术产品水平高，建议对其继续扶持。

（6）沈阳德信无限科技有限公司的手机生产。

根据计算，其产品自主创新水平、产品扩散能力及市场前景、产品科技投入水平、产品经济效益这四项指标均处于优势，只有产品附加值一项指标属于较差水平，总体高新技术产品水平高，且其属于中小民营企业，政府对其政策倾斜力度较差，建议对其加大扶持。

（7）沈阳飞机工业（集团）有限公司的飞机制造。

根据计算，其产品自主创新水平和产品经济效益水平极高，而产品科技投入水平、产品扩散能力及市场前景一般，产品附加值水平很差。鉴于飞机制造产品的特殊用途及对国家的重大意义，同时由于其产品的特殊性质及极强的自主创新水平和经济效益水平，建议政府继续对其加大扶持力度。

2. 一般产品

（1）华晨宝马汽车有限公司的宝马轿车。

根据计算，其产品自主创新水平、产品扩散能力及市场前景、产品经济效益这三项指标均处于优势，而产品附加值、产品科技投入水平这两项指标属于中等水平，总体高新技术产品水平较高，若能对成本进一步加以控制，使产品附加值增加，同时增加产品科技投入，可考虑对其继续扶持。

（2）蒙牛乳业（沈阳）有限责任公司的酸奶。

根据计算，其产品自主创新水平、产品扩散能力及市场前景、产品经济效益这三项指标均处于优势，而产品附加值、产品科技投入水平这两项指标属于较差水平，总体高新技术产品水平较高，若能对成本进一步加以控制，使产品附加值增加，同时增加产品科技投入，可考虑对其继续扶持。

（3）沈阳市金德铝塑复合管有限公司的铝塑复合管。

根据计算，其产品自主创新水平、产品扩散能力及市场前景、产品经济效益这三项指标均处于优势，而产品附加值、产品科技投入水平这两项指标属于较差水平,总体高新技术产品水平较高,若能对成本进一步加以控制,使产品附加值增加,同时增加产品科技投入,可考虑对其继续扶持。

(4)辽宁禾丰牧业股份有限公司的饲料。

根据计算,其产品自主创新水平、产品扩散能力及市场前景、产品经济效益这三项指标均处于优势,而产品附加值、产品科技投入水平这两项指标属于较差水平,总体高新技术产品水平较高,若能对成本进一步加以控制,使产品附加值增加,同时增加产品科技投入,可考虑对其继续扶持。

(5)沈阳化工集团有限公司的汽柴油重液蜡、丙烯酸酯、环氧丙烷、聚氯乙烯糊树脂、聚醚。

根据计算,其产品自主创新水平、产品扩散能力及市场前景、产品经济效益这三项指标均处于优势,而产品附加值、产品科技投入水平这两项指标属于较差水平,总体高新技术产品水平较高,若能对成本进一步加以控制,使产品附加值增加,同时增加产品科技投入,可考虑对其继续扶持。

(6)沈阳萍顺塑料模具工贸有限公司的塑料制品。

根据所得数据计算,其产品经济效益指标很高,而产品附加值水平很差,其企业性质属于中小民营企业,政府政策倾斜力度较差,若能对成本进一步加以控制,使产品附加值增加,可考虑对其加大扶持。

3. 劣势产品

(1)沈阳远大铝业集团有限公司的电梯。

根据计算,其产品自主创新水平、产品扩散能力及市场前景、产品经济效益、产品附加值这四项指标均处于较差水平,只有产品科技投入水平这一项指标属于较优水平,总体高新技术产品水平较差,不建议对其继续扶持。

(2)沈阳化工集团有限公司的气相法白炭黑、子午线轮胎活络模具。

根据计算,其产品扩散能力及市场前景、产品科技投入水平、产品经济效益、产品附加值这四项指标均处于较差水平,只有产品自主创新水平这一项指标属于较优水平,总体高新技术产品水平较差,不建议对其继续扶持。

第三编

活力提升影响因素及其作用机理

第九章 企业创新活力提升的影响因素构成及其作用机理

企业的创新是一个十分复杂的系统工程,涉及技术创新过程的方方面面。因此企业创新活力的影响因素也是十分复杂的,下面就从内生和外生两个方面对影响因素进行分析。内生和外生的划分标准是:这一因素是通过产业内企业的自身调节来影响技术创新能力,还是需要产业以外的其他力量的作用与指导才能促进产业技术创新能力的提高。

第一节 企业创新活力提升的内部影响因素及其作用机理

知识经济时代,技术进步频率影响着产品寿命周期的不断缩短,特别是信息技术的飞速发展又使得技术更新在全球范围内迅速扩散,各国家和地区原本相对封闭的市场环境逐步被打破,加速了全球企业间的竞争(Bettis & Hitt, 1995; Friedman, 1999)。而对于那些以技术创新为核心的创新型企业,竞争优势资源早已从传统的有形资产和市场支配能力转变为企业的专有知识和诀窍(Know-How)(Buderi, 2000; Quinn, 1992)。正如加尔布雷思早在《美国资本主义抗衡力量的概念》(1952)和《丰裕社会中》等书中所指出的:"由于工业和技术的发展,专业知识已经成为最重要的生产要素,企业经营的成败,不再像过去那样取决于资本家的冒险精神,而是取决于各种专业知识。谁是那个时代的'最重要'的生产要素的供给者,谁就拥有权力"。在这种趋势下,国内外诸多学者对企业的知识创造与企业竞争优势及核心竞争能力的关系进行了一系列的相关研究(Grant, 1996; Kogut & Zander, 1992; Nahapiet & Ghoshal, 1998)。

一 企业可持续竞争优势的来源

在对技术创新的研究中人们发现,知识已成为企业竞争优势的关键性资源(Evans & Wurster, 1998, 1999; Rayport & Sviokla, 1995; Seely-Brown and Duguid, 2000)。日本学者野中郁次郎(Ikujiro Nonaka, 1991, 1995)认为,日本企业技术创新的成功,其实并不仅仅在于企业在市场上是否具有竞争力的技术制品,而更在于是否拥有某一技术领域关键性的知识资源。他强调:在一个"不确定"是唯一可确定因素的经济环境中,知识无疑是企业获得持续竞争优势的最可靠的源泉,而信息和知识的创造与传播将是新型企业的核心活动。

(一) 知识是企业竞争优势的基础

竞争优势是企业能比对手做得更好和对市场的反应速度更快的特殊能力,它能够更迅速持久地增加企业的价值。只有稀缺的、难以模仿和替代的关键资源才能够形成企业的竞争优势(B. Wernerfelt, 1984)。面对动态复杂的市场环境和日益明显的个性化消费趋势,企业很难依靠物质形态的关键资源满足众多用户(消费者)的不同偏好。科技的迅速发展使物质形态的资源越来越容易被替代,从而使通过物质形态的关键资源获得竞争优势变得越来越不具有可持续性。知识资源日益成为企业竞争优势的主要来源,而对知识密集、技术密集的创新型企业来说更是如此。

为了识别和解释无形资源的关键性作用,沃纳菲尔特(B. Wernerfelt)和巴尼(Barney)等人提出了企业的资源基础论(RBV),沃纳菲尔特(1984)认为企业内部资源对企业获利和维持竞争优势具有重要意义,对企业创造市场优势具有决定性的作用。企业内部的组织能力、资源和知识的积累是解释企业获得超额利润、保持竞争优势的关键。巴尼(Barney, 1991)还提出,具有形成竞争优势潜力的企业资源必须具备四个特征,即这种资源必须是对企业有价值的、稀缺的、不能被完全模仿,以及在战略价值上是不可替代的,而企业内部的知识完全具有以上四个方面的特征,因此是企业竞争优势的基础。

有些学者在研究企业竞争优势时,提出了企业的知识基础观理论(Kogut 和 Zander, 1992; Grant, 1996)。Kogut 和 Zander(1992)将企业描述为知识和能力的蓄水池。Spender(1996)认为企业的知识和其创造特定知识的能力是企业理论的核心。Grant(1996)指出知识是企业拥有的最关键的竞争性资产。普拉哈拉德和哈默（Hamel & Prahalad, 1990）的核心能力理论（The Core Competence of the Corporation）更是认为，企业的核心能力是企业中的积累性学识，特别是关于如何协调不同生产技能和有机结合多种技术流的知识。

（二）知识创新力是企业可持续竞争优势的来源

知识是一个具有较强时间性的变量，知识要比实物资产具有更快的更新和淘汰速度，一旦企业所掌握的知识不再具有领先性和独享性，企业的知识及由此产生的竞争优势将很快就会消失。特别是在动态复杂环境的竞争中，企业竞争优势的来源正在不断地被创造出来和侵蚀掉，D'Aveni 称这种现象为超竞争（hypercompetition, 1994）。

企业如何在动态复杂环境中获得可持续的竞争优势，是当今企业战略管理研究的重点之一。D'Aveni 认为，在超竞争环境中，企业的成功不是试图维持长期竞争优势，而是通过不断地创新和追求一系列在发展过程中的即时的优势，使得企业比产业中其他企业总是领先一步。企业的无数个即时优势所形成的优势链条，就可以描绘出企业的成功轨迹和形成可持续的竞争优势。

一个企业所掌握的知识可以成为企业竞争优势的基础，但却不一定就是企业可持续竞争优势的来源。企业的可持续竞争优势应表现为一种动态的能力，而这种动态能力（dynamic capabilities）是指企业保持或改变其作为竞争优势基础能力的能力（Teece, Pisano & Shuen, 1992；Teece、Rumelt & Winter, 1994）。Teece 等学者认为，具有有限动态能力的企业，不能培养竞争优势并使竞争优势的来源适应时间的发展，企业最终会失去其生存的基础。而具备很强动态能力的企业，能够使它们的资源和能力随时间变化而改变，并且能利用新的市场机会来创造竞争优势的新源泉。

由此可以看出，企业所拥有的知识基础仅仅是静态资源的蓄水池，要保持可持续的竞争优势，更重要的是由企业知识基础所决定的知识创新。创新是竞争优势的关键，这是长期以来被公认的观点（D'Aveni, 1994；Hitt, Hoskisson 和 Kim, 1997）。企业的知识创造能够不断地为企业创造新的知识资源，并形成持续不断的新的竞争优势，并且企业内这种知识的创新和所具有的路径依赖性，使得其他企业难以模仿这种资源（Grant, 1996）。随着环境的变化速度越来越快，企业的知识创造已被视为所有企业所必备的能力（Garvin, 1993）。因此说企业的知识创新力是企业可持续竞争优势的源泉。

二 企业创新活力提升的影响要素分析

企业知识创新力能使创新型企业根据自身发展的特征不断地构建竞争优势，实现企业的可持续性发展。所以如何提高企业的知识创新力对提升企业竞争力就显得尤为重要。通过对知识创造和企业学习文献的理论回顾和思考，可以发现企业知识创新力的形成主要受到企业人力资本存量、创新激励程度、企业信息交换与整合状态和有效制度结构安排这四个方面因素的影响。在研究创新型企业发展的过程中，必须要对知识创造产出的四个影响要素特征和内容进行系统的分析，从而对这些要素进行有效的整合。

（一）企业的人力资本是知识创造的源泉

关于人力资本（Human capital）的内涵，不同的学者从不同的角度给予了不同的解释。有人将人力资本定义为，凝集在劳动者本身的知识、技能及其所表现出来的劳动能力（Schultz，1961）。而当把一个企业内个体的人力资本加以整合研究时，便形成了企业的人力资本，经济学家贝克尔将其定义为企业全体员工所拥有的知识、技术及能力的存量（KSAs）（Becker，1964）；柯林斯等一些学者则将其定义为在企业层面上员工知识及经验的平均水平（Collins & Smith，2001）。早在1967年，Sapolsky、Evan和Black就注意到企业成员的教育培训程度与创新的采纳存在正相关关系，近年来的研究还表明，企业人力资本的差异对企业的经济产出水平有较大影响（Mincer，1993）。

关于企业人力资本对企业绩效产出的影响，许多学者提出了不同的观点，如潘罗斯认为企业的人力资本状况限制了其捕获商业机会的能力（Penrose，1959）等，但更多学者则是从知识及创新的视角给出了答案。贝克尔（1964）认为企业的人力资本是企业创新的源泉。斯塔普克提出拥有高技能、高知识水平员工的企业拥有更多的诀窍（Know How），因此更有可能开发出新的理念及技能（Starbuck，1992）；Cohen和Levinthal（1990）认为企业高水平的人力资本能够使其更加容易地获取和消化理解新的知识和技术。

人力资本存量即一定的知识和技能储备不仅能使企业更快地获得新知识，而且已有的知识也可以用来系统地解决新问题，可以通过应用原理、关系和典型例子将现有的知识通过一定的途径（相似的推理机制）转移到新的问题中（Mumford，2000）。

虽然企业家是对创新有重要作用的因素，但是现代企业的创新主体已经由企业家转向了企业本身，决定创新行为和经济上成功最重要的因素是在员工中高素质的专业技术人员（他们代表了企业的人力资本存量）的影响力和企业家的强有力领导。这两者是企业创新活动的基础，而前者更是知识、思想和创新灵感的源泉，后者为企业创新与外部关系的联结点（Hoffman，Parejo 等，1998）。而在知识创新效率上，企业人力资本则要比个体人力资本更有效。

由此可以看出，企业的人力资本存量越高，越能使其拥有更多的知识、技术资源，更加容易地获取和消化理解新知识，最终更加有利于支持企业的知识创造活动，因而它是企业知识创造的源泉。

（二）激励程度决定知识创新绩效

管理学家西蒙（1985）认为新的知识只能在个体的某一具体行为实践中创造出来，个体的行为动机，即受到激励的程度对企业创新绩效具有较大影响。如果对个人业绩的报酬有相当强的激励，就会建立引导个人行为的企业过程（Teece，Pisano 和 Shuen，1997），具有很高技能和经验的劳动力只有当员工愿意将其人力资本贡献给企业的时候才是有益于企业的（Ulrich，1997）。

员工的激励在知识交换和结合中起到十分重要的作用。员工必须愿意在激励的过程中为企业贡献他们的专业化知识和经验，同时还要与企业的其他成员共享和交换这些知识和经验（Nonaka，1994）。因此，企业必须对员工有充分的激励才能促使他们为企业的利益努力学习。Hage 和 Aiken（1970）认为员工对企业有使命感更可能探索改进的途径和接受新的思想和信息。员工热心并且愿意与他人合作时企业就能够成功地增进员工之间的信息流动（Nonaka，1994）。

企业管理的一个基本问题就是如何激励员工去努力实现企业目标（Coff，1997），而在以知识为基础的创新型企业中，为了实现企业的知识或技术创新，员工不仅要接近独特的信息，而且还要愿意与企业中的其他成员共享他们特有的知识（Simon，1991）。Pierce 和 Delbecq（1977）认为只有员工对其工作或企业有极强的认同感，他们才有可能去努力实现企业的创新。因此，员工受激励的程度通过影响其工作动机，即努力实现企业目标的意愿，最终决定知识创造绩效。

Davenport 和 Prusak（1998）指出员工个人可能不愿意与他人共享知识，因为这可能会削弱他们个人的能力基础（power base）。因此，企业必须创造一个员工对企业具有使命感的环境，这样员工才会愿意在企业中与其他员工共享他们独特的专业知识。进一步，如果企业创造了一个员工合作、相互支持的环境和氛围，员工们也会更加积极地参与企业的创新活动。因此，企业能够通过增加对员工的激励来增加知识的交换和结合。

（三）信息交换与整合状态影响知识创造效率

企业内部信息特别是专业化知识交换与整合的状态，是企业知识及技术创新的内部环境基础，亦称之为知识创造的培养基。知识创造的实现常常是不同来源的信息结合的结果（Gemunden, Heydebreck & Herden, 1992），企业内的信息交流和信息向知识的转化都是通过企业成员之间的相互沟通实现的。

Kanter（1988）在研究中发现经理们的新知识中的很多信息都来自下级，沟通和信息交流在知识创造中扮演着极为重要的角色。Keller（1983）指出个体之间的交流与沟通对信息进入研究与开发组织并在企业内扩散最终形成新知识是非常关键的，信息交流发生在专业人员的互动中而不是在计划好的正式活动中。

企业可以通过提供不同的个体间相互沟通，交流和整合思想及信息的良好环境来促进企业内部知识创新的实现（Nonaka, 1991）。而这种内部信息交流创造新知识的途径主要是通过整合先前不相关的知识，或用更加有效的方法来重新整合旧知识来实现的。一些学者（Kogut & Zander, 1992; Nahapiet & Ghoshal, 1998）认为，在这个过程中企业要比市场更有效，因为企业能够提供对于个体知识创造更有价值的信息，且更有效的沟通渠道和场所。

Nahapiet 和 Ghoshal（1998）认为，企业通过员工个体间的信息交流和整合完成知识创造的过程，由于这种信息交流和整合受到个体知识存量及激励水平的制约，因此企业必须确保员工个体间能够有效地进行沟通、在信息交流与整合过程中识别有价值的信息，并对新信息进行消化和反馈理解。

日本学者野中郁次郎（Ikujiro Nonaka）在《智力经营》（1991），以及与竹内广孝（Takeuchi）在《知识创造企业》（1995）等书中提出了企业内部知识转变模型理论。该理论认为内隐与外显两种知识形式上的互动是企业知识创造的原动力，而企业知识创造正是此互动作用下不断重复的螺旋过程。野中郁次郎与根野（Konno）又系统地阐述了作为企业知识管理空间的"场"理论，他们所提出"场"的内涵是指，一种能够提供知识转换与创新平台的共享空间。而企业内部良好的信息交换与整合状态实际上就是野中郁次郎所谓的"场"。

由此可以看出，企业通过提供一种有利于信息整合和沟通的内部环境，使个体间能够相互沟通，消化和整合有创新价值的新知识，其中包括隐性知识，最终会更有效地促进企业创新的实现。当前的知识管理（KM）理念及方法为企业创造一种有效的信息交流与整合状态提供了理论支持及技术实现手段。

（四）有效的制度结构安排是知识创造的制度基础

企业的制度结构背景应该有利于员工之间更广泛的合作（Dougherty 和 Hardy，1996），有效的制度结构安排使得员工的工作更有创造性，也会使得不同部门员工的思想共同形成一个独特的视野。企业结构设计对员工和企业创新有重要的作用，企业组织结构安排为员工交流和整合信息与知识提供了一个基本平台。Gailbraith（1973）进一步阐明了在企业结构、规则、程序和过程方面的组织设计对管理组织的创新业绩是非常重要的。

Mumford（2000）认为，分工、一体化、专业素质和沟通交流渠道安排是影响知识创造的主要制度结构因素，他还提出可以用企业有机化程度这个更直接的变量来衡量企业结构因素对创新的影响。Bums 和 Stalker（1961）也指出企业组织的有机结构更有利于创新，因为它更适于快速变化的环境，具有更强的适应性。

所谓有机式企业组织，也称适应性企业组织或柔性化企业，相对于机械式企业组织而言，它是一种低复杂性、低正规化和分权化的组织设计形式。有机式企业组织具有松散、灵活及高度适应性的特征。因为它不具有标准化的工作和规则条例，所以是一种松散的结构，能根据需要迅速地做出调整。有机式企业组织适用于处于动态复杂环境中，对环境依赖性强，任务多样化且不断变化，使用探索式决策过程；有许多非常规活动，需要较强的知识创造和革新能力的企业。而创新型企业正好具有这些明显的特征，因此有机式结构安排是创新型企业组织设计的最佳选择。

虽然创新型企业最初的技术（产品）创新思想大多来自企业的创始

人,但是在进一步的技术与产品的开发和改进的过程中,更多更重要的创新则来自企业内部的各类专业技术及管理人员。因此,从知识创新的产生这个角度来看,有机式的企业结构更有利于创新中的知识创造。

三 企业创新活力提升的内部影响要素互动模型

企业知识创造的效率及效果是由对其构成影响的要素组合状态和作用程度所决定的。因此,在研究企业知识创造的效率的过程中,必须将这些要素整合到一个框架内通过构建一个模型的形式进行综合的分析,从它们的相互作用过程中寻求有效的管理模式。企业知识创造要素相互作用模型如图9-1所示。

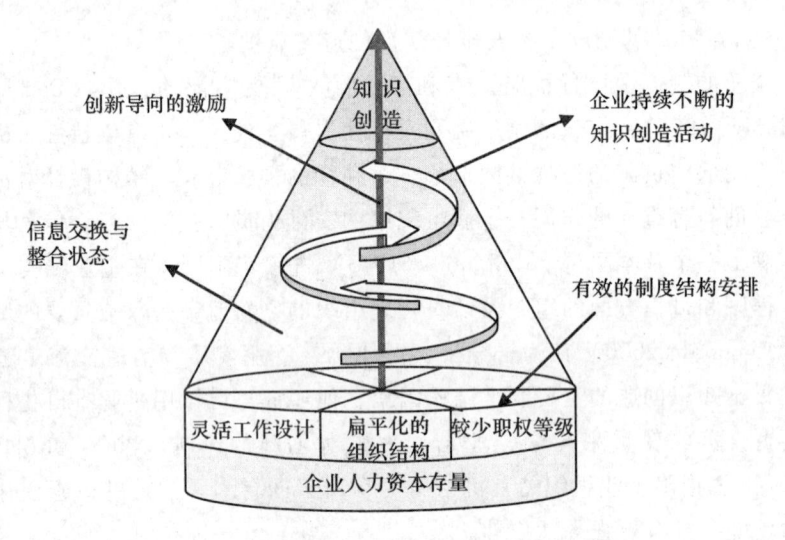

图 9-1 企业知识创造要素的相互作用模型

在企业知识创造机理研究方面,野中郁次郎与竹内广孝(Ikujiro Nonaka 和 Takeuchi,1995)从企业内部知识转化与扩散的角度提出了企业知识创造的螺旋模型,该模型很好地解释了企业内部由个人知识创造一直延伸扩大为团体或企业知识创造的整个过程,但该理论模型并未将对企业知识创造产生影响的因素体系加入其中。我们的研究并不是解释企业知识创造的作用机制或过程,而是在野中郁次郎与竹内广孝的知识创造螺旋模型基础上,将影响企业内部知识创造的因素体系加入其中,并阐明它们之间的相互作用关系。

从图 9-1 可以看出，企业的人力资本存量是知识创造的源泉，存量的多少决定着知识创造资源的种类及数量，是创新的存量基础；而要运用企业的人力资本存量实现企业知识创造，还必须有一套有效的制度结构安排，在企业结构及工作设计等方面的创新性安排能够形成一个个体及企业知识创新的制度结构框架；此外，为了有效地在企业内部实现信息的交流和整合，企业还需要创造一个良好的知识创新的培养基，即野中郁次郎所谓的"场"，使企业内部的各种知识，包括隐性知识与显性知识等能够有效地转化、利用与开发。有效的制度结构安排与良好的信息交换与整合状态是企业实现知识创新的制度及环境基础。最为重要的是，要充分地调动企业员工的知识创新积极性，企业还需要提供一种创新导向的管理激励，对企业成员的知识创新行为加以引导和促进，并指引企业知识创新的方向。

通过以上的分析，可以看到在创新型企业中，人力资源管理本身并不能为企业创造实际意义上的经济绩效，而是这种管理实践通过对企业能力，特别是知识创新力的开发，提升了企业的竞争优势，最终带来企业市场绩效的增加。不同产业环境中企业的知识创造能力对竞争优势的贡献是不同的。然而，在创新型企业中，知识创造的能力对企业的持续竞争优势是至关重要的。因此，在创新型企业中，人力资源管理实践、知识创造与企业绩效间的因果关系是强正相关的。

处于动态复杂环境下的创新型企业不仅需要丰富的知识存量，更需要持续性的知识创新，而这种能力对于企业生存和发展是至关重要的，是企业持续竞争优势的来源。因此，创新型企业竞争优势的建立和维系，从本质上说就是科学的整合其知识创新存量基础、制度与环境基础及创新导向的激励这四个要素，从而不断地提升企业知识创新能力。

第二节 企业创新活力提升的外部影响因素及其作用机理

除了内部影响因素外，一些外部因素，诸如地区政府的相关产业政策、法律环境、市场结构、企业规模等，也都会对区域内企业的创新活力水平产生影响。

一　国家创新系统

按照经济合作与发展组织（OECD）的定义，国家创新系统是指政府、企业、大学、研究院所、中介机构等为了一系列共同的社会和经济目标，通过建设性的相互作用而构成的机构网络，其主要活动是启发、引进、改造与传播新技术。因此，国家创新系统是企业进行创新活动的外部基础环境。

从组成上看，国家创新系统由国家科研院所、大学、企业与社会研发机构等单元组成。这些单元分工明晰，特色鲜明，功能互补，相互协同。其中，国家科研院所面向国家战略需求，面向世界科学前沿，围绕经济建设、国家安全与社会可持续发展，开展基础性、战略性和前瞻性的创新活动；研究型大学是基础研究、高技术前沿探索的知识创新与知识传播基地；企业则是应用新知识、进行创新和市场开拓的主体。

从创新过程看，知识创新活动是经济价值链中核心的一环，国家创新系统由知识生产、知识流动、知识应用等部分组成。国家科研院所主要从事竞争前沿和公共性的科学技术前沿探索与创新，在市场机制失效区域提供必要的创新科技源头供给，为企业和全社会提供知识与技术基础和创新人才。

从创新环境看，国家创新系统是一个开放系统，需要充分体现公平竞争的规范的市场环境；需要发达的教育平台、信息平台、文化平台和法制平台的支撑；需要崇尚创新、严谨求是、百家争鸣的学术氛围和诚实守信、顾全大局、协力合作的团队精神。

从系统调控看，国家创新系统通过特殊的制度安排，形成自我调节与宏观调控相结合的机制。技术交易、风险投资等中介活动的健康发育是建立体系内务创新单元有机联系与自我调节机制必不可少的因素。政府的主要职能是通过科技和产业政策、法律法规、资源配置以及必要的行政手段，保证国家目标的实现和系统的整体有序。国家科研院所与研究型大学则根据国家战略需求和科技发展趋势，承担调整国家科技布局的重任，成为国家有效调控知识要素最重要的思想库和知识库。

企业在实施创新时不可能完全自主地获得所需的知识、人才、技术等资源。国家创新系统则为企业创新提供了必要的基础支持环境，因而对企业的创新有着重要的影响。关于国家创新系统的研究表明，如果一个国家有着优良的国家创新系统，该国往往会涌现出众多优秀的创新企业。

二 政府的创新激励政策

创新政策就是政府为了影响或者改变创新的速度、方向和规模而采取的一系列公共政策的总称。创新政策的主要目标就是通过缩短创新过程中从发明到商业化应用之间的时滞来加快科学技术成果从潜在生产力向现实生产力的转化。从根本上说，创新政策核心功能就是在技术供应与技术应用之间促成良性循环，鼓励并支持企业的创新行为。

目前在世界范围内各国政府都制定一系列配套的政策体系和措施，这些措施包括政府资助、教育培训、资源支持、管理支持、政府采购等。政府资助可以分为直接资助和间接资助两类。直接资助的形式有：政府资金直接投入到中小企业；政府对高科技中小企业的股权投资；提供政府贷款，如德国国有开发银行、加拿大商业发展银行；政府资金直接资助产学研合作及技术转移计划。间接资助的方式包括税收优惠、贷款担保、股权担保等其他金融支持。一些国家政府为企业员工提供培训或培训基金，并通过延揽人才使创新企业可以得到合适的人才。政府还可以以优惠的形式为创新企业提供一些资源，如土地等。对于创业期的企业，一些国家的政府还对管理人员培训，也有的是通过政府主导下的孵化器来完成。

当政府自身对创新产品有需求时，采购创新产品是对创新企业的最好的支持。由于政府能够调控市场，并且拥有许多资源，因而它可以对创新初期的企业提供良好的支持。同时由于创新的高风险和长周期，此时也是这些企业难以从市场上获得支持的时候。因此，政府的创新政策对企业创新非常重要。政府还可以以市场主体的角色来对创新型企业提供支持。

（一）金融扶持政策

创新的实施离不开相当的资金投入。在各行业技术复杂度越来越高的今天，实施创新所需要的资金投入也越来越高。对许多企业，特别是中小企业来说，自身难以提供创新所需的资金投入。尽管许多企业有较好的创新项目，但由于无力负担研发开支而难以实施。

在创新过程中，资金瓶颈问题是制约创新顺利进行的主要障碍。而金融支持体系的基本功能，就是为具有良好经济前景的项目筹融资，即金融体系能够为创新的各个阶段的顺利进行提供资金支持。金融支持体系包括贷款机构、风险投资、债券市场、资本市场、信用担保等部分，是企业获取创新所需资金的重要来源。良好的金融支持体系使企业能够获得创新所需的资金，解决了许多企业，特别是中小企业实施创新的一大障碍。

政府激励创新的金融政策要着重解决创新风险分担和新建科技企业的融资问题。风险投资无疑是支持创新的最重要的金融政策之一，显然，在我国目前的经济状况下，不断深化金融体制改革，努力为创新与创业塑造良好的融资环境是十分重要的。

一般说来，风险投资的关键不仅是要有资金来源，更要有能够获得收益的制度条件，即要能在企业发展的适当时机将其推向股票市场，通过公开销售使投入的资本折现并获取利润。从向正在迅速发展的公司提供创业资本到公司股票公开上市是一个完整的链条，任何环节的缺损或薄弱都会影响整个体系的效率。

目前，我国尚未形成能够自由流动的资本市场，规范化的股份制度及证券市场均还在探索或形成之中，小企业或正在成长中的企业很难被股票市场所接纳，风险投资者无法在有限的时期内通过转让所掌握的股权获得收益，进行下一步的投资。

风险投资基于投资者对技术市场和创业者素质的判断力，这就要求投资者要具有多种专业知识背景和丰富的经验，这是需要积累的，我们目前尚缺乏具有这种素质的人才。随着近几年金融制度改革的不断深入，我们完全有可能制定出一些鼓励风险投资发展的政策，来完善我们的风险投资机制。

（二）政府采购政策

政府采购，也称为公共采购，是政府或其代理人以消费者身份为自身消费或提供公共服务而进行的一种采购活动。它一般按一定的程序或规定进行操作，比如公开招标、公平竞争和财政部门直接向供应商付款，并接受公共部门的监督。鉴于需求因素在成功的创新中的重要性，以及在发达国家，政府采购占全部 GDP 的 10%—15% 这一事实，政府采购显然是刺激创新的重要政策工具。它可以有效降低创新企业进入市场的风险，通过价格、数量、标准和交货期等影响创新的方向和速度。一般而言，政府采购对创新的影响可分为三类：政府采购创造了市场，政府采购从需求方面起到了"牵引"的作用，但是只有当政府从性能功效方面向供货者提出要求时，这种"牵引"才能真正由于供货者实现技术变革的积极性和创造性而起作用；政府市场可以充当创新产品的实验场所，并且由于政府用户这个特殊角色，它的购买也有利于制定和修改规章条例。虽然，我国近年来大力提倡政府采购，但主要是为了完善支出管理制度，保证国家资金的使用效率和效益，减少腐败。而对于如何通过这一政策工具刺激创新注意不够。在这方面，政府应予以更多的关注。

（三）知识产权保护政策

所谓知识产权制度，是指以人类在科学技术、文化等知识形态领域所创造的精神产品为权利客体的一种特殊的依法专有的无形财产权。企业创新的成果通常表现为知识产权。由于技术具有溢出的特性，创新的成果将被其他企业所共享。知识产权保护是有效阻止技术溢出的一种手段，是世界各国通行的政府干预市场的手段。

知识产权保护会对企业的创新行为产生显著影响，Taylor 和 Silberston (1974) 对这一问题进行了研究，他们考察了在没有专利保护的情况下英国企业的研发支出的减少程度，发现在缺乏专利保护的情况下，企业进行技术创新的动力将减弱，研发支出将减少36%。

知识产权保护通过保护创新者的技术免受模仿并提高模仿的预期成本，增加了创新的收益，同时降低了模仿动力。研究表明当知识产权保护越严格时，企业的创新性研发努力的平均水平越高，而模仿性研发努力的平均水平越低。因此，知识产权保护的力度越高，企业越倾向于创新。

当前我国已经基本建立了知识产权保护的法律框架，但是还没有形成涵盖研究开发、合作创新、产学研合作、技术转移和扩散等各环节的创新产权界定与保护的法律制度和规范体系，因而使得技术追随者能够利用创新收益分配的不确定性和创新技术的可变性，通过技术追随战略获得企业"后发性优势"，从而分享创新企业的收益。在这种情况下，将出现多数大企业不愿意采取技术领先战略，而多数中小企业则宁愿实行追随的不利局面。

我国是一个发展中国家，在技术方面与西方发达国家的差距是显而易见的。在这种情况下，过分严格的知识产权保护政策无疑将影响到我国企业的技术引进活动，延迟技术创新能力的培育。但是，如果不实施严格的知识产权保护政策则不可避免地会影响到创新的积极性。

因此，如何在促进技术的广泛应用和保持对于发明者的强有力磁极之间寻求平衡，确实是围绕着专利制度展开的许多争论的焦点，也是我国政府需要慎重对待的一件大事。

（四）促进中小企业发展的政策

中小企业是最活跃的创新群体，它比大企业有更强的平均创新能力，在区域创新体系中具有重要作用。它对经济增长的最重要的贡献是在新产业形成方面的开路作用。在高技术产业的导入期，新的基本的技术来自现有的公司和市场之外，市场行为是从独占垄断转向非集中的充分竞争，这为有冒险精神的小企业提供了充分的机会。正是大量小企业的实践或者说是反复试错，才逐步形成了新产业的主导技术和组织规范。

当然，中小企业自身的局限也是明显的，其自身的缺点决定了其难以在整个国民经济中起到主导作用，但无论如何，中小企业在社会经济发展创新体系中的地位都不容忽视。为使其健康发展，需要给予特殊的政策支持。

（五）促进中介服务体系发展的政策

在我国社会主义市场经济逐步完善的过程中，创新将会越来越依赖于市场的推动，越来越取决于主体自身的努力，同时也越来越需要有良好的支撑服务体系为其提供支持和帮助。而这种支撑服务体系一般是不可能靠市场推动自发形成的，需要政府强有力的支持。政府对创新支撑服务体系建设的支持将成为国家创新体系建设的一个重要方面。

三 法制环境

健全、完善的科技、经济立法对保障创新在法制轨道上健康有序进行具有极其重要的意义，其既可以对技术创新的权益人的合法权益进行法律保证，同时又保障了技术扩散、技术转移和成果转移的有效途径和义务，还对侵犯合法权益的行为和主体进行有效监督和大力制裁。

近年来，我国在这方面的立法取得了很大的成绩，先后颁布实施了《专利法》《商标法》《著作权法》《技术成果转化法》《企业法》及《科学技术成果奖励条例》等一系列的法律法规，有力地推动了技术创新的开展。

当然立法之后还有一个严格依法执法的问题，一些有法不依、执法不严的案例还时有发生，需要我们不断完善技术创新的法律环境和法律体系。

四 市场结构

市场结构是产业组织理论中构成卖者相互之间，买者相互之间，以及卖者与买者之间等诸关系的描述。在过去几十年里，创新与市场结构的关系一直是产业组织研究的重点，垄断和竞争的相对优点被看作是影响创新的关键因素。

对市场结构与技术创新的关系问题及何种市场结构更能刺激技术创新的问题，西方学者做了大量研究，并提出了各种不同的见解。

熊彼特（Schumpeter）最早提出垄断的市场结构有助于创新的论断。他认为垄断与研究开发有着密切的联系，高市场集中的行业更有助于激励企业的研究开发。熊彼特研究发现拥有垄断力量的大企业资金雄厚、实力强大、技术人员充裕，且具有规模经济等优势，比小企业更具创新性，而小企业资金缺乏、实力较弱、技术人员稀少，难以承担技术创新的重任。

阿罗（Arrow）最早对这个观点提出挑战，他认为竞争性环境会给企业研发以更大的激励。尽管技术创新将促进集中，甚至是形成寡头垄断的重要原因，但垄断一旦形成，由于寡头之间可以通过串谋或者采取其他措施保证自己的利润，企业就会丧失创新的动力，在许多行业中，小企业也能对技术创新做出重要的贡献。一些实证研究表明，小企业由于机制灵活，面临的竞争压力较大，其在技术创新效率和时间上都明显优于大企业。

谢勒尔（Scherer）进行的实证分析综合了以上两者的观点。他的研究结果表明，当行业向某一集中度发展时，集中和创新活动是正相关的，即市场集中度的提高将激励企业的创新活动。但当行业过度集中时，两者之间是负相关的，即高度的市场集中将抑制企业的创新活动。卡米恩和施瓦茨认为，只要竞争仍能有正的期望利润，则更加激烈的竞争就会加速技术创新的速度。

五 技术市场和人才市场

企业的创新离不开技术和人才基础，因此技术市场和人才市场的完善程度也客观决定着企业的创新能否实现。

（一）技术市场

技术市场是技术交换关系的总和，是各种形式的技术交易的概括。它具有所有权转换功能、使用权让渡功能、实物技术的移位功能、服务功能和信息传输功能。由于技术的无形性、难鉴别性、风险性、长期性和交易成本较高等特点，决定了技术的流通过程不是一蹴而就的，技术的流通状况能在很大程度上影响企业的创新行为。

企业的创新过程与技术市场密切相关的原因有三方面。由于现代产品的技术复杂程度越来越高，企业自身往往缺乏独立研发所有技术所需的能力，因此通过技术市场获得技术商品，特别是辅助性技术，能显著缩短创新的周期，降低创新的成本。同时，由于技术不确定性的增加，现代企业研发过程中所面临的风险也越来越高，通过技术市场获得技术商品有助于企业降低辅助性技术开发过程中的风险。技术市场对企业创新过程影响的第三方面表现在，通过技术市场转让创新成果也是企业获得创新回报的重要途径，使企业迅速积累资金，为下一步的创新打好基础。

技术市场对创新的影响是明显的。当技术市场不成熟时，企业难以买到合适的技术，或者购买成本高于企业自己研发该项费用成本，该企业将选择自主研发、自主创新。相反，如果企业能够以较低的价格得到该项技术，企业多通过技术引进以规避自主创新的风险。

（二）人才市场

创新是通过自身努力来建立一种全新的生产函数，因此它是一项创造性的活动。在这种创造性的活动中，创新人才起着至关重要的作用。人才是知识的载体，是创新的源泉，是创新活动的具体执行者。能否建立起高素质的人才队伍对创新活动的成功有着重要的意义。因此，人才市场对企业的创新活动有着重要的影响。良好的人才市场能够为企业提供创新所需的人才，从而使企业的创新活动更为顺畅。

六　企业规模

企业规模是产业组织和市场结构的主要内容之一。从宏观角度来讲，宏观层次上企业规模的合理调整和结构重组，有利于加快企业的技术创新速度，进而提高企业的创新能力和技术水平。

从企业角度讲，企业规模的大小，也会直接影响企业的创新能力。通常，在规模经济显著的情况下，企业规模的扩大有利于技术创新能力的提高，因为规模的扩大可以使企业的平均成本大大下降而收益水平提高，这样就为企业的技术创新积累了一定的动力和实力。

如果在规模经济不显著的情况下，企业规模与企业技术创新能力之间的关系就较为复杂。单个企业规模的扩大，往往只是意味着其市场垄断地位的提高和市场竞争程度的降低。在这种情况下，企业虽拥有技术创新的经济实力，但因为竞争的推动力不足而缺乏相应的技术创新动力。

长期以来，国外学者对企业规模与企业技术创新能力及创新倾向的关系问题进行了大量的研究。英国苏塞克斯大学科技政策研究所对1945—1983年英国企业的4378项重大技术创新的调查，分析了小企业对技术创新能力的贡献率和企业规模的分布情况，指出企业规模与技术创新活动之间的关系呈现一种"U"形关系。大企业和小企业的创新能力较强，中等规模企业的技术创新能力较弱。

Markham（1965）研究发现公司规模和创新之间存在"倒U型"的关系，而Link（1980）、Loeb（1983）、Meisel和Lin（1983）的研究发现二者之间存在正向关系。

七 产权制度

企业的产权性质不同决定了企业所面临的激励和约束不同。国有经济的产权结构特点决定了它天然具有激励不足和约束软化的弊病。技术创新是一项风险高、投资大、持续时间长且具有明显正外部效应的经济活动，只有提供较高的利益预期激励，企业才可能选择进行技术创新。因此，谋求利润最大化的私人企业最具有技术创新的动力，而国有企业有可能因其国有性质，即使不依赖技术创新，也能在市场中占有一席之地。

已有学者指出，我国不同所有制企业在行业进入、退出、历史负担以及投、融资方面面临着迥然不同的待遇，这些使得非国有企业比国有企业更注重提高企业效率。姚洋、章奇（2001）认为，至少就目前而言，国有企业和非国有企业面临不同的市场环境和竞争条件仍然是不争的现实，因此仍然可以判断企业的所有制对企业效率存在影响。他们对30多万家企业的抽样分析表明，集体、私营和国外三资企业的效率比国有企业要高出15.1%、45.5%和11.4%，但港澳台三资企业的效率比国有企业低8.2%，其他所有制企业与国有企业没有显著差别。这一结果说明，集体、私营和国外三资企业的激励和约束、监督机制结构有利于企业提高技术效率。

八 产业开放程度

封闭经济条件下，产业发展主要受国内市场条件变化的影响，竞争压力相对较小，技术创新基本上是一个自我循环、自我发展的过程。而在开放条件下，一个产业的发展要受到国际市场多种复杂因素的作用影响，面临的创新压力和冲击大大增加。表现在，一方面产业技术创新的方式和内容要受该产业所处世界发展水平的制约，另一方面随着国际上产业内分工的日益细化，一个国家可能只在某一产业的特定生产环节上具有优势，因而进行技术创新的范围也被限定在这一特定领域。

20世纪80年代后，跨国公司为主导的国际生产体系建立，使中间产品贸易大幅增加，技术转移与贸易、投资的关系变得不那么明朗。跨国公司对技术的转移往往从其全球战略来考虑，投资是为了充分利用当地的资源优势，不一定进行技术转移。我国学者的研究也显示，20世纪80年代初至90年代中后期，外商投资在我国转移先进技术的很少，大多转移的是成熟适用型技术和劳动密集型技术。

开放过程中，贸易对后进国家技术创新发挥了示范和激励作用，表现在新产品进口可使国内获知新技术出现的信息，进口先进设备和技术有利于加速国内技术更新和研发；通过出口，高层次的国际竞争和潜在市场的扩大也有利于激发企业的创新动力。

九 技术发展阶段

技术的发展通常不是由一家企业主导的。尽管企业的创新活动会影响技术的发展，但用户的需求、竞争对手的创新活动，相关行业技术的发展都会对本行业技术的发展产生重要的影响。作为一种经济行为，企业实施创新必然要认真地考虑自己的回报。研究表明，技术发展阶段与企业技术创新投资及技术创新所带来的效益密切相关。因此，企业在进行创新时必须谨慎地考虑技术发展阶段的影响。

技术的发展过程通常呈S形曲线。当技术处于初期发展阶段时，需要很多的技术投资，但技术效率的提高并不大。对于研发能力很强的企业则在此阶段应当选择原始创新，因为虽然该时期承受了技术损失，从长远来看，原始创新所形成的技术垄断会带来超额利润。进入中期发展阶段后，技术成熟度有了相当提高，企业此时进行原始创新可以达到投资不多但迅速掌握核心技术的效果。当相关技术比较成熟时，企业可以采用集成创新。当技术处于饱和发展阶段时，技术已经相当成熟，企业可以考虑采用技术引进。

第十章　企业创新活力提升的自我实现机理
——创新导向管理实践

国外很多学者研究证明，战略性的研发管理措施为企业提供了一种加速知识创造及创新的非常有效的方法（Lado & Wilson, 1994; Wright & Snell, 2000）。我们研究认为，这种战略性的研发管理措施更应转变为一种创新导向的企业管理实践（Creation-orientated Management Practices）（CMP）。

我国的创新型企业，当前正面临着国际资本、技术的冲击，知识更新的巨大压力，在这种动荡复杂的不确定性环境中，要想建立和保持一种持久的竞争优势就必须进行持续不断的知识创新，就必须用 CMP 来管理企

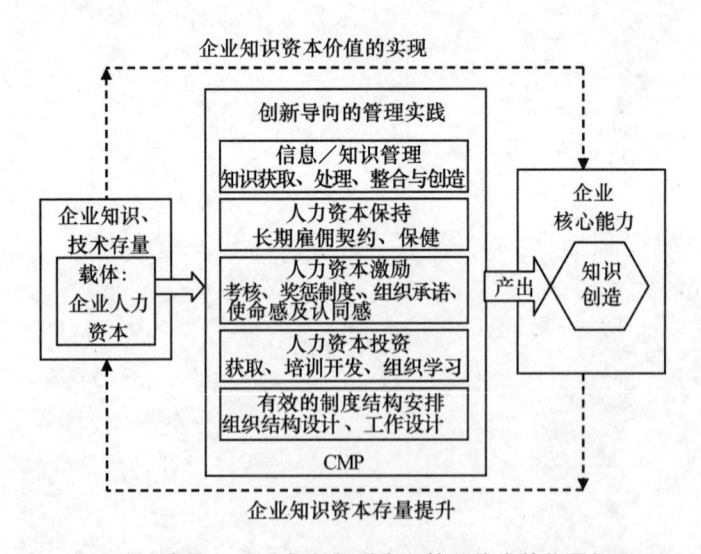

人力资本存量、CMP 与创新型企业核心能力的作用机理

业内部的人力、知识和技术资产。创新型企业人力资本存量、创新导向的管理实践与企业核心能力的作用关系如上图所示。

CMP是调动创新型企业人力资本存量，发挥其创新作用，以实现企业持续竞争优势的关键。如何来实现这种创新导向的管理实践，主要应从以下几方面来入手。

第一节　提高人力资本存量和开发水平

企业中个人拥有的专业知识和技能越多，就越是可能产生新的知识和创新（Cohen和Levinthal，1990）。只有增加人力资本存量水平才能使得员工能够理解并吸收接触到的新知识。因为新知识是建立在现有知识的基础上，拥有高度专业化知识、技能、能力和经验的企业更可能创造新知识，因此企业必须建立和扩充具有高水平专业化人力资本的员工队伍。

作为创新型企业，建立必要的企业人力资本存量的重要途径是从外部获得高素质的人才，企业只有通过广泛的招聘和甄选途径来获得掌握不同知识种类的高水平创新型人才，才能提高其人力资本存量（Snell & Dean，1992；Koch & McGrath，1996）。例如可以通过互联网、猎头公司等建立更为广阔的招募渠道，或借用外脑等间接方法来构建更大的人才储备库（Koch & McGrath，1996）。

企业不仅要对其人才储备库扩容，还要对人才库的存量资源的质量和流量进行监控。一方面通过有效的甄选手段识别出真正的创新型人才。企业中创新性人才通常应具备如下知识结构与能力素质：①科学的思维方式；②合理的知识结构；③较强的合作能力；④积极的学习兴趣和超前意识；⑤创造性的思维和想象力、敏锐的观察力、深刻的分析力以及不拘一格的综合能力。另一方面，还要注重现有的人力资本的稳定性，降低优秀人才的流失比率。

适时的人力资本开发也是进行企业知识创造的有力措施。静态的人力资本存量是企业知识创造的基础，但是它必须随着内、外部环境的变化做出适时的调整。动态的人力资本存量是企业根据外部环境的变化，不断地采用动态的知识和技能实现企业的竞争优势。进行人力资本的动态调整，需要的是动态的知识和技能，这些动态的知识和技能只有通过对人力资本的开发投资才能实现。

P. A. L. Evans (1991) 指出在成功的创新型企业中倾向于使用团队和任务组,同时扩展个人之间的交流联系,如员工在不同岗位上的轮换和建立工作人员之间的联系等结构性的机制来支持一体化的形成,这种一体化增强了企业知识创新力。此外,非正式的知识与技能交流也可以视为是对人力资本开发。

当企业通过工作中的专门技术和知识投资于人力资本时,所得到的就是在特定企业背景下的异质性知识和技能 (Dierickx 和 Cool, 1989)。那些经验增加了员工的隐性知识,而这些知识是不能够转移到竞争对手去的,它最终会成为企业特有的人力资本 (Reed 和 Defillippi, 1990)。因此,对人力资本的开发,不仅通过持续地强化员工的技能延缓了人力资本的衰减,而且能够增加人力资本的独特性,使其更具竞争优势。

第二节 加强创新导向的激励管理

Pierce 和 Delbecq (1977) 发现员工的态度和价值观(工作满意度、工作积极性和内在激励)在企业创新中扮演了重要的角色。这个发现是必然的,因为在企业知识创新的过程中仅有人力资本存量是不够的,激励也是人力资本发挥作用的必要条件,对企业知识的创造起到了导向作用,而要实现知识创新导向的激励企业应从以下几个方面入手:①建立创新导向的考核与奖酬制度。如果对个人业绩的报酬有相当强的激励,就会建立引导个人行为的企业过程 (Teece, Pisano 和 Shuen, 1997),因此企业应对个体、团队及企业的创新绩效定期进行考核和评价,并对知识创新产出优异者给予丰厚的物质及精神奖酬,只有这样才能产生知识创新的原动机。②设计有吸引力的长期契约承诺。企业可以运用股票期权、创新实现承诺等远期激励方式来对企业个体及团队的创新行为进行长期激励。③构建强有力的企业文化塑造共同的使命感、认同感及价值观。Delbecq (1977) 提出只有员工对其工作或企业有极强的认同感,他们才有可能去努力实现企业的创新。Hage 和 Aiken (1970) 也认为员工对其企业有使命感更可能探索改进的途径和接受新的思想和信息。因此,企业必须努力创造一个使员工对企业具有使命感的环境,这样员工才会愿意在企业中与其他员工共享他们独特的专业知识,而这种环境的塑造则需要企业建立强有力的创新导向型文化。④进行企业学习激励。在知识创新过程中,企业的领导者或企业家应当起到带头作用，引导企业员工实现创新，最重要的是企业应该构建一种学习型企业，为员工提供一种轻松学习交流的氛围环境，使个体在企业学习的激励带动下实现自我学习，最终使员工的知识存量得以提升。

第三节 科学构建知识创造的培养基

野中郁次郎指出，知识创造型企业就是"持续创造新知识，将新知识传遍整个企业，并迅速开发出新技术和新产品的企业"。为了构建一个良好信息交流与整合的状态，创新型企业需要运用知识管理（KM）的理念和方法来营造一个信息交流与共振的"场"。

在隐性知识与显性知识划分的基础上，一些学者将企业的知识管理战略划分为两类，一类是强调显性知识的分配、传递和利用的知识管理战略，称为编码化战略（Codification Strategy）；另一类是注重通过隐性知识的直接共享来创造条件促进知识创新的知识管理战略（Personalization Strategy）。这两种战略是互为补充的，创新型企业应当综合运用这两种知识管理战略，大力投资于信息技术，开发电子文件系统以确保知识的编码、存储、扩散和反复应用，同时还要开发联系不同个体的网络，从而使隐性知识能够被广泛地分享。

除了运用知识管理手段来有效地管理知识信息外，对于创新型企业最为重要的是企业应构建一个促进个体间相互交流和沟通的渠道及制度平台。这些交流和沟通渠道能使员工个体间便捷地进行信息联络和共享；而制度平台则是将知识信息的交流与整合行为以一种制度化的形式长期持久地在企业中贯彻下去，并最终成为一种企业惯例。信息整合和知识创造活动既是企业对员工的要求，也是企业员工本身的责任。

第四节 实现创新导向的制度结构安排

有效的制度结构安排是知识创造的制度基础，它为企业的信息交流提供了必要的途径，高效的制度结构设计能够大大改进企业内信息交流的效率，减少企业内部信息交流的阻力，有利于新思想的产生，促进企业的知识创造。因此，创新型企业需要建立一套创新导向的有机式制度安排。

IBM 高级企业研究所主任黑克尔（S. H. Haeckel）和哈佛商学院教授诺兰（R. L. Nolan）曾指出："知识经济中的企业，要求对企业内部发生的事件有着统一的认识。"在这样的企业中，企业领导不是要求其职员必须"这样做"或"那样做"，而是要求职员"按照你所知道的最佳方式去做"。因此我们所提出的这种创新导向的有机式企业应具有如下特征：①扁平化的企业结构；②灵活的工作设计安排，职责范围在相互作用中不断修正；③员工围绕共同的任务开展工作；④较少的职权等级和程序规则；⑤有关工作的知识及对任务的监控分散在企业之中；⑥强调上下级双向的沟通及横向和斜向的沟通；⑦依靠相互调整和具有较大灵活性的企业系统进行协调和控制等。

这种创新性制度安排应能实现工作设计的方式从序列式向同步式的转变。在以知识创造为基础的创新型企业中，信息和知识并非都掌握和控制在少数上层人士手里，而是分布在那些正在从事不同工作，能够进行自我管理和相互协调的专业人员以及知识工人的头脑里。因此，企业的工作方式也要发生转变。实际上，包括传统产业的许多产业，企业的技术创新工作方式已经发生了极大的变化。德鲁克指出："在制药、电信、造纸业中，传统的研究→开发→制造→销售的顺序正在被同步性所取代。各个领域的专家从开始研究到成品上市，都在一个小组内共同工作。这有可能成为未来从事知识创造的一般性模式"。艾森哈特（K. M. Eisen hardt）和布朗（S. L. Brown）对一些发展迅速、竞争激烈的行业中的成功者（如英特尔、网景、索尼、3M 公司等）进行了将近 10 年的研究指出，这些成功者都不同程度地采取了"与时间同速前进"的同步化工作方式。

从现代创新型企业发展的特征看，要在不断发展变化的竞争中获得可持续的竞争优势，提升企业的知识创新力是一条重要的途径，而且这种发展途径具有极强的战略特征，对企业的长期发展具有明显的贡献。

第四编

政府创新活力建设的国际比较

第十一章 政府提升企业创新活力政策的国际比较分析

第一节 政府促进创新活力提升的理论及现实意义

创新本身存在的外部性、高风险性、信息不对称等特征决定了市场机制的自发调节不能为促进企业创新活力提供足够的激励，需要政府来加以有效调控。

一 政府介入企业创新的内在机理

（一）弥补外部性

许多科技创新成果一旦被应用和推广，就会在全社会范围内产生极为可观的经济效益和社会效益，并为社会成员、企业和行业所共同分享。如果社会收益率远高于创新者的私人收益率，创新者就会没有积极性投资于代价高昂的研究与开发活动，导致对全社会非常有益的创新活动出现严重不足。为了鼓励科技创新的投资活动，政府就需要利用税收政策特别是税收优惠影响企业科技创新的成本和收益。

（二）弥补高风险性及不确定性

科技创新具有很高的风险，企业的投资经营风险包括两部分，即所得风险和资本风险，市场本身难以提供分担风险的有效机制。而不确定性体现在这样几个方面：一是科学技术领域市场的不确定性，特别是高新技术领域市场面临的是潜在的市场需求。二是技术的不确定性。因此对于科技创新的高风险和不确定性，政府应考虑作适当的弥补，建立风险共担机制。

（三）矫正信息不对称

研究与开发投资者与金融家之间的信息不对称限制了研究与开发项目的资金来源，研究与开发产品市场的信息不对称也限制了研究与开发企业创新产品的积极性。因此,信息不对称可以作为政府资助某些特定投资(如研究与开发投资)强有力的论据。

二 政府促进企业创新的现实意义

(一)对创新进行有效引导

创新本身具有的经济外部性、高风险性和高投入等特征直接决定了政府必须发挥重要的引导作用来促进创新活动的开展。特别是对于那些知识、技术密集度高,发展速度快,具有高附加值和高效益,并具有一定市场规模和对相关产业产生较大波及效果等特征的产业。各国在促进经济增长中都给予优先发展,并给予了相关的政策引导和扶持。

(二)合理资源配置

创新的前期基础是研究与开发,而研究与开发活动本身具有外溢性。资料表明,研究与开发项目的社会收益率至少比私人收益率高出 2/3,而且 R&D 投入成本较大,抑制了私人投资 R&D 的积极性。此时如果完全由市场来调节,资源就不能得到合理的配置,因此政府应发挥积极作用。

(三)营造良好的创新条件和环境

创新的开展需要合理有序的社会、经济、法制环境。政府只有加大环境治理力度,不断完善和强化长效机制,着力整顿和规范市场经济秩序,提供有利于企业发展的经济环境,加快建设社会信用体系和专利制度,才能使企业的创新活动始终处于合法合理的保障机制之中。

(四)提供创新所需的公共产品和服务

企业科技创新的开展既离不开整个社会科技教育水平的提升,也离不开大学、科研院所等公共研究机构和公共实验室的支持,因此政府在促进科技创新方面的重要作用还在于向社会提供具有非排他性的科研公共物品和服务。这些公共物品和服务主要包括公共政策、公共安全、公共卫生、基础教育等基本公共产品和服务的供给和科研实验室等基础设施的投入。

第二节 政府提升企业创新活力政策的国际比较分析

当今各国政府在提升本国创新活力建设方面都是不遗余力的,各国政府在创新活力提升的激励政策上也是各有特色,这些对于我国各级政府的创新激励政策制定具有较强的借鉴意义。

一 法律法规政策的比较

"二战"以后,日本为了帮助企业提升其创新能力,从1948年起制定了一系列激励创新的政策法规,如《中小企业振兴资金助成法》(1956)、《中小企业技术开发临时措施法》(1985)、《科技基本法》(1995)、《知识产权战略大纲》(2002)、《知识产权高等法院设置法》(2004)等,这些法规的制定确立了日本"技术立国"的国策,并为日本的企业科技创新提供了强有力的法律保障。

自20世纪七八十年代起,韩国的科技政策由引进模仿逐步转向以自主创新为主。在科技立法方面,韩国先后有《韩国科技振兴法》(1967)、《技术开发促进法》(20世纪70年代)、《联合研究开发促进法》(20世纪90年代)等法律出台。1989年,政府制定了《尖端产业发展五年计划》(1989),此后开始了为期十年的"G7工程",制定了《科学技术发展基本计划》(1991)。1994年,韩国政府颁布实施了《发明促进法》(1994),把知识产权的保护作为保持和提高企业创新活力的基本举措。

美国为鼓励和规范中小企业的科技创新活动,陆续颁布了一系列法律,对中小企业创新活力的提升发挥了重要作用。如《史蒂文森-怀特勒创新法》(1980)、《小企业技术创新法》(1982)、《联邦技术转移法》(1986)、《综合贸易与竞争力法》(1988)、《国家竞争技术转移法》(1989)、《国防授权法》(1991)和《加强小企业研究与发展法案》(1992)等。这些法律明确了政府机构传授信息技术的义务,以及与本国中小企业进行新技术合作开发的责任,强化了政府机构对中小企业技术创新的投入,有力地促进了科学技术向商品转化的进程。

二 财政投入与金融政策的比较

日本财政政策中的补贴是政府直接对技术创新项目进行补贴,补助对象是政府和大学的研究机构、企业重大技术创新项目。对企业进行的技术研究、应用研究经费或研究开发所必需的设备费和运转费,其中的一半由政府补助金提供[①]。针对中小企业,日本政府专门制定了技术开发补助金,对中小企业的技术开发给予50%的资助。

---

① 张欣:《发达国家促进技术创新的经验》,《上海工业》2004年9月,第42页。

日本对本国中小企业的资金支持力度很大，政策措施也更为详尽，日本政府通过四条渠道为中小企业提供资金支持和财政投入服务：①由政府系统的金融机构向中小企业贷款；②政府全资或部分出资成立为中小企业申请贷款提供保险和担保的机构；③政府认购中小企业为充实自由资本而发行的股票和公司债券；④政府鼓励建立小企业互助基金。

韩国政府支持企业创新的财政投入政策主要有面向技术开发的低利率和技术开发资金支援制度。低利率贷款是以低息向企业提供资金支持，用于新产品、新技术的研制、开发和产业化生产等。政府通过创业投资公司和有限合伙基金向创业投资者提供股权资本支持；政府还发展天使投资进一步加强对创新企业的支持。这些政策使得韩国企业研发投资近年来一直保持在占国家总研发投资的70%以上，该比例超过了美、日、德等发达国家。

法国政府每年通过国家技术交流中心（1967年）向中小企业提供14亿法郎的无息贷款，资助额占每个资助项目总费用的50%，项目成功后，企业返还全部资助；如果项目失败，经专门的评估机构评估确定后，可以不偿还。

德国实施了"欧洲复兴创新"计划，帮助国内企业跟上技术发展步伐、经受国内外创新竞争的考验。该计划极大地促进了国内企业的科技创新活动。此外，德国每年联邦科技部设立6亿马克的"小型技术企业参与基金"，为中小企业参加高新尖技术研究和新产品开发提供贷款。[①]

三 税收政策的比较

日本通过设立税制结构来推行对创新产业的税收优惠政策。日本政府制定的《增加试验研究经费的纳税减征制度》（1967）一直延续至今。该制度规定，当试验研究开发经费的增加部分超过支出的最高水平时，则对增加部分免征20%的税金（目前的水平是25%）。《促进基础技术开发税制》（1985）则规定对购置用于基础技术开发的资产免征7%的税金。另外，日本政府针对中小企业科技创新也提供了多种税收优惠。一是增加试验研究经费的税额抵扣；二是专门制定技术开发补助金制度，对中小企业

---

① 国务院发展中心等：《中小企业与政策研究》，北京科学技术出版社1999年版，第144页。

技术开发给予 50% 的赞助，赞助上限为 2000 万日元①。

韩国对技术开发实施的税收优惠政策主要包括技术开发准备金制度、技术及人才开发费税金减免制度，以及新技术推广投资税金减免制度等。在技术开发准备金制度中，韩国根据企业类型的不同，企业可按其收入总额 3%—5% 的标准提取技术开发准备年金，并可将其计入成本。对法人购置的不动产，在 4 年内由企业研究所使用的，免征地方税。对于科技部认定的新技术和国内需要的技术项目，对创业法人登记的资产给予 75% 的减免；在创业期的 5 年内每年减免 50% 的所得税。

美国在 20 世纪六七十年代采取了高税率政策，其后果是严重地阻碍了美国高新技术产业的发展。1981 年 1 月里根总统签署了《经济复兴税法》，该法规定：①增加试验研究费减税制度；②对于试验研究用机械设备，大幅度地缩短折旧年限；③向高等院校拨赠设备的大幅度减税；④对跨国公司的研发型的小企业，也在税制上采取优惠措施。《经济复兴税法》有力地促进了美国高新技术产业创新活动的开展。

法国政府于 1983 年制定了"高新技术开发投资税收优惠"政策，规定凡是 R&D 投资增加额的 25% 可以减免企业所得税。1985 年以后，这一比例又提高到 50%。公司出让技术取得的技术转让收入，若符合规定条件，则作为长期资本利得，按 19% 税率征税；否则实行 33.3% 的标准税率。同时，法国政府还实施了"科研税收"政策，规定企业在第一年用于研究与发展开支的 50% 可以免税，以后每年所增加研发投资的 50% 可享受免税。这些政策有效地鼓励了法国企业在科研方面的投入和企业科技创新活动。

四　政府采购政策比较

政府采购构成一个大市场，起着需求拉动作用，在本国产业尚处于幼稚期，这种推动作用尤为重要。在采购方面，日本对国有的电报电话公司和电子计算机公司实行了倾斜性的政策。日本规定政府部门、国营铁路、电信电化公社、国立大学以及政府系统有关机构在选购计算机时，必须优先采用国产机，这在一定程度上保护了民族产业的发展，激励了本土企业

---

① 孙月平、许善明、张徽：《国外促进中小企业技术创新的经验及其对南京的启示》，《南京社会科学：民营经济与南京经济发展高层论坛专辑》2005 年 9 月，第 476 页。

创新的活力。

韩国政府不仅率先示范国货,还与民间团体合作,在全国长期坚持"身土不二"地提倡用国货的宣传活动。例如在韩国,高速列车和核电站这些公用事业的装备,全部由政府采购采用国产新技术产品。对市场竞争的汽车、计算机产品,政府规定,国产品即使价格较高也优先采用。这些措施不仅间接地支持了企业科技创新的研发活动,也对购买和使用国产品起到了积极的示范作用。

为了支持本国企业的科技创新活动,美国政府通过立法的形式直接保护本国民族企业。美国在政府采购领域最重要的法律是1933年制定的《购买美国产品法》。根据这一法案,美国政府必须购买本国的货物和服务,并且在美国生产的增加值达到50%以上才能算本国产品。因此,在《购买美国产品法》的监督下,美国90%以上的政府采购都购买本国产品。

五 产学研机制比较

日本产学研合作的特点是"产学官"合作。在日本,几乎所有的国家级高新技术开发项目,都采取了政府、政府机构、大学和私人企业之间的联合开发体制,即"官、产、学三位一体"。日本在产学研合作上,有着一套完整的制度,现在仍致力于各项法律规定的修订与完善。1987年开始,日本的一些大学相继建起了"共同研究中心"。共同研究中心作为国立大学与产业界联系合作的窗口,既是共同研究的场所,又是企业技术人员接受高级技术培训的课堂。迄今为止,日本全国43个都道府县中已有52所国立大学设立了共同研究中心。

韩国政府制定了一系列法律及优惠政策,鼓励产学研合作研究,并提供研究经费、研究设施和信息等方面的支持。为了促进产学研的合作开发,政府还设立了大学科学园、大学内技术转移中心、科学研究中心、工程研究中心和地区合作研究中心,并由韩国15个政府部门分别承担一定的费用,共同开展技术研发和促进科技成果的转移。

美国政府在产学研合作机制方面做了以下努力:①采取"三重螺旋式"的运行模式,来加强学术界—产业界—政府之间的相互作用。②美国国会于1950年通过了设立"国家科学基金"(NSF)法案。NSF的成立使美国大学的科研必须受政府科技政策、法规及导向的制约,从此国家目标成为美国大学科研的重要选题来源①。③企业与大学合作研究的课题大多由大学和企业共同提出，或由其中之一提出而由两者共同承担。④近20年来，美国在高校密集的地区兴建了一批科技园，如硅谷科技园、波士顿128号公路高新技术开发区等。美国的许多大企业把科学园作为自己的创新源泉而大力进行投资和建设，政府部门则通过优惠政策和导向性投资来增强科学园的创新能力和竞争力，促进科技园的发展。

六 科技人才政策比较

为了谋求经济的发展，根据企业发展的需要，日本政府非常重视人才的培养。在加大投资力度、发展教育事业的同时，注重改革教学内容和教学方式、方法，以培养创新型人才。学生毕业后，必须到公司接受特定的培训，这样为日本的技术引进和技术创新提供了高素质的人力资源。

韩国政府自20世纪70年代起，陆续出台了一系列的法律法规，如《科学技术特别创新法》（1997），2001年修订的《科学技术框架法》（2001）等。这些法规鼓励了企业创办研究所、培养科技创新人才。

美国在创新人才的培养方面，选择建立一批大学工程研究中心，让不同学科的工程技术人才集中在一起，共同研发产业面临的重大课题。美国政府各部门还设立了各种特别培养高层次人才计划，如美国海军设立的"青年研究员计划"，专门在一些大学和研究机构设立基金培养博士和青年研究人员；美国科学基金会设立的"总统青年研究奖"，将最优秀的人才吸引到所需的科学和领域中，并且这些经费由国会直接拨款。为了让科技人员能轮流接受再教育，美国还建立了国家技术大学，重视人才的知识更新。对于优秀技术人才，美国企业采用配股方式留住和激励人才。

第三节 各国政府创新活力提升政策对我国的启示

通过上述对各国政府创新激励政策的国际比较分析，结合我国目前创新政策体系的现状，我们提出了以下建议，以完善我国政策体系，进而增强企业的创新活力。

---

① 胡亚文、吴翻：《工业产学研合作问题探讨》，《科技进步与对策》2006年3月，第56—57页。

一 政策法律法规建议

（一）政府要继续以增强创新活力为主线，以促进企业成为技术创新主体为重点，制定有力的财税政策、金融政策、政府采购政策、技术引进以及知识产权等政策法规，鼓励企业加大研究开发投入，加速科技成果转化和产业化，促使企业真正成为技术创新的主体。

（二）努力营造公平竞争的市场秩序，打破垄断，放宽市场准入，遏制地方保护主义，使国有企业和民营企业、内资企业和外资企业都能在相同的市场环境下公平竞争。

（三）尽快制定扶持科技型企业技术创新的专项法规，对技术创新予以严格的知识产权保护。一方面，保护技术创新企业的利益，激励企业创造、应用和保护知识产权；另一方面，在国家研制机构或接受政府资助的企业向外转移技术时，给予利益激励。

二 财政投入政策体系建议

（一）加大政府对科技的投入

我国应稳步提高财政科技投入增长率，应不低于一般性财政收入的增长率，尤其是各级政府科技投入占财政总支出的比重，力争在2020年达到10%以上水平。对于增加财政科技投入的计划、规划，要坚决执行，提高计划执行的刚性。

（二）改进政府科技投入方式，加大政府R&D投入比例

政府应明确社会公共科技在科技资源配置中的优先地位。从社会和公共安全需求出发，优先解决社会领域一系列突出矛盾中的科技问题。加强公益性科技事业发展、环境保护、节能技术开发、循环经济技术、基础平台建设等。同时，要加紧推行事业单位改革，将大部分事业单位真正从国家财政供养人口中剥离出来，提高其参与市场竞争和独立发展的能力。

（三）按照市场经济规律探索政府R&D投入市场化模式

构建多种形式的财政投资渠道，如对基础研究和科学活动的直接拨款制度，对大型基础科研项目的专项国债筹资制度，对有可预见性经济回报的科研项目的融资制度或证券化制度，增加政府采购的导向和力度，改革科技经费运行模式，探索市场化运作，实现科技经费有偿使用、回收使用、滚动发展等。

三 税收优惠政策体系建议

（一）降低企业税费负担，增强企业盈利能力

目前，我国企业科技创新活动的资金来源很大部分属于企业自筹资金，而自筹资金来源于企业的税后利润。因此，只有降低企业税负，增加税后利润，企业才有可能产生投资需求，包括 R&D 投资需求。

（二）制定促进中小企业发展的税收政策

我国目前针对中小创新型企业的税收政策目标起点不高，针对性不强，政策措施零散，形式不规范，手段单一，力度较小。因此，应从增值税、所得税、营业税、出口退税等多个方面完善税制，促进中小企业创新活力的提升。

（三）建立风险投资税收倾斜政策，促进科技成果转化

风险投资是高新技术企业的孵化器，我国应着手建立鼓励风险投资的税收倾斜政策。首先，对风险投资公司应免征营业税，并长期实行较低的所得税税率。其次，对法人投资风险投资公司获得的所得减半征收所得税，对居民投资风险投资公司获得的所得免征个人所得税。最后，对风险投资公司获得利润再投资于高新技术企业的，不论其经济性质如何，实行再投资退税。

四 产学研政策建议

（一）政府应加大对产学研合作的政策支持，成立专门机构，负责组织协调产学研联合，通过政策、计划引导产学研联合，使产学研联合项目能得到较大的财政支持、税收优惠、低息贷款、灵活价格等方面的政策支持。

（二）政府要充分运用市场机制，鼓励并支持高等院校、科研院所面向企业，扩大产学研的有效联合，为企业的技术创新提供可靠的技术支持。政府应深化科技体制改革，鼓励科研机构、大学与企业进行合作研究，从而解决企业长期人才匮乏的问题，提升其技术创新的潜力。

（三）政府可根据产业政策制订"产学研联合开发工程计划"，加强法制建设，制订《产学研合作法》等相关法规，把产学研纳入法制化管理，用法律法规来限制产学研合作中的不良行为，用立法来推动科技成果转化，保障各方的合法权益，特别是要注意知识产权的保护，保护产学研

联合中创新成果的产权归属，保护创新者的创新利益。

五 培养创新人才建议

（一）政府要建立有利于人才自由流动、才华充分施展的机制，坚持人本管理的思想，努力营造出一种尊重员工、尊重人才的氛围和能够发挥人才积极性、创造性的体制，为优秀创新人才提供舞台。

（二）人才的培养要与产学研合作工作相结合，要组织科研院所、大专院校、企业的技术人员合作研发，促进创新人员素质水平的提高。

（三）要有针对性地引进海外顶尖人才和高水平人才团队，重点吸引高层次人才和紧缺人才。可以制定和实施吸引优秀留学人才回国工作和为国服务的计划，并为他们提供一切可能的保障条件，吸纳优秀技术专家加盟企业，推动科学家和企业家的对接，促进校园文化和商业文化的融合。

（四）要鼓励企业深化用人制度、薪酬制度改革，探索建立多种形式的人才机制，吸引和留住优秀创新人才，建立个人价值得到充分体现的激励机制，调动创新人才的创新热情。

第十二章 政府在创新活力体系建设中职能性作用的比较研究

弗里曼（1987）对日本经济发展的成功经验研究表明，日本有一个国家创新系统在推动日本的经济发展。一个国家要实现经济的追赶和跨越，必须将技术创新与政府职能结合起来，形成国家创新体系。从长远的、动态的规划出发，充分发挥政府提供公共产品的职能，以推动产业和企业的技术不断创新。

司托克斯（1999）研究指出，科技体制环境的创设和政府的科技政策对技术创新有重大意义。原正行（2003）和桥本寿朗（2001）针对日本与美国的经济及科技政策展开了全面比较，发现科技进步是日本经济增长的根本原因。在此基础上，山崎正胜（2002）进一步认为"政府在日本科技发展中起了重要的调节作用，原因在于政府根据国内外条件变化适时变更其科技规划和政策"。政府是创新体系的主要构成要素之一，下述科技发达国家政府在构建国家创新体系过程中的作用各有千秋，值得我们去借鉴和参考。

第一节 美国政府在创新活力体系中的"软环境支持"战略

2002年美国"商业科技管理部门的总统预算"指出，政府的作用是创造一个积极的环境，在此环境下，创新和财富创造是由私人或企业（而非政府）繁荣发展的。美国国家创新体系的特点是充分发挥企业作为创新主体的作用，政府仅进行必要的干预。政府只从供给、需求和环境保障等几个方面实施一些有利于企业创新的措施，促进美国国内技术创新活动的开展。在美国"新经济"发展中，政府的直接干预减少了，但它的作用并没有减弱，反而更重要了，政府的职能集中于为市场机制发挥作用，为实施持续创新提供政策和制度条件。

一 为市场主体提供创新的法律、政策环境

美国政府非常重视技术创新方面的立法和司法工作，形成了技术创新相对独立而又比较健全的法律体系。这包括：《史蒂文森－怀特勒创新法》《贝赫－多尔法》《小企业创新法》《国家竞争技术转移法》《技术扩散法》和《联邦技术转移法》等。美国政府在国家法律的高度上对技术创新中的各种问题进行了明确而具体的条文规定，一旦出现任何分歧或纠纷，都要依照法律规定来判断和裁决，这为国家的技术创新提供了强有力的支持与保护，为技术创新政策的制定和政府的管理提供了基本的法律依据。

二 大力资助基础科学研究

美国政府长期以来把基础科学置于重要地位，2006年美国耶鲁大学校长理查德·雷文总结了美国科研创新成功的关键是政府一直坚持科研经费拨款的三原则。这三原则分别是：①联邦政府承担资助基础研究最重要的责任；②大学而非政府的研究院所或者私人行业的研究院所从事基础研究；③对于科研项目的大部分拨款，原则上不看商业成果，而是看其科学价值①。这足以看出美国政府对基础研究的重视程度。

三 支持大学等科研机构的技术转让

在美国高校技术转让的历史进程中，1980年是一个分水岭。在此之前，因为联邦政府缺乏产业联系，不能将技术成果商业化，而又不愿意将许可权授予私营企业，加之当时许可权和专利权政策互相冲突，使得大学对于技术转让领域不愿涉足。在美国联邦政府拥有的三万件专利中，大部分是大学的研究成果，但仅有极少部分实现了商业化。1980年12月12日，美国国会通过了"专利商标法修正案"（The Bayh-Dole Patent and Trademark Amendments Act of 1980），即《贝都法》（Bayh-Dole Act），统一了联邦政府的专利政策，规定由联邦政府资助的小企业、非营利机构包

---

① 李建波：《美国科研拨款"三原则"的启示》，《光明日报》2006年8月1日。

括大学的研究成果由小企业和非营利机构所有,鼓励大学与企业界合作转化由联邦政府资助的科研成果,许可权优先授予小企业并建立统一的许可权授予规范。此后一直到1985年,美国先后又出台了四项有关法律,进一步放宽了技术转让的政策环境,为研究成果技术转让创造了一个更为宽松的环境,极大地调动了政府、学校、产业以及小企业的积极性。

美国联邦政府对大学技术转让非常支持,表现在:一是继续向大学提供巨额科研经费,据统计,每年联邦政府各部门设立的科研项目,有140亿—200亿美元被大学申请到,占联邦政府用于基础研究所有支出的一半,占用于所有研究(包括基础研究和应用研究)支出的三分之一;二是联邦政府机构继续与大学保持科技合作关系,并向大学提供或推荐最新最尖端的研究设备,这些设备改善了有关学科的科研条件。

除联邦政府外,州政府和地方政府也是尽可能地为高校技术转让提供便利条件,并卓有成效地根据各地特点设立服务机构,专门从事促进高校与企业关系,为技术转让服务。如华盛顿州于1983年通过立法成立了"华盛顿技术中心",其宗旨就是建立企业与大学良好的合作关系,为科研成果的商业化提供帮助。该中心以企业需求为导向,通过各种资助项目帮助大学科研工作者建立联系。到目前为止,已经与华盛顿州75家公司以及华盛顿大学、华盛顿州立大学等高等院校建立了长期合作关系。

四 制定有效的激励机制

美国政府为国家创新体系营造了一个较为完备的、有效的激励结构和运行机制,这些机制包括:①竞争制度。从20世纪80年代开始,美国许多公用事业部门放松规制,引入激励性规制,促使竞争深度和广度大大拓展,导致各创新主体唯一的出路是增强竞争力,不断推陈出新。②产学研合作体制。20世纪从80年代开始,政府的作用被赋予了新的意义,即利用"联盟"来提高各市场主体的所得利益。实业界、大学与研究开发部门实施了各种有效合作,在美国超过20所大学校园里建立了100多个正式的大学和企业联合研究中心。③政府采购支持。美国的《购买美国产品法》(1933)规定凡是用纳税人的钱采购的商品,必须优先采购纳税人所办企业生产的产品。此外,加上税收优惠制度、政府政策体系以及创业文化因素等就构成了一个有效的创新制度结构和制度环境。

第二节 日本政府在创新活力体系中的"强干预"战略

二战后,日本通过实施"技术立国"战略,逐渐成为世界经济大国。日本国家创新体系的内部运行机制是以市场调节为基础的,但政府介入的程度比美国要大,因此人们把它划为政府直接干预的发展模式。战后日本的大部分大型科技项目都是"政府的直接干预"和"产、官、学密切联合"的结果,这是日本创新模式的特色。在日本国家创新体系中,政府居于主导地位,对国内创新活动采取积极引导和重点扶植的强干预政策。日本政府在国家创新体系中所起作用的特色主要表现在:

一 对关键产业重点干涉

日本政府突出了科技发展的战略重点。2003年日本确定生命科学、信息通信、环境、纳米技术新材料为科技发展的四大重点,加上能源、制造技术、社会基础建设以及宇航与海洋开发等前沿科学,形成了日本科技发展中突出瞄准的八大领域。

日本非正式和正式的技术预测体系组成了日本国家预测体系,其预测的成果在许多公司中得到扩散。这有助于营造企业向新产品新工艺投资的环境,也使新技术的规模得以扩大。日本政府还通过各种措施,鼓励尽可能大地引进世界上最先进的技术并加以改造。与美国等国的创新相比,日本更偏向于过程创新、渐进创新,着眼于降低工业成本。在技术进步的基础上进行创新可以说是日本成功的关键因素之一。

二 政府对创新体系提供正确的战略导向和法律保障

日本1995年颁布的《科学技术基本法》明确提出将"科学技术创造立国"作为基本国策。《科学技术基本法》为日本科技发展指明了方向,也为日本政府此后制定科技发展计划提供了法律依据。进入20世纪90年代中后期,亚洲新兴工业国家和地区依靠低成本优势,使其产品迅速在国际市场占据了一席之地。于是日本再次调整了国家发展战略。2002年日本颁布的《知识产权基本法》及2003年成立的知识产权战略总部正式确立了"知识产权立国"的国策。此后,日本新制定或修改了21项知识产权相关法案，使日本成为全球迄今知识产权战略最为系统化和制度化的国家。

三 政府对科技创新进行强大的资金投入

日本的创新体系有强大的资金支持。第一和第二期科学技术基本计划实施期间，正是日本经济停滞、政府财政困难的时期，其他的预算支出要么缩减要么持平，而科学技术相关的经费却稳步增长。据日本文部科学省统计，近几年日本每年研究经费的总投入超过国民生产总值的3%，在全球保持着最高水平。

第三节 韩国政府的创新活力扶持战略

近二十年来，韩国之所以能够在经济发展上取得显著的成绩，一个重要原因就是政府重视科学技术、强调科技创新。为此，韩国从法律政策、资金投入、人才培养等方面采取了一系列有效措施。

一 法律提供保证

从20世纪60年代起，韩国政府先后颁布了《科学技术促进法》。《科学家教育法》《技术开发促进法》《技术评估法》等一系列法律。尤其是2001年颁布的《科技框架法》，包含有29种法律，涵盖科技发展的方方面面，为科技发展提供了法律保证。

二 政策上给予导向和支持

韩国政府审时度势，每一阶段都推出相应的科技战略。1959年政府制定的《尖端产业发展五年计划》重点推进微电子、新材料、生物工程等七个产业的科研。1991年政府推出为期10年的"G7工程"，目标是在21世纪使本国的科技赶上西方七国的水平。2001年，政府出台为期五年的《科学技术基本计划》，重点开发"6T"领域[①]。2004年，政府启动"十大新一代成长动力工程"，重点发展数码广播、智能机器人和未来型

---

① 6T，即IT（信息技术）、BT（生命工程）、NT（纳米技术）、ST（宇宙航空技术）、ET（环境工程）和CT（文化技术）。

汽车等十大高技术产业。为了加强对科技工作的领导，2004年政府决定提升科技部地位，由一位副总理兼任科技部部长。

三　进行大规模研发投入

1962年韩国的研发投入仅2.1亿韩元，占GDP的0.28%；1980年为3.2亿美元，也只占0.56%。1980年以来是韩国研发投入迅猛增长的时期，2002年为14亿美元（2.53%）、2003年为164亿美元（2.64%），2004年为2万亿韩元，占GDP的2.82%。目前，韩国研发投入占GDP的比重仅低于日本，远高于美、德、法、英等发达国家。同时，韩国对基础理论研究倍加重视，在研发投入中的比重占14.5%，这意味着科技发展有充足的后劲。

四　注重培养高层次人才

韩国提出要在2012年前培养10所名列世界前100位的研究性大学，并投入巨资用于引入"国家特别研究员"，培养1万名核心研究人员，着重研发韩国第十代新增长动力技术。实行优秀科学家国家管理制度，让有望问鼎诺贝尔奖的韩国科学家负责国家大型研究项目，并提供所需的研究经费，而且给这类科学家提供"国家要员级"的人身保护。

第四节　我国政府在创新活力体系建设中的职能作用探析

通过分析以上各国政府在国家创新体系建设中的职能性作用，结合当前我国创新活力体系建设的实际情况和具体科技国情，我们认为我国各级政府应在国家创新体系建设中发挥重要的主导作用，具体来说应加强以下几方面的职能：

一　加强宏观规划指导，制定科学的创新发展战略

制定好的规划和战略是政府在创新体系中充分发挥职能作用的基本前提。例如日本政府在有组织、有计划地推进科技促进经济发展方面就采取了一系列重大举措，确立了科技发展的战略目标。我国政府应根据国家经济和社会发展的需要和我国科技的现实水平，借鉴国外成功的经验，对创

新活动提出整体战略和实施战略的方针原则及重大措施，引导企业创新的方向。

二 塑造良好的政策法律环境

美国的经验表明，国家创新体系的有效运行离不开良好的法制环境，政府应为创新活动提供强有力的法律保障。对于我国政府来说，政府要继续以增强企业创新活力为主线，以促进企业成为技术创新主体为重点，制定有力的财税政策、金融政策、政府采购政策、技术引进以及知识产权等政策法规，鼓励企业加大研究开发投入，加速科技成果转化和产业化，促使企业真正成为技术创新的主体。

三 加强对基础性研究的财政投入

我国应学习美国和日本政府，对研究开发，尤其是基础性研究给予大量的财政支持。基础研究作为提高国家原始性创新能力的重要支持，在我国还未得到足够的重视，基础研究经费占全社会R&D经费的比例一直在5%上下浮动，其增长速度也长期低于全社会R&D经费的增长速度。中国作为发展中国家，基础研究的投入应以政府资金为主，这也是全球大多数国家、特别是发达国家和新型工业化国家中政府财政支出的共同特点。我国政府对R&D经费的配置要体现协调发展、重点突出的原则，将资源集中投向长期性、全局性、战略性的基础研究项目，并逐渐提高政府投入占全国基础研究总经费的比重。

四 促进创新体系中主体的沟通和协调

创新体系的绩效不仅仅取决于企业、大学、研究机构等各自的表现，更取决于它们之间的相互作用。因此国家创新体系建设的关键是强调创新体系内各要素之间的协同作用，强调各种资源的集成，而不是对某种模式的追求。政府的任务就是通过促进创新体系中主体的沟通和协调来提高整个国家创新体系运作的效率。

从我国现状来看，要加强创新主体间的沟通和协调，就要建立政府、企业、科研机构和高等院校联合创新机制，要促进三者优势互补，共同发展，要利用多途径、多形式推动有条件的科研机构、高等院校走出象牙塔，进入企业或同企业合作；要鼓励企业与高校、科研院所以股份制形式组建科研生产联合体，走产学研相结合的道路。

五 促进知识产权意识，维护市场秩序

日本的"知识产权立国"战略告诉我们，在构建国家创新体系过程中，知识产权保护尤为重要。为此我国政府应对知识产权侵权、权属等纠纷案件依法解决和保护，减少行政处理的做法；对重大侵权案件，应加大打击力度，追究侵权人的刑事责任，维护知识产权发明人、设计者和持有人的合法权益。对一些涉及面广、影响大的国际知识产权争端，政府可以通过组织集体谈判等方式，给予相关企业支持和帮助。同时，对企业知识产权申请，特别是境外申请的申请费用和维持费用给予一定的补助。

六 积极营造培养科技人才的良好环境

韩国政府的科技人才培养战略告诉我们，人才是企业技术创新的关键要素。为此，政府首先要形成尊重人才的氛围，尊重科技人员的劳动，提高他们的政治待遇，努力创造人尽其才、才尽其用的良好环境，让广大科技人员在事业上有成就感；其次要切实改善科技人员的工作和生活条件，提高他们的收入水平，对有突出贡献的科技人员给予较高的报酬；最后是广泛利用各种途径，开展国际科技人才交流，积极引进国外智力，拓宽国际交流的渠道。

第五编

企业创新活力体系构建

第十三章　沈阳企业创新活力体系构建策略

当前,沈阳市已被科技部批准为国家创新型试点城市,这是对全市推进科技创新、建设国家创新型城市工作的充分肯定,标志着沈阳创新型城市建设迈入新的历史阶段。在沈阳市建设创新型城市"十二五"规划中,更把创新作为城市发展的主导战略,全力建设国家创新型城市。然而与国内其他省市相比较,沈阳企业创新的速度和综合效率还很低,长期制约沈阳企业创新活力的体制性、机制性矛盾尚未从根本上消除,在企业的科技创新过程中还存在很多亟待解决的突出矛盾。为此,我们一致认为应构建一套有效的沈阳企业创新活力体系,来提升沈阳企业的创新活力,进而实现沈阳城市的创新发展。

第一节　沈阳企业创新活力体系建设指导思想、基本原则和战略目标

企业创新活力体系是企业为了实现其关键核心技术的突破,取得自主知识产权而建立的创新网络、组织和制度。由企业创新活力的含义可知,企业创新活力体系不是封闭的创新体系,而是开放式的创新体系。

一　指导思想

以科学发展观为指导,突出创新在沈阳市经济社会发展中的主导作用。以实现沈阳企业的创新发展为目标,以提升企业创新活力为主线,以产品和技术创新为主导,以创新制度建设为依托,建设协调、高效、充满活力的企业创新活力体系。整合企业内外部创新资源,营造企业创新活力的良好协作环境,壮大创新主体,集聚创新人才,发展创新文化,促进技

术创新与管理创新融合，实现"沈阳制造"向"沈阳创造"的跨越。实现沈阳经济发展方式从要素驱动型增长向创新驱动型增长转变，不断提升沈阳企业的持续创新能力与核心竞争力。

二 基本思路

沈阳企业创新活力体系的构建应内外协同，即在企业内部构建全面创新管理体系（TIMS），而在企业和外部环境之间构建创新协作网络（ICN），内部创新体系和外部创新网络相互促进、互为补充，协同发展。

沈阳企业内部的全面创新管理（TIMS）体系由5个子系统所构成，即：（1）精神和文化创新系统；（2）战略和组织创新系统；（3）管理和制度创新系统；（4）全面市场创新系统；（5）产品和工艺的协同创新系统。沈阳企业全面创新管理（TIMS）体系的建设，应以构建和提高企业核心能力为中心，以价值创造和增加为目标，以战略为导向，以技术创新为核心，以组织的各种创新（战略创新、组织创新、市场创新、管理创新、文化创新、制度创新等）的有机组合与协同创新为手段，凭借有效的创新管理机制和方法，做到人人创新，事事创新，时时创新，处处创新。

沈阳企业创新协作网络主要包括六个要素，即：（1）知识创造系统；（2）技术协作系统；（3）创新服务系统；（4）投融资系统；（5）宏观调控系统；（6）人才支持系统。沈阳企业创新协作网络建设，则要结合沈阳市的创新实际，围绕提高企业创新活力，建立以企业为主体，政府、企业、中介机构、大学及科研院等所共同参与的官、产、学、研紧密结合的创新活力体系。

三 基本原则

（一）坚持经济与科技融合，提升企业创新活力的原则

沈阳企业创新活力体系建设应加强经济系统与科技系统的融合，加强科技发展路径与经济发展路径的融合，加强经济组织系统与科技创新系统的融合，增强企业创新活力，发展战略性新兴产业，改造提升传统产业，提高科技进步对经济增长的贡献率。

（二）坚持全面创新，转变企业创新发展方式的原则

沈阳企业创新活力体系建设应转变发展思路，创新发展模式，统筹经济社会发展，统筹三次产业发展，统筹科技、产业、社会文化创新，把坚

持全面创新作为企业发展的战略取向，全时空、全方位、全员实施企业创新战略，全面提升沈阳企业的核心竞争力和综合实力。

（三）坚持产业创新为主导，强化企业主体地位的原则

沈阳企业创新活力体系建设应把提升产业发展竞争力摆在突出地位，以市场为导向，突破主导产业、新兴产业、第三产业特别是生产性服务业的发展瓶颈，着力实现科技创新，突出重大共性和关键产业技术。推动企业创新活力，引导企业技术创新向研发前移，引导高校院所研发重心向应用转移，促进技术和产业向价值的高端延伸，提升持续创新能力。

（四）坚持机制创新与技术创新相结合的原则

沈阳企业创新活力体系建设应坚持机制创新与技术创新相结合，通过机制创新推动技术创新。改变以学科为主线、以出成果为目标的传统科技组织模式，坚持以产品创新为单元实现组合创新；构建开放合作的公用创新平台，实现开放创新、集成创新。

（五）坚持协同发展的原则

沈阳企业创新活力体系建设应与国家创新体系和沈阳市创新型城市建设紧密衔接，相互融合。企业与区域的创新体系要有机贯通，协调互动。还要与沈阳的高校和科研院所密切联系，促进产学研密切合作。完善企业和高校、科研院所间的联合研发机制。进一步明确和强化企业创新主体的功能定位，突出体制机制创新和创新环境的营造，从整体上优化创新资源配置效率和创新能力。

四 战略目标

通过5—10年的努力，到2020年，沈阳企业初步建立起功能完善、协调高效、充满活力的创新活力体系，沈阳企业的创新活力得到较大程度的提升，创新意识和企业创新文化在全社会得到普遍认同。通过创新活力体系的建设，突破掌握一批具有战略性的、影响城市竞争力的核心技术，培育形成一批具有自主知识产权的前瞻性高新技术产业，做大做强一批具有自主创新能力的科技领航型企业。

到2020年，沈阳市科技型企业要达到2万家以上，80%以上的高新技术企业建立研发机构，高新技术产值占工业总产值的比例达到50%以上，沈阳科技进步贡献率提高到65%以上，全社会研究与开发经费占地区生产总值的比重达到3.0%以上，企业原始创新能力明显提高，三次产业在更

高水平上协同发展，新兴产业快速发展，年均增长 25% 以上，在现代产业体系中发挥主导作用。现代服务业占服务业的比重达到 60% 以上，规模以上高新技术产品增加值占规模以上工业增加值的比重达到 45% 以上。

第二节 沈阳企业创新活力体系的构建

企业的创新活力除了与企业自身的技术创新活动有关外，还与企业外部的知识创造及知识交换与服务等要素有密切关系。因此企业的创新活力体系应包括两个层面，一个是企业内部的创新管理体系，主要包括企业创新管理制度、创新组织与战略等；另一个是企业外部的创新协作网络系统，主要包括知识创造系统、技术创新系统、创新服务系统等。

沈阳企业创新活力体系是指沈阳区域内的企业为了实现其关键核心技术的突破，取得产品和技术的创新而在其内部建立的创新组织、制度安排，以及与外部各创新协作主体和创新服务机构通过分工、合作形成的创新网络体系。

通过对沈阳企业科技创新实际状况的深入分析，结合创新相关理论，我们认为要全面提升沈阳企业的创新活力，应在沈阳企业内部建立全面创新管理体系（Total Innovation Management system，TIMS）；而在外部应建立有效的创新协作网络（Innovational Cooperation Network，ICN）。沈阳企业创新活力体系的构建如图所示：

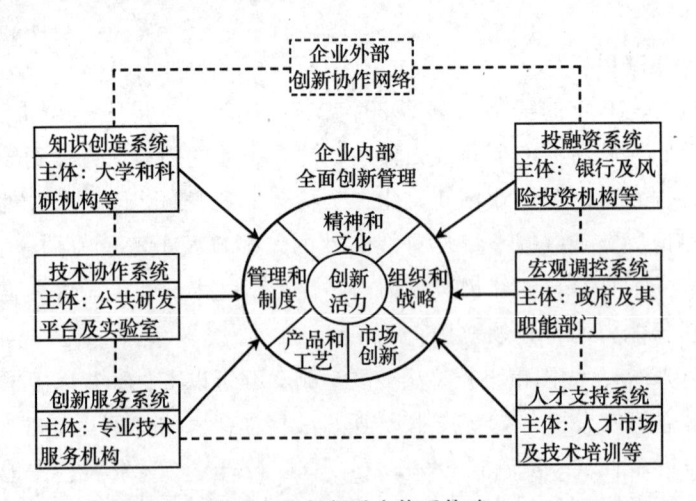

沈阳企业创新活力体系构建

第三节 企业内部全面创新管理体系(TIMS)构建

一 全面创新管理体系(TIMS)的概念

沈阳企业的全面创新管理体系(TIMS),应以构建和提高企业核心能力为中心,以价值创造和增加为目标,以战略为导向,以技术创新为核心,以组织的各种创新(战略创新、组织创新、市场创新、管理创新、文化创新、制度创新等)的有机组合与协同创新为手段,凭借有效的创新管理机制和方法,做到人人创新,事事创新,时时创新,处处创新。

二 全面创新管理体系(TIMS)的内涵

全面创新管理体系(TIMS)的内涵可概括为"四全一协同",即全要素创新、全时空创新、全员创新、全地域创新和所有创新要素之间的协同。其中,全员创新是主体,全时空创新是手段,全要素创新是内容。

(一) 全要素创新

全要素创新的关键在于协调好技术创新和非技术要素创新两者的关系。这种协同关系主要表现为:一方面,技术创新势必要求企业对各非技术要素进行调整,营造良好的技术创新环境。企业战略、组织、市场、制度、文化等创新中的主要功能是提高新产品或服务的创造效率。另一方面,非技术要素创新是企业对生产资源重新整合和配置,提高其利用效率的过程,是企业成功推进技术创新的保障。

(二) 全时空创新

市场竞争的日益激烈和用户对响应速度的日益要求使得创新必须时时刻刻地进行,永不停歇,必须力求做到每周七天、每天 24 小时都要思考创新。创新不是一次性的事件,而是涉及各个部门的一年到头永不停止的日常活动。

全时空创新就是让创新成为组织发展的永恒主题,每时每刻都在创新,使创新成为涉及企业各个部门和员工的必备能力,而不是偶然发生的事件。

(三) 全员创新

在企业的全面创新管理体系中,创新不再只是高级管理者和企业研发人员的专利,而应是全体员工的共同行为。从销售人员、生产制造人员、研发人员到售后服务人员、管理人员、财务人员等,人人都可以成为出色的创新源。领导者需要所有员工都参与到寻找加强组织的创新途径的过程中。

（四）全地域创新

随着经济全球化和网络经济的迅猛发展，企业的组织边界已超越了地理区域范围，甚至趋于模糊，实现了全球化发展。外包、竞合、战略联盟、虚拟团队等组织形式的出现使得企业的边界跨越了地区、行业甚至国家的限制，促进了研发、制造、营销的全球化。在这种背景下，企业应该考虑如何有效利用创新空间，在全球范围内有效整合创新资源为己所用，实现创新的国际化、全球化，即处处创新。

（五）创新要素间的协调

企业全面创新管理体系（TIMS）中的各个要素既相互影响，又相互制约。其中战略创新是方向，组织创新是保障，市场创新是途径，制度创新是动力，文化创新是先导，协同创新是手段。因此，在实施全面创新管理时，必须统筹考虑和周密安排各项非技术创新，使其彼此协调、相互促进，共同实现，从而为企业全要素创新的成功开展奠定良好的基础。

三　沈阳企业全面创新管理体系（TIMS）的构成

经过深入的调研分析，结合创新相关理论，我们一致认为，沈阳企业的全面创新管理体系（TIMS）应由5个子系统所构成，它们分别是：（1）精神和文化创新系统；（2）战略和组织创新系统；（3）管理和制度创新系统；（4）全面市场创新系统；（5）产品和工艺的协同创新系统。

一　精神和文化创新系统

（一）树立全员创新精神

创新精神是指要具有能够综合运用已有的知识、信息、技能和方法，提出新方法、新观点的思维能力和进行发明创造、改革、革新的意志、信心、勇气和智慧。企业家的创新精神是企业创新必不可少的要素，每个企业都有一种理念，有一种文化，企业家就朝着这个理念努力拼搏，时间长了就形成一种文化，企业家的成功就是因为他们有这种精神的支持。因此，创新是企业家精神的灵魂。另一方面，由于创新本身与风险相伴而行，这就需要营造一种鼓励创新、积极向上的开拓性企业文化，以形成不畏风险、勇猛精进的良好氛围。

在企业的全面创新管理体系中，创新精神不是企业家所特有的，而应是企业所有员工所共有的。因此，沈阳企业全面创新管理体系的构建离不开企业家、管理者和员工全员创新精神的支撑。

培育企业创新精神应发挥企业自身的主体作用，在加强思想政治工作和企业文化建设中，帮助员工树立科学的创新思维和创新理念。

（1）培育企业家的创新精神。企业家是创新意识的源泉，是企业创新的组织者和实现者，企业家精神对提升企业创新活力具有深远的影响。因此，要增强企业创新活力，最主要的途径就是提高企业家的素质，激发经营者的企业家精神，使他们尽快成为具有高度创新意识和精神的现代企业家。

（2）要引导员工明确创新是社会发展的规律。要使员工明确，世界历史是人类社会不断进步和发展的历史，进步和发展的动力来自社会基本矛盾运动，而进步和发展的形式和动力机制是永不停息的创新。创新是人类社会发展的规律，我们每个企业所进行的微观创新都是为人类社会、为民族、为国家创新做贡献，为自己、为后人造福。

（3）要营造有利于激发职工创新精神的企业环境。就是要通过创立一系列鼓励创新的激励机制，把提倡奉献和政治、经济激励结合起来，激发职工为实现自己的经济利益和实现自我价值而进入创新精神状态，调动不断创新的积极性。

（二）塑造创新型企业文化

有利于创新的企业文化是企业技术创新的不竭精神动力，它能够使全体员工为企业创新目标的实现而努力工作，并最大限度地发挥自己的潜能。企业的创新文化是指在一定的社会历史条件下，企业在创新及创新管理活动中所创造和形成的具有本企业特色的创新精神财富以及创新物质形态的综合，包括创新价值观、创新准则、创新制度和规范、创新物质文化环境等。

企业创新型文化的主要内容通常包括：被员工理解和广泛接受的富有挑战性的企业目标和愿景；鼓励冒险、鼓励创造性思维和容忍失败；倡导相互合作、知识分享和相互沟通；对创新行为给予及时的认可和奖励；便于信息沟通和创新协作的组织结构和部门设置；注重员工知识结构、专业、思维方式等的多样性；树立创新模范和典型等。

建立创新型的企业文化对提升企业创新活力具有重要的作用，针对沈阳企业目前创新文化的发展现状，我们认为可以从以下几方面着手来塑造沈阳企业的创新文化：

（1）确立企业创新价值观。在企业中确立创新价值观，主要是培养面向市场的价值取向，培养不屈不挠的实干精神，培养共事合作的团队精神，培养追求开拓、变革、高效和卓越的精神。（2）培育勇于进取的创新精神。创新精神是企业赖以生存的精神支柱，是企业内部凝聚力和向心力的有机结合，是企业文化建设的核心和基石。树立企业创新精神，就是要在企业员工中培养追求创新、不断进取的精神，形成不惧风险、容忍失败的观念，保持危机意识和竞争意识等。（3）树立"以人为本"的核心管理观念。在创建企业文化时，企业要十分关注人的志趣，注重人的文化背景，尊重人的价值和尊严，满足员工物质和精神需要。这样才能充分发挥员工的积极性和创造性。（4）构建学习型组织。创造力是一种可以学会的能力，公司必须要有正式的员工学习和发展项目，发展个人和组织的创造力。（5）敢于承担风险。企业必须创造一种氛围，让员工能够挑战传统的办事方法。在一种逃避风险的氛围中工作的员工不大可能创造出突破性的产品或服务。（6）容忍失败。期待员工每次尝试都能成功的想法是幼稚的，多多练习，创造力才能越来越强。因此企业必须营造一种氛围，即不用担心创意想法失败后会受惩罚甚至被解雇。（7）合作和团队工作。企业可以采取跨职能部门小组的方法来完善创意的想法，即组建一个由来自各个职能部门的员工组成的小组能够确保创意是均衡的。每一名员工都应该接受培训，明白如何成为一个有效的小组成员。（8）设置和构建完善的创新制度文化。创新制度文化反映了企业的创新价值观和创新精神。在现阶段，企业设置和构建的创新制度文化应主要包括：创新组织体系的设置，创新的行为规范，创新的管理制度，创新的激励制度，创新的考评制度，创新的约束制度，等等。

二 战略和组织创新系统

沈阳企业全面创新管理体系的有效运作需要企业的创新战略作指导，企业的创新型组织结构作为保障。

（一）战略创新

企业战略是企业的方向和核心，战略创新是企业根据自己的目标、市场和竞争对手等选择适合自己的战略。战略一般分为扩张型、多元化、联盟和一体化、紧缩型、稳定型等。

组织的战略创新要求企业根据自己的目标、市场和竞争对手进行战略创新，即选择适合自己的战略类型。战略创新的核心问题是确定企业的经营目标，因经营目标决定企业顾客、竞争对手、竞争实力，并最终决定企业的竞争策略。企业战略是企业的方向和核心，战略创新要适时、慎重地进行，从而为企业的全面创新指明正确的方向。

要实现企业的全面创新管理，组织的战略创新应从以下几方面着手：（1）把握时代发展脉搏，构建面向未来的企业发展战略；（2）调整企业发展战略，突出强调企业的创新发展战略；（3）战略思维从国内市场向全球化转变；（4）由企业内部积累资源转向对外部资源的获取与利用；（5）从制造业的以"硬"为主，开始向服务业的以"软"为主的转变。

（二）组织创新

企业的组织创新是为全体员工提供完善的创新组织流程和充分的授权水平，是为了有利于技术创新的开展而对组织结构和管理机制进行的调整。当前，落后的组织结构和管理机制已成为严重制约沈阳企业技术创新活动有效开展的瓶颈，而组织创新已成为提高企业技术创新绩效的关键因素。

组织创新可以首先理解为组织变革的过程，同时，企业组织的变革过程也是一种创新的过程。组织管理变革的过程，正是寻找适合于本企业需要的行之有效、运转灵活的新型组织管理形式的过程，也是提高企业创新能力和竞争力的一种途径。

要实现全面创新管理，沈阳企业的组织创新应主要从以下方面进行：（1）设立企业创新活力管理机构——全面创新管理委员会，统一协调和管理企业的创新活动，委员会下设产品创新发展部、工艺创新发展部、管理创新发展部等创新职能部门；（2）构建扁平化的组织结构、大力减少中间组织层次；（3）培养领导和员工的合作伙伴关系；（4）大力扶持和发展企业的技术和研发中心机构；（5）重视员工的知识技能培训；（6）建立企业信息和知识的流动与共享机制；（7）建设学习型组织。

（三）沈阳企业创新战略的选择

就目前来看，沈阳企业的创新现状不容乐观，当前面临的挑战和考验也更加严峻。如何从沈阳创新型企业的实际出发制定正确的战略，关系到沈阳创新型企业能否应对经济全球化的冲击和企业自身的生存发展，进而影响到沈阳国民经济发展和科技进步。因此，沈阳创新型企业应当制定符合自身条件的创新战略。

下表概括了常见的几种技术创新战略,是对自主创新、模仿创新、联合创新战略等六种创新类型在优势劣势和适用条件上的比较,其根本区别在于创新程度不同。可以作为不同企业在进行技术创新战略选择时的主要依据。

各种技术创新战略的比较

战略类型	优势	劣势	使用范围
自主创新型	有利于形成自己的核心能力,有市场领先性,可以获得垄断利润	投资大,周期长,风险大	经济实力强,技术创新能力强,或掌握独特技术垄断权的企业
模仿创新型	投资小,风险小,周期短,若实施得当也可超过领先者	处于技术和市场劣势,难以取得突破,市场占有率一般较小	有较强消化能力,或有一定研究和开发能力的企业
联合创新型	减少研发投资,缩短创新周期分散风险	不能独占技术创新成果,合作者有时可能成为竞争对手	开发难度大,投资大,风险大的技术领域具有合作条件的企业
进攻型	处于市场竞争的主动地位,可以开辟新的市场	代价高,风险大	具有技术优势,具备向技术与市场在位者进攻能力的企业
防御型	风险小,代价小	可能处于市场被动地位	技术与市场较高而稳固的企业
游击型	可能出奇制胜	具有较高的冒险性,风险较大	把握潜在技术和市场机会强的企业

1. 自主创新战略的选择

采用自主创新战略,通常要求企业拥有很强的研发能力,雄厚的技术基础和充足的研发资金。这些先决条件,沈阳一般的企业并不具备,因此不适宜来用这种战略。但对于沈阳的一些规模实力雄厚的大型企业来说,情况略显不同,尤其是沈阳的优势产业——装备制造业,其中的一部分企业,不仅研发能力强,还得到各方面资金的支持。

近年来,依靠不断的技术创新实现产品的升级换代,沈阳机床集团、沈阳鼓风机集团、沈阳重型集团等工业企业在激烈的市场竞争中捷报频传，在同行业中始终处于领先地位。实施率先创新战略，提前进入并占有市场，取得专利权，树立自己的技术品牌，形成核心技术，进而形成强大的市场力，甚至制定产业的技术标准，主导技术、产品和市场的走向，应该说是沈阳这类创新型企业最理想的发展模式。

但目前来看，这类企业在沈阳的数量还不多，若要真正推动沈阳市的自主创新进程，就必须拥有一大批类似的、最具实力、最能代表沈阳未来发展趋势的企业来带动。这批企业选择自主创新模式，瞄准国内外最新技术，紧跟发展的步伐，将有助于建立竞争型的管理体制，引进和培养高精尖水平的人才队伍，创造具有本地特色和国际、国内竞争力的优势，强化企业的技术创新能力。在此基础上，制定更高的战略目标，对推动全市技术创新体系的形成具有重大示范和导向作用。

2. 引进国外先进技术进行模仿创新

这一战略是后进企业追赶先进企业的主要战略。模仿战略，一般将技术创新定位于对领先型的产品和技术进行消化、做更多的努力。其优势在于投入较少，吸收、再提高，在降低成本和拓展市场方面可以降低创新风险，少走弯路，以具备后发优势。

模仿创新是加速企业发展的一种有效模式，依据自身的能力，企业既可以模仿新技术，也可以模仿成熟技术；既可以模仿领先技术，也可以模仿先进技术。在独立创新能力不足的条件下，模仿具有市场潜力、具有潜在经济效益的技术既可以降低成本、提高企业的竞争力，又可以使风险降低并创造较好的收益。

沈阳的创新型企业在国际市场中不占主导地位，在不公平的竞争环境中处于劣势，技术创新困难重重。在这些不利条件的约束下，选择引进国外和国内先进技术，可以节省资金，缩短市场进入时间。而且这些技术比较成熟，已被市场认同，市场风险较小，可以成为沈阳企业技术创新的主要战略。一般的企业选择模仿战略自然是一种明智的选择。但值得注意的是，技术引进不但要引进硬件，而且要加强对软件的引进，同时加强对技术的吸收并加以模仿创新。

因此，鉴于沈阳市大多数中小企业处于发展的初级阶段，尚不具备自主创新的能力，是一支灵活多变极具创新潜力的力量，因此模仿创新是这类企业最好的选择。

3. 通过产学研联合实现合作创新

联合创新，或称合作创新战略应该是沈阳市大多数企业可选择的战略模式。目前沈阳市大多数企业创新能力薄弱，只有依靠创新成果的引进，才能迅速提高企业技术水平，增强企业创新能力。但若要变被动为主动，变劣势为优势，企业就必须加强对引进技术的消化、吸收，并能在基础上进行再创新，真正提高企业的竞争能力。实施这一创新战略的主体不管是大中型企业，还是小企业，寻找合适的对象进行技术创新的合作，都是一个很好的选择。

沈阳企业的合作创新不但要加强同国内企业之间尤其是企业内部之间的合作以发挥集群效应，而且要加强同国外企业之间的合作，不但要同企业合作，而且还要同高校及科研机构的合作走产学研联合开发的合作创新道路。

沈阳市已有部分企业在科技创新上具有相当的实力并取得了成功，如能与其展开合作，加强两者之间知识的流动，企业将不仅能够获得宝贵的经验，而且还会获得企业范围以外的技术专长，从而大大受益。此外沈阳拥有得天独厚的人才优势。沈阳现拥有东北大学、沈阳工业大学、沈阳金属研究所等众多大专院校和科研院所，汇聚了大量高水平的科技人员，每年都能创造出一批很有价值的科技成果。如能充分利用好这些宝贵的资源，开展产学研的合作，加强对产学研联合的组织协调，积极推进企业与国内外大专院校、科研院所的合作，互补优势、共享资源，那么在技术创新的道路上，企业研究开发成本将会被分担、风险将会被分散，企业能够获得研发的规模优势，缩短研发时间，快速获得新技术，进而快速抢占新市场。

当前技术发展迅速，市场竞争异常激烈。因此，联合创新不但有利于提高企业的技术创新和技术产业化的效率，节约资源和时间，而且有利于其核心竞争力的形成。以技术创新为纽带，采用恰当的横向联盟或纵向联盟形式，集结多种创新资源，以不断的创新来推动企业向资本和技术密集型过渡，是沈阳创新型企业长期发展的一项重要的战略选择。

4. 中小型创新企业应合理采取游击战略

对于沈阳的创新型中小企业而言，应当合理采取游击战略，加强市场细分和技术开发，开辟新技术和新市场。沈阳中小型的创新型企业技术落后，市场竞争力不强，难以同大企业和国外发达的中小企业正面抗衡。因此合理采取游击战略,加强技术开发和市场细分,努力开辟新的技术和市场领域,从而使沈阳创新型中小企业避免同大企业和国外发达中小企业进行直接交锋,从而在市场竞争中站稳脚跟。

总体看来,自主创新、模仿创新和合作创新是当前沈阳市工业企业在选择创新模式时应该首先考虑的,但这并不意味着其他模式或是模式组合就可以不考虑了。不同企业在企业实力、技术状况、产业状况以及所面临的社会环境等方面是不同的,因此在选择创新模式的时候,企业应该从自己的实际出发,综合考虑各种影响模式选择的因素,做出最适合自己的选择。企业既可以选择一个模式,也可以将几个模式相结合,各取优势,找出最适合本企业特点的战略模式。此外,从企业发展的过程来看,技术创新是一个动态的、随着情况变化而变化的过程。企业发展的一般规律是由弱到强、由小到大,企业只有在不同发展阶段上选择不同的战略模式,才能不断推动自身从低级到高级、从劣势到优势的发展。因此创新模式的选择不是绝对的,也不是一成不变的,沈阳市工业企业只有与时俱进,紧跟时代步伐,随时调整自己的创新模式,才能在技术创新的不断推动下不断发展壮大。

三 管理和制度创新系统

制度创新就是改变原有的企业制度,建立产权清晰、责权明确、政企分开、管理科学的现代企业制度。企业全面创新管理体系中的制度创新主要包括以下方面:(1)建立和完善权利、决策、执行、监督相互制约的企业法人治理结构,形成股东会、董事会、监事会以及总经理为首的决策体系;(2)实现知识、技术等生产要素参与收益分配;(3)提高企业创新的管理水平;(4)完善创新激励体制。建立综合运用物质、精神、情感等不同激励方式来激发全员的创新潜力和热情,努力实现创新目标的制度。

(一)完善法人治理结构

创新制度建设的首要工作应是加快现代企业制度建设、规范公司治理结构。一方面,要规范公司的组织结构,科学划分董事会、经理层和监事会的职责。董事会主要负责重大问题的决策和经理层的任命,管理层负责日常经营,监视会依据有关规定对董事会和经理层实施监督。完善财务总监和监事会派驻制度,强化出资人的监督职能。更好地发挥各种党团组织和工会在现代企业制度中的作用,实现与其他机构职能的有机结合。另一方面,要规范公司的分配结构,更好地发挥激励机制的作用。更加注重管理、科技人才在企业发展中的贡献,充分调动企业骨干的积极性。

(二)实现技术等生产要素参与收益分配

1. 积极进行企业内部职工持股试点

按照建立现代企业制度的要求,实行股份制改造或产权管理清晰的竞争性企业,可以进行职工持股试点。职工持股应坚持自愿原则。职工持股资格、认购股份数额和股份认购方案,要通过职工集体讨论或其他方式民主决定,并经股东大会或产权单位同意后执行。经营管理人员、业务和技术骨干的持股数额可适当高于一般职工,但企业股份不能过分集中在少数人手里。经营者持股数额一般以本企业职工平均持股数的5至15倍为宜。职工持股可以实行多种形式,要以职工出资认购股份为主,也可对职工实行奖励股份等办法。

2. 逐步实现技术要素参与收益分配

沈阳具备条件的企业可以试行科技成果和技术专利作价折股,由科技发明者和贡献者持有。以科技成果入股的,科技成果作价金额一般不超过企业注册资本的20%。以高新技术成果入股的,高新技术成果的作价金额一般不超过企业注册资本的35%。由本企业形成的科技成果,可根据《中华人民共和国促进科技成果转化法》规定,将过去的3—5年里实施转化成功的科技成果所形成利润按规定的比例折股分配。群体或个人从企业外带入的科技成果和专利技术,可直接在企业作价折股分配。在研究开发和科技成果转化中做出主要贡献的人员,所得股份应占有较大的比重。科技成果评估作价可由企业与科技发明、贡献者协商确定,也可委托具有法定资格的评估机构评估确定。技术入股方案,公司制企业由董事会提出,非公司制企业由经营领导班子提出,经股东大会或职工代表大会讨论决定,并报产权主管部门和劳动保障部门审核。

3. 具备条件的小企业可以探索试行劳动分红办法

劳动分红办法,原则上只在资本回报率和净资产收益率高于社会平均水平的小企业试行。公司制企业,经董事会或股东大会同意,非公司制企业,经产权主管部门同意,可以试行劳动分红办法。劳动分红的方案要征求职代会或工会的意见,并报劳动保障部门和产权主管部门审核。

4. 正确处理按劳分配与按生产要素分配的关系

按资本、技术等生产要素分配要遵循国家有关法律法规和政策规定。股份分红应以企业盈利为前提,按照《中华人民共和国公司法》进行利润分配,既要维护劳动者的合法权益,又不得损害国家和其他股东的合法利益。股份分红不能侵蚀工资,工资分配不能侵蚀利润。实行职工持股和技术入股的企业,要完善工资支付制度,按照当地政府颁布的工资指导线和政府的有关政策规定,合理增加工资。要坚持投资风险与收益一致的原则,职工持股、技术入股与其他股份实行同股同利原则。不论职工以何种形式入股,均应承担相应的风险,不得实行与经济效益相脱离的"保底分红"和"保息分红"办法。

(三)提高企业创新的管理水平

对于沈阳的创新型企业而言,有效的管理可以提升企业的创新活力。因此沈阳企业应建立与创新工作相适应的管理机构和管理制度,要有扎实的企业管理水平与之配套。要使技术创新能够持久下去,必须在内部机制上进行创新,要围绕并加快创新这一主线,制定创新规划和实施计划,改革内部机构设置、管理体制和运行机制,强化创新力量,健全创新网络,优化激励机制,挖掘创新潜力。为此沈阳创新型企业可考虑采取以下措施来提升其创新管理水平:

(1)进行创新流程管理。对创新型企业来说,管理创新比技术创新还重要,企业必须寻求创新与效率的平衡。合理的创新流程管理能够最大限度地发挥企业的资金、技术、人力资本,减少研发过程中的管理成本。因此,对于创新型企业来讲,建立一种持续的创新活力体系必须有一套科学的创新过程管理方法。在研发管理上,沈阳的企业经常没有研发计划,甚至在高层指示下就直接开始了研发。就算有研发计划,相应的评审也往往是技术型而不是业务型的,觉得先进就上马,根本不管有没有市场。这种无计划的研发直接造成了两个后果:首先是产品和技术的开发重合,导致实用产品迟迟推不出来;其次是由于评审和决策仅仅是出于主观判断,没有符合市场需求的标准,结果造成产品一改再改,无法一步到位。因此沈阳企业应建立科学高效的集成产品开发流程和集成供应链。其实,集成供应链的核心就是一个流程重组和产品重组的问题。首先把研发的流程坚决地固化,接下来,就是建立一个跨部门的团队去支持流程的实施。一个产品的开发变成了牵扯整个产品线甚至整个公司上上下下各个核心部门的集体活动。立项到研发管理，从制造的效率到市场销售计划，各个部门都要有人参与到规划和实施的过程里，基本上要在产品开发之前做出相关的规划，并且在产品开发的过程中相互协调，以保证这个产品从始至终都是技术领先、成本合理并且符合市场需求。

（2）加强研究开发体系建设。沈阳创新型企业应当建立完整的技术研究开发体系，根据自己的产品情况和行业技术特点建立从产品的需求分析、预测到研发，最后到试验和试生产等一系列子系统，这些子系统共同形成一个企业的研究开发体系。具体来说，沈阳企业可考虑在其内部建立三大研究系统，即产品发展战略规划研究系统、产品研究开发系统，以及产品中间试验系统。产品发展战略规划研究系统主要承担产品的战略规划和预研工作。产品研究开发系统主要承担产品的工艺开发工作。中间试验系统主要是进行新产品、新器件和新工艺的品质论证及测试方法研究。

（3）通过工作轮换产生知识来实现知识创新。通过换岗，使员工接触新的人员和环境，其对整个生产流程有更详细的了解，并可能会在新环境中受到创新的启发，使创新整体效益最大。

（4）选择具有领导才能的高级工程师做首席工程师，对创新运用负责，其具有丰富的经验和良好的技术能力，能了解各种创新，并能很好地将创新运用到企业中。

（5）在企业内部建立推进创新的特别任务课题组，虽然每个员工都参与到创新中，但有时为一个重大的研究创新还需要建立一个课题组。

（6）从研究到转移创新成果进行时空创新管理，对于一些研究开发创新，要使其尽快运用到企业中，并对其时时、处处进行跟踪管理，以备进一步改善。

（7）提倡互相竞争的创新文化，以及并行创新的工作方法。

（8）密切关注外部竞争对手的创新。

（四）完善创新激励体制

Pierce 和 Delbecq（1977）发现员工的态度和价值观（工作满意度、工作积极性和内在激励）在企业创新中扮演了重要的角色。这个发现是必然的，因为在企业知识创新的过程中仅有人力资本存量是不够的，激励也是人力资本发挥作用的必要条件，对企业知识的创造起到了导向作用。

在沈阳企业全面创新管理体系中，创新激励机制的设计应从以下几个方面入手：

(1）建立创新导向的考核与奖酬制度。企业应对个体、团队及企业的创新绩效定期进行考核和评价，并对知识创新产出优异者给予丰厚的物质及精神奖酬，只有这样才能产生知识创新的原动力。

(2）设计有吸引力的长期契约承诺。企业可以运用内部员工持股、股票期权、创新实现承诺等远期激励方式来对企业个体及团队的创新行为进行长期激励。这样做一方面可让每个员工通过将一部分劳动、技术知识所得转成股本，使员工成为企业的主人与公司结成利益与命运的共同体；另一方面，将不断地使最有责任心与敬业精神的人进入公司的中坚层，形成公司的中坚力量和保持对公司的有效控制，使公司可持续性成长。

(3）构建强有力的创新企业文化，塑造共同的使命感、认同感及价值观。企业必须努力创造一个使员工对企业具有使命感的环境，这样员工才会愿意在企业中与其他员工共享他们独特的专业知识，而这种环境的塑造则需要企业建立强有力的创新导向型文化。

(4）进行组织学习和培训激励。在知识经济时代，知识更新速度加快，企业科技人员的再学习与再提高成为影响他们能否掌握最新技术和创新水平高低的至关重要的因素。因此，企业应该构建一种学习型组织，为员工提供一种轻松学习交流的氛围环境，使个体在企业学习的激励带动下实现自我学习，最终使员工的知识存量得以提升。此外，企业要制定相应的科技人员创新能力培养规划，实施有针对性的培训。企业可以通过送出去、请进来等灵活多样的办法进行科技人员培训，帮助他们学习掌握市场经济知识、企业管理知识、科学技术知识，以及专业发展知识，增强他们的技术创新能力。

(5）使创新者共享创新成果。企业应在内部创新机制中构筑一条创新价值链，让员工全力地创造价值，并通过360度的考核评价体系科学地评价其创造的价值，最后依靠企业的价位分配体系合理地分配价值。只有对员工的创新行为和创新结果做出正确的评价，并予以合理的回报，才能使创新活动持续下去。

(6）精神激励。科技人员的发展性需要比管理人员、市场开拓人员、工人更强烈，他们需要有更多的成长和发挥才干的机会。因此，给科技人员更多的精神激励，充分肯定他们的工作成就，让他们参与管理决策，给以相应的尊重、信任和情感关心也能够在一定程度上有效调动科技人员创新的积极性。

四 全面市场创新系统

市场需求是企业创新的根本动力，市场需求的变化为企业创新发展指明了方向。市场需求既是促进创新的外部社会动力，又是创新的社会物质资源环境变量中的重要成分。从世界范围的技术创新实践来看，企业创新的动力，在很大程度上来自于国内外市场竞争的压力。因此，在企业创新活动中，如何准确地把握市场需求的类型及发展趋势，如何构建良好的市场信息反馈和快速响应机制，并形成创新行动系统和市场需求之间灵敏通畅的互动关系，是创新能否顺利实现的重要保障。

市场创新，是指企业从微观的角度主动地促成自身产品在市场的占有比例的提高，不断开拓、占领新的市场，与此同时形成适应市场变化的机制，从而满足新的要求。市场创新意味着既重视占有市场，更重视创造市场。从创新的内容上来看，市场创新是市场各要素之间的重新组合，它既包括产品创新和市场领域的创新，也包括营销手段的创新，还包括营销观念的创新。

在相同的市场条件下，不同的市场创新是决定企业市场竞争力的一个重要因素。目前市场的发展趋势为：顾客需求的个性化、市场的全球化趋势和区域化趋势并存，市场竞争是价格、质量、服务、环境等多维度的竞争，因此企业需要提供综合的市场解决方案。企业进行市场创新的基本类型为：首创型市场创新、改创型市场创新、仿创型市场创新。

市场创新的具体内容包括：目标顾客（需求）创新、产品创新（功能、质量和品牌）、价格创新、渠道创新、促销创新等。

五 产品和工艺的协同创新系统

全面创新管理模式下的全要素创新要求企业根据市场需求进行产品创新，并根据产品创新的要求进行工艺创新，以使两者相互协同、相互促进、相得益彰。

（一）实施产品创新

现代企业的产品创新应是建立在产品整体概念基础上的以市场为导向的系统工程，它贯穿产品的构思、设计、试制、营销全过程，实现产品某项技术经济参数质和量的突破与提高。全面创新管理模式下的产品创新的重点在于重新配置、整合和优化创新过程的内部机制，如并行工程、多功能小组、先进工具和早期参与，使创新的产品符合未来发展的趋势。未来产品的需求特征主要表现为：多样化、个性化；国际化和全球化；智能化；高效、高参数化、高可靠性；以及生命周期趋短等。因此全面创新管理模式下沈阳企业的产品创新要根据未来产品的特征进行。要采用多种创新类型，如自主创新、模仿创新、合作创新等，不仅要有企业内部的创新小组、技术中心，而且要与高等学校、科研院所和其他企业建立合作创新联盟。

（二）推进工艺创新

工艺创新是指研究和采用新的或已有改进的生产方法，主要表现为对生产装备的更新，对生产过程的重组，或者以上两者都有。企业在工艺创新中必须具有项目规划能力、监控能力、跨部门管理能力以及非常规工作的管理能力。

当前企业工艺创新的发展趋势是：超精密、超高速；必须能跟得上产品创新的"步伐"；满足产品设计和生产技术的绿色要求。因此，全面创新管理体系中沈阳企业工艺创新的实施应从以下几方面着手：（1）全员树立工艺创新的观念；（2）领导应该加大重视和支持力度；（3）完善激励机制；（4）给予一定的时间、空间和物资设备的支持；（5）以产品生产的要求和相关技术的发展趋势为导向。

（三）产品和工艺协同创新

在当前的竞争压力下，企业必须同时减少成本和提高质量，这就要求企业对产品、工艺创新同时并举。国外学者 Pisano 等人在考察了美国与欧洲的制药企业后，提出对新产品与新工艺的同时开发不仅可能而且必要，他们发现凡是那些将二者作为一体来对待的企业都获取了巨大的优势。新产品与新工艺的一致性可使新产品上市变得更加平稳，使复杂产品的商业化过程变得较为容易，也使市场的渗入更加迅速。

全面创新管理中的工艺创新与产品创新都是为了提高企业的社会经济效益，但二者途径不同，方式也不一样。产品创新侧重于活动的结果，而工艺创新侧重于活动的过程；产品创新的成果主要体现在物质形态的产品上，而工艺创新的成果既可渗透于劳动者、劳动工具和劳动对象之中，还可渗透在各种生产力要素的结合方式上。工艺创新与产品创新之间存在着有机的动态联系。企业只有将产品创新和工艺创新相结合，才能取得技术创新的良好效果。

第四节　企业外部创新协作网络（ICN）构建

企业创新协作网络是指作为创新主体的企业与其他相关的企业、大学、研究所、创新基地、营销机构、政府部门以及金融、保险、法律、人才、信息、咨询等创新中介服务机构之间建立的一种稳定持久的合作关系。

构建沈阳企业创新外部协作网络，关键是要结合沈阳市的创新实际，围绕提高企业创新活力水平，加快建立以企业为主体，政府、企业、大学及科研院所共同参与的官产学研紧密结合的创新活力体系。在提升沈阳企业创新活力水平过程中，政府主要做好科技政策和经济政策的制定及其相互协调；企业主要更新观念、转换机制，形成完善的技术引进、创新与转移机制；大学及科研院所主要发挥自身资源、技术、人才、科研、信息等方面的优势，为企业提供人才培养、技术支持、信息咨询及科技创新服务。只有这样，政府、企业、大学和科研机构共同参与的创新活力体系就会形成，就能为我国占领未来科技制高点，促进经济的持续、协调发展奠定坚实的基础。

综上所述，沈阳企业创新协作网络建设主要包括以下几方面要素：(1) 外部知识创造系统；(2) 外部技术协作系统；(3) 创新服务系统；(4) 多元化投融资系统；(5) 政府宏观调控系统；(6) 人才支持系统。

一　知识创造系统

（一）知识创新及其特点

企业创新协作网络中的知识创新活动是指那些人类在认识世界、改造世界的过程中所进行的基础研究与应用研究，以及将其研究中所获得的新现象、新规律、新原理扩散与传播到需要它的技术创新中去，从而启发并产生新产品、新工艺、新产品领域的过程。

知识创新是技术创新和制度创新的基础，没有知识创新，技术创新、制度创新就成了无源之水、无本之木；而另一方面，技术创新所形成的经济效果与技术成果又反过来为知识创新提供物质保证与技术保证。

知识创新过程最主要的特点是其探索过程的自由性，因此不能有很强的计划性；同时具有一定的风险性，即其研究成果的前景具有很强的不确定性，而且也很难立即产生经济效果，需要政府等其他创新主体的补贴，因此市场经济对其是失效的；另外，知识创新需要多学科的综合和宽松的研究环境，需要最富于创新的人才群体。这些特征决定了高校和科研机构作为创新活力体系中知识创新的主体地位。

（二）高校与科研机构是知识创新的主体

首先，高校与科研机构不断地产生新的知识和技术，包括基础知识、应用知识和技术。基础知识的产生一方面可以构建技术创新的知识基础，另一方面有利于营造创新的社会文化环境，而应用知识和技术的创新则可以直接转化为生产力。高校和科研机构等知识创新主体的研发更有利于提高基础知识的存量，并使企业的技术研发能够建立在更广泛的知识基础之上，从而拓展其技术创新的空间。

其次，高校和科研机构等知识创新主体在创新活力体系的运行中，还承担着教育和培训的职能，包括科学家、工程师和技术人员等创新人力资源所必需的数量和质量两方面的培训。因此在构建创新活力体系的人力资源基础方面，高校和科研机构不但可以通过自身的作用向本地劳动力市场提供充裕的高素质的科学家和技术人才，而且可以通过本地产生的人才集聚效应，吸引更多的高素质创新人力资源到本区域聚集，促进本区域劳动力市场结构的完善，从而推动区域内外的知识、技术等要素的流动与组合创新。

最后，实现产学研的合作创新。一方面，高校和科研机构等知识创新主体直接融入区域的发展中，与当地企业密切合作，使知识在区域内重新组合，促进技术的扩散，从而提供更多的创新机会。另一方面，高校和科研机构建立自己的科技园区，承担起企业孵化器的作用，依托学校的科研条件，促进企业与高校以及科研机构的知识互相融合，而且可以不断转化最新的科技成果，向社会上输送成熟的高新技术企业和能够产业化的科技成果，带动区域内高新技术企业的发展。

（三）沈阳企业知识创新协作系统建设

在沈阳企业外部创新协作网络建设中，应充分发挥高等院校的原始创新资源、优势和潜力，加强产学研合作的规划、组织和引导工作，建立大规模、高层次、多形式的产学研合作对接机制，支持鼓励高等院校、科研机构和科技人员面向经济社会主战场开展研发活动，促进创新要素向企业聚集，实现知识创新系统与技术创新系统的有机融合。同时，面向国内外，把产学研合作扩大到全球范围，使产学研合作路径直达世界一流院（所）校，使产学研合作项目上升为政府级别，谋求利用全球创新资源，构建面向全球、为我所用的知识创新系统并充分发挥其为本地经济发展服务的作用。

二 技术协作系统

（一）技术协作系统及其构成

创新网络中的外部技术协作系统是指对企业创新活动起到支持作用的各类技术创新协作组织形式。具体包括合作创新系统和公共研发系统两部分。

1. 合作创新系统

合作创新是指企业通过与其他企业、科研机构、高等学校等建立技术合作关系，在保持各自相对独立的利益及社会身份的同时，在一段时间内开展协作从事技术或产品的研究开发，在共同确定的研究开发目标的基础上实现各自目标的技术创新活动。

合作创新既包括具有战略意图的长期合作，如战略技术联盟、网络组织，也包括针对特定项目的短期合作，如研究开发契约和许可证协议。近年来，合作创新已经成为国际上一种重要的技术创新方式，由于企业合作创新的动机不同，合作的组织模式也多种多样。

狭义的合作创新是企业、大学、研究机构为了共同的研发目标而投入各自的优势资源所形成的合作，一般特指以合作研究开发为主的基于创新的技术合作，即技术创新。广义的合作创新是指企业、研究机构、大学之间的联合创新行为，包括新构思形成、新产品开发以及商业化等任何一个阶段的合作都可以视为企业合作创新。所以，企业合作创新概念是在上文中所指的广义上的合作创新概念。

从合作创新的形式上来看，企业最深层的合作创新是以合资、合并等形式进行，并最终可以融入一个工商部门登记的新企业组织中；企业稍浅层的合作创新是以企业间的网络组织等形式进行，其中各企业仍保持自身独立的存在，而只在一些方面或一些时候与其他企业保持合作关系，如合作研发组织、战略联盟、小企业互助组织、虚拟组织等；企业最浅层的合作创新是以沟通与交流等形式进行，相关企业可以在经营经验、策略、思路等方面相互学习、相互影响、相互启发。

2. 公共研发系统

公共研发支持系统指的是为企业创新活动提供技术支持的各类研发平台、技术中心及创新基地等。公共研发平台能够整合各部门的资源优势，弥补单个企业研发能力不足的问题，是科技创新的必要物质基础。因此，加强研发平台建设是激发创新活力、提高创新能力的重要手段和有效途径。

企业公共研发系统的要素主要包括：科技创新园区、公共创新研发平台；工程技术中心；重点实验室；各类、各级企业研发中心；产业技术创新联盟和创新基地；各类博士后工作站，以及大型仪器共享系统等。

（二）沈阳企业技术协作系统建设

沈阳企业技术协作系统的建设应着力加强以下几方面的工作：

1. 产学研联合开发。沈阳创新型企业不但要加强同国内企业之间尤其是企业内部之间的合作以发挥集群效应，而且要加强同国外企业之间的合作，不但要同企业合作，而且还要同高校及科研机构的合作走产学研联合开发的创新道路。

2. 加强沈阳经济区区域创新合作。发挥中心城市服务、辐射带动作用，以城际连接带建设为纽带，促进区域内部创新要素合理流动，着力提升区域创新能力，通过产业转移和城市功能互补，与经济区其他城市建立更紧密的合作关系。

3. 建立区域创新协调机制。整合沈阳经济区内现有科技资源，编制区域发展的科技规划，制定区域性创新的政策法规，协调区域内科技资源配置及利益分配，组织实施区域内科技体制运行的监督评估等。围绕区域特色资源和共性技术开展联合攻关，形成区域产业协作和战略联盟，促进创新资源在经济区内实现优化配置。

4. 建立区域科技研发共享平台。整合经济区现有的工程（技术）研究中心、企业技术中心等研发资源，建立研发共享平台，围绕经济区重点行业和重点领域的共性、关键性重大技术难题开展联合攻关，以产业技术升级带动和促进产业结构的优化升级。

特别是要加快沈阳铁西装备制造业聚集区公共研发促进中心建设，充分整合政府、学校、科研机构和企业四方资源，实现资源优化配置，提高综合创新能力。

5. 建立科技资源共享平台。整合各市现有各类科技信息资源，建立沈阳经济区区域性文献信息网络、大型科学仪器设备共用网络、科教信息网以及包括专家库在内的各种数据库信息网络，建立科技资源共享平台。

6. 建立区域技术产权交易共享平台。依托沈阳技术产权交易中心以及经济区内各市技术产权交易机构，建立沈阳经济区共享技术交易网络，共享技术产权交易平台，共享科技投融资渠道，联办展览及展示活动，共同开展计划项目招标以及共享科技成果拍卖业务等。

7. 引导和鼓励企业以新体制、新模式建立研发机构，重点支持国家级和省级企业技术中心建设，鼓励有条件的重点企业集团建立院士工作站、博士后工作站（流动站）等研发合作组织。

8. 支持企业与高校、科研院所通过联营、参股、合作等多种形式共建企业技术中心、工程技术研究中心和重点实验室。鼓励企业与高校、科研院所合作建立股份制科技企业，形成以企业为主导、以科技合作项目为龙头、以产权为纽带、以市场为导向的产学研战略联盟，实现科技开发链与产业链的有机衔接。

9. 依托企业、高等学校和科研院所现有的技术中心、工程技术研究中心、重点实验室，建立一批以装备制造技术为重点、市场化运作的公共技术平台，向社会和中小企业开放，提供研发、中试、检测等技术服务。对获得国家、省级立项支持的重大科技产业技术共享平台给予资金匹配。鼓励大型设备仪器共享，对设备仪器开放共享的单位给予补贴。

10. 积极开展政府间和民间的科技交流与合作，办好重大科技交流活动。支持驻沈科学家和科研机构参与或牵头组织国际和区域性科学工程。鼓励以中外合办、外资独办的形式在沈建立研发机构和国际科技合作基地，探索在国外建立科技合作窗口，支持企业到海外设立研发机构或产业化基地。

三　创新服务系统

（一）创新服务的含义及特点

创新协作网络中的创新服务机构是指创新网络内从事与创新活动相关服务的机构，包括区域内存在的各种技术市场、劳动力市场、行业协会、商会、创业服务中心等组织机构，以及律师事务所、会计师事务所等各种形式的服务机构，这些组织兼具了市场的灵活性与公共服务性两方面的特征。

作为创新活动服务主体的创新服务机构,虽然不直接从事创新活动,但作为创新活动的主要辅助者,在促进技术创新和产学研联合与发展的过程中,发挥着重要的桥梁和纽带的作用。一般来说,创新活力体系中的创新服务机构是具有服务功能的组织机构,而不是以盈利为目的的,它一般介于政府和企业及高校和科研机构等创新主体之间,所起到的是协助的作用,尤其是在扶植中小企业方面发挥着重要的作用。由于其半官方和非营利性的性质,使得创新服务机构能够聚集信息、技术、投资和管理等各方面的专家,为创新主体提供专业化的服务,从而促进创新活动的开展和创新成果的产业转化。

(二) 创新服务机构是服务创新的主体

随着社会主义市场经济体制逐步完善,创新服务组织已经成为创新活动的一个重要组成部分。在市场经济体制条件下,创新服务组织的功能主要表现在如下方面:

1. 对完善和优化我国创新活力体系的结构和功能具有重要作用。创新服务主体在创新活力体系中可以促使创新体系技术知识扩散、流动顺畅,创新资源得到有效整合,充分发挥创新体系整体功能。

2. 协调企业与政府之间的关系,规范市场行为,维护市场竞争秩序。服务创新主体的主要职能就是沟通政府和企业之间的联系,制定行业发展战略和规划,指导行业发展,调整成员之间商务、贸易关系,协调生产与销售的关系,维护会员单位的合法权益,协调对外经济技术交流和贸易活动等。

3. 发挥市场对科技要素资源的基础性配置作用。服务创新主体既是政府与市场和社会的中介,也是各类科技资源之间的市场中介,因此,它可以按照市场机制,实现科技要素资源的优化配置,并通过提供综合服务,发挥纽带、桥梁作用,促进科技成果转移,实现产业化,具有其他任何社会组织难以替代的重要作用。

4. 为技术创新主体和创新知识的供应者提供专业化、社会化的服务。提供专业化、社会化的服务是服务创新主体的基本功能。服务创新主体科研提供服务的方式有软、硬两种形式,软性服务有信息服务、咨询服务、策划服务、营销服务等,硬性服务主要指专业化的技术服务,如提供中间试验、产品设计、性能检测、高新技术企业孵化等。

(三) 沈阳企业创新服务系统建设

在沈阳企业外部创新协作网络建设中,应大力发展专业技术服务机构，引导创新服务机构向市场化、专业化、规模化和规范化方向发展。

1. 创业孵化平台建设

把孵化器发展作为技术中介服务系统的重中之重，引导带动沈阳创新、创业服务体系的建设。完善科技创业孵化服务平台，以国家大学科技园、863软件孵化器、中部软件园、留学生创业园、创业服务中心为依托，按照发展形式多样化、投资主体多元化、管理服务网络化的模式，培育一批专业性、综合性孵化器。坚持孵化器与标准厂房建设相结合，积极探索孵化器建设的新模式。对科技企业孵化器和大学科技园的新建、改建或扩建工程，其缴纳的税收地方留成部分，由所在区、县（市）参照国家政策给予专项补贴。

2. 创新中介服务平台建设

鼓励发展生产力促进中心、科技成果转化中心等中介服务机构，加快培育科技经纪人队伍，推动中介机构向专业化、社会化和网络化方向发展。对主要开展技术开发、技术咨询、技术转让、技术服务的科技中介机构，可按其当年缴纳所得税地方收入部分予以一定比例的资助。发展区域技术产权交易市场，支持非上市中小股份制科技企业产权流通。对实现技术或技术产权交易的项目，择优给予资助。

四 多元化投融资系统

（一）投融资系统

投融资是指企业以获取盈利为目的，依据企业信用或项目收益为基础，以商业贷款、发行债券股票等商业化融资为手段筹集资金并加以运用的金融活动。通常公司制企业是市场化投融资的主体。

对于沈阳的创新企业来说，能否快速、高效地筹集资金，是创新型企业站稳脚跟的关键，更是实现二次创新的动力。目前国内主要的投融资渠道有：（1）国内商业银行的商业性贷款；（2）依托企业信用发行企业债券；（3）私募发起人、发行股票等股权融资；（4）项目融资，包括BOT、BOOT、BOO、PPP、PPT等；（5）留存收益（利润）等内源融资等。

根据我们的调研，目前沈阳创新型企业的融资渠道较为单一，主要依靠银行等金融机构。而实际上，风险投资、民间资本、创业基金、典当融资等都是不错的创新融资渠道。

（1）风险投资。广义的风险投资泛指一切具有高风险、高潜在收益的投资；狭义的风险投资是指以高新技术为基础，生产与经营技术密集型产品的投资。根据美国全美风险投资协会的定义，风险投资是由职业金融家投入到新兴的、迅速发展的、具有巨大竞争潜力的企业中的一种权益资本。

（2）天使投资。天使投资是自由投资者或非正式风险投资机构，对处于构思状态的原创项目或小型初创企业进行的一次性的前期投资。天使投资虽是风险投资的一种，但两者有着较大差别：天使投资是一种非组织化的创业投资形式，其资金来源大多是民间资本，而非专业的风险投资商；天使投资的门槛较低，有时即便是一个创业构思，只要有发展潜力，就能获得资金。

（3）国家创新基金。近年来，我国的科技型中小企业的发展势头迅猛，已经成为国家经济发展新的重要增长点。政府也越来越关注科技型中小企业的发展。同样，这些处于创业初期的企业在融资方面所面临的迫切要求和融资困难的矛盾，也成为政府致力解决的重要问题。有鉴于此，结合我国科技型中小企业发展的特点和资本市场的现状，国家科技部、财政部联合建立并启动了政府支持为主的科技型中小企业技术创新基金，以帮助中小企业解决融资困境。

（4）地方政府创新基金。近年来，沈阳地方政府已充分意识到创新型企业在国民经济中的重要地位。为此，沈阳市政府为了增强自己的创新竞争力，不断采取各种方式扶持科技含量高的产业或者优势产业，相继设立了一批政府创新基金予以支持。这对于拥有一技之长又有志于创业的诸多科技人员，特别是归国留学人员是一个很好的机会。

（5）中小企业担保贷款。一方面创新型中小企业融资难，大量企业急需创新资金；一方面银行资金缺乏出路，四处出击，却不愿意贷给中小企业。究其原因主要在于，银行认为为中小企业发放贷款，风险难以防范。然而，随着国家政策和有关部门的大力扶植以及担保贷款数量的激增，中小企业担保贷款必将成为创新型中小企业另一条有效的创新融资之路。

（6）典当融资。风险投资虽是天上掉馅饼的美事，但只是一小部分精英型创业者的"特权"；而银行的大门虽然敞开着，但有一定的门槛。典当的主要作用就是救急。与作为主流融资渠道的银行贷款相比，典当融资虽只起着拾遗补阙、调余济需的作用，但由于能在短时间内为融资者争取到更多的资金，因而正获得越来越多创业者和创新型企业的青睐。

（二）沈阳企业创新的投融资系统建设

沈阳企业创新协作网络的投融资系统建设应积极探索科技创新的全社会、多元化的投融资模式和机制。在这方面沈阳市政府应发挥积极的促进作用，市政府要开展科技保险、知识产权贷款试点，组建沈阳市科技贷款担保公司；推进技术与资本结合，为企业进入创业板市场提供服务；发展创业投资，组建沈阳市高科技风险投资公司；推动投资银行、风险投资机构创新投融资方式，建立多种融资平台，提供多种金融产品，为创新和创业提供丰富的融资渠道；引进国际性投资机构，建立高新技术企业和国际风险投资机构信息交流的平台；加强孵化器与风险投资的融合；鼓励设立民间创新基金。

此外，还要大力发展科技风险投资机构，在构建投融资体系上取得突破。要通过政策鼓励，吸引大批的风险投资公司。不断拓展融资渠道，形成完善的创新资金链条。对初创业的企业和个人，政府通过种子基金，给予创业资助；对成长期的科技小企业在贷款担保上给予扶持；设立沈阳市非上市科技企业股权托管中心。

（1）引导创新多元投入。政府可通过财政资金的引导，鼓励金融资本和社会资金对创新型企业的多元投入，引导各类银行对高新技术项目、自主创新产品出口给予信贷支持。完善支持科技型中小企业发展的天使基金，为国家及省支持项目按规定进行配套，鼓励金融机构开展知识产权质押业务，积极推动科技创新保险试点等，探索高新技术企业和科技型中小企业发展的新融资渠道。

（2）完善创业投资体系。通过参股、提供配套投资和奖励等方式，吸引境内外资金来沈阳开展创业投资业务，鼓励境内投资机构来沈阳设立创业投资公司和投资基金。发挥科技投资公司、创投公司作用，引导企业或个人以多种形式投资创新型企业和高新技术产业。

（3）建立和完善信用体系。开展信用沈阳建设，推动形成市、区两级中小企业融资担保体系，支持担保机构为高新技术产业和企业科技创新项目提供担保，健全财政资金对融资担保机构的风险准备金补助机制。

（4）推动高新技术企业进入资本市场融资。支持高新技术企业上市和发行债券，积极推动高新技术企业进行资产重组、股份制改造，设立股份公司，推动企业创业板上市工作，储备拟上市优质企业。支持符合条件的中小型高新技术企业发行企业债券。支持沈阳高新技术产业开发区申报代办股权转让系统试点。对在"新三板"挂牌的企业,给予补贴和奖励。

五 宏观调控系统

创新本身存在的外部性、高风险性、信息不对称等特征决定了市场机制的自发调节不能为促进企业创新提供足够的激励,这时就需要政府来加以有效调控。政府促进企业创新的现实意义在于:(1)对创新进行有效引导;(2)合理资源配置;(3)营造良好的创新条件和环境;(4)提供创新所需的公共产品和服务。

(一)创新的宏观调控系统及其特点

创新的宏观调控是政府运用计划、法规、政策等手段,对创新运行状态和创新关系进行干预和调整,把微观企业的创新活动纳入政府的区域经济宏观发展轨道上来,及时纠正企业创新运行中的偏离宏观目标的倾向,以保证创新型企业和区域经济的持续、快速、协调、健康发展。创新的宏观调控系统是企业创新活力体系建设与运行的保障和协调系统。

政府作为创新活力体系中的重要组成要素,既是创新活动规则的制定者,也是创新活动的直接参与者。创新活力体系中的地方政府作为地方发展重要的直接指导组织,一方面贯彻国家的宏观指导政策,另一方面结合本国的实际情况,制定促进科技创新的计划,设计与执行有关区域发展的各种机制。政府在适应市场经济的需要转换职能的过程中,主要的职能之一就是在遵循市场经济规律的前提下,进行创新活力体系的制度的设计并监督其运行。在创新的宏观调控系统中宏观管理体制创新是关键。

(二)政府是宏观管理体制创新的主体

创新活力体系中的宏观管理体制创新是指,能够使创新者获得追加或额外收益的变革,是组织形式、经营管理等方面革新的结果。具体来讲,体制创新包括所有制、分配制度、劳动组织、公司形式、市场管理方式、税收制度、信用机构等组织形式和经营管理形式的变化与调整。在体制创新的过程中,政府充当着十分重要的角色。

就创新活力体系中创新行为的相对分工而言,政府应当是宏观管理体制创新的主体。只有政府可以利用其优势强制性地进行权力和利益格局的再造,而且政府将体制创新作为社会主义改革的基本内容。在我国当前的创新活力体系中,体制创新是最重要、最具难度的一个环节,合理的创新体制安排与制度选择成为关键因素,撇开体制创新而只谈知识创新和技术创新,是片面的、不科学的。

(三) 沈阳企业创新的宏观调控系统建设

沈阳企业创新协作网络中的宏观调控系统建设应以重大科技专项实施和创新体系建设重大工程为切入点,加强政府对创新活力体系建设与发展的组织领导、协调推进工作,加强对创新链条和产业链条的规划、引导、支持和协调推进工作,加强对国内外创新要素的统筹和科技资源的优化配置,实现政府宏观管理调控系统效能的最大化。

此外,政府还要深化政府行政管理体制改革,制定支持创新、服务创新的政府考核制度,建立高效服务型政府。深化政府管理体制改革,完善政府管理决策程序,健全听证公示、社会咨询、专家论证和效果评估制度,提高创新决策的科学化、民主化水平。深化社会事业管理体制改革,完善教育、文化事业、基本医疗、社会保障等社会基本公共服务保障体系,消除人才流动的体制障碍等。

六 人才支持系统

(一) 创新的人才支持系统及其重要性

沈阳企业创新协作网络中的人才支持系统指的是为企业创新活动提供人才保障的环境支持系统。具体包括人才引进系统、人才培养系统、人才交流系统、人才提升系统等,企业外部环境中的人才市场、技术培训机构,以及政府的人才引进政策等都是人才支持系统的具体形式。

创新是通过自身努力来建立一种全新的生产函数,因此它是一项创造性的活动。在这种创造性的活动中,创新人才起着至关重要的作用。人才是知识的载体,是创新的源泉,是创新活动的具体执行者。企业能否获得和保持高素质的人才队伍对创新活动的成功有着重要的意义。贝克尔(1964)认为企业的人力资本是企业创新的源泉。斯塔普克提出拥有高技能、高知识水平员工的企业拥有更多的诀窍(Know How),因此更有可能开发出新的理念及技能(Starbuck,1992);Cohen and Levinthal(1990)认为企业高水平的人力资本能够使其更加容易地获取和消化理解新的知识和技术。

因此,外部人才市场等创新人才支持系统对企业的创新活动有着重要的影响。良好的创新人才支持系统能够为企业提供科技创新所需的人才,从而使企业的创新活动更为顺畅。

（二）沈阳企业创新的人才支持系统建设

1. 促进创新人才的集聚

（1）实施人才引进工程。创新人才引进政策和服务方式，积极实施"十百千高端人才引进工程""凤来雁归工程"等各类人才引进工程，使管理人才、专业技术人才和技能人才队伍建设不断取得新进展。鼓励和支持用人单位以重大项目为依托，围绕沈阳重点发展领域，采取团队引进、核心人才带动引进等方式，引进沈阳急需的海内外高层次创新人才特别是领军人才，加快形成各类创新人才聚集沈阳的良好局面。对引进创新型、高层次经营管理、专业技术和技能人才予以资助。对引进的高层次、紧缺和急需人才在购房、交通以及子女就学等方面提供优质服务。

（2）强化人才培养体系建设。统筹推进各类人才队伍建设，突出培养创新型科技人才、经济社会发展重点领域专门人才和高技能人才。实施创新领军人才培养计划，依托重点工程、重大项目、重点学科和科研基地，加快培养一批中青年学科带头人、科技拔尖人才和创新型企业家。建设科学研究与高等教育有机结合的知识创新体系，促进高校、科研院所和企业之间的有机结合和资源集成。鼓励高校和科研院所加强与沈阳优势产业相关学科的建设，为沈阳培养优秀创新人才。鼓励民办培训机构参与政府主导的技能人才培训，支持企业建立技能人才培训基地，实施农民科技研修计划和科技示范户培训工程。

（3）构建人才交流平台。建立以市场为主导、开放灵活的人才流动机制，全面推进多层次多门类人才市场建设，形成功能完善、服务优质的人才市场体系。构建人才中介服务体系，使其成为沈阳配置人才的重要渠道。

（4）优化人才创业环境。鼓励各类创新人才以知识、技术、成果、专利、管理等要素创业。推动建立人才资本产权制度，完善落实各类要素参与分配的政策。充分发挥创业型人才特别是企业家在创新中的引领作用，加快实现人才资源向人才资本的转化。支持高层次人才以自主知识产权的技术和产品创办、领办科技型中小企业。

（5）激励人才创新。完善创新人才激励机制，加大对优秀创新人才的奖励力度，对在技术、研发、金融、文化、管理创新等方面做出突出贡献的创新型人才给予奖励。大力宣传沈阳杰出创新人物和优秀创新企业。

2. 发展教育和科普事业

（1）加强人才培养与科技创新的有机结合，推进高等教育改革。支持世界一流大学和一批高水平研究型大学建设，研究市属高等院校定位和发展方向。建立企业与大学间人才培养互动机制，鼓励企业参与改革和创新大学教学内容和模式，转变创新人才培养模式。

（2）加强职业教育，加大公共财政对职业教育的投入。扩大职业教育和培训的规模，形成政府主导、充分发挥行业企业作用、社会力量积极参与的办学格局。灵活设置专业和培训项目，重点发展面向现代服务业、高新技术产业、现代制造业、文化创意产业以及现代农业等相关领域的专业，拓宽专业方向，增强专业适应性。推行工学结合、校企合作的培养模式，建立企业接收职业院校学生实习的制度，加强公共实习实训基地建设。

（3）全面推进素质教育，从青少年开始培养创新意识和实践能力。加快基础教育课程改革和教学改革，广泛运用现代远程教育手段，积极开发、合理利用图书馆、实验室、实践基地等校内外资源，鼓励青少年参加丰富多彩的科普活动和社会实践，培养学生独立思考、追求新知、敢于创新的精神和能力。

第五节　沈阳企业创新发展的重点领域和优先主题

创新应着眼于未来，沈阳企业的创新发展应充分发挥新兴产业在优化产业结构、转变经济发展方式和建立现代产业体系中的重要作用，立足沈阳产业基础优势、人才集聚优势、技术装备优势，突出重点区域、重点技术、重点企业、重点产品，大力发展先进装备制造、信息、生物医药、航空、新材料、新能源、节能环保等七大新兴产业，加快形成产业核心竞争力，壮大新兴产业规模，形成新的经济增长极。具体来说，以下七个领域应是今后一个阶段沈阳企业创新发展的重点领域和优先主题。

一　先进装备制造业

依托沈阳机床、沈鼓、中科院沈阳自动化所、中科院沈阳计算所等骨干企业和科研院所，以提高先进装备制造业自主创新能力和企业核心竞争力为重点，重点发展重大技术装备、高档数控机床、IC装备和自动化控制系统、轨道交通装备、物流技术装备。重点建设重大技术装备产业基地、高档数控机床产业基地、IC装备产业基地、物流技术装备产业基地、先进装备制造产业园和轨道交通装备产业园。重大技术装备，重点发展大型煤矿采掘及洗选成套设备、大型工程施工成套设备、特（超）高压交/直流输变电成套设备、百万吨级乙烯装置成套设备、百万千瓦超临界火电机组关键设备、煤气化燃气—蒸气联合循环机组关键设备等。高档数控机床，重点发展高速加工中心、大型镗铣加工中心等。IC装备和自动化控制系统，重点发展PECVD设备、罗茨干泵与系列真空阀门产品、凸点封装涂胶显影及单片湿法刻蚀设备、IC装备机械手及硅片传输系统系列产品、工业机器人、柔性制造系统和成套设备、汽车电子、工业过程控制系统等。轨道交通装备，重点发展高速客车接触线和承力索、信号系统等高速铁路装备，通风环控系统、AFC自动售检票系统、BAS设备监控系统等城市轨道交通装备。物流技术装备，重点发展AGV物流自动装卸设备、智能化物流仓储设备、配送及交通系统等。

二　信息产业

依托东软集团、沈阳先锋、沈阳昂立、中科院沈阳自动化所等骨干企业和科研院所，积极推进工业化与信息化加速融合，利用信息技术提升传统装备制造业水平，提高工业数字化、智能化水平，加快数字城市建设，推进三网融合。重点发展软件和服务外包、通信、数字视听、物联网技术及设备、动漫和创意文化产业。重点建设数字视听产业基地、软件产业基地、动漫产业基地、创意文化产业基地、通信产业基地和软件服务外包产业园。软件和服务外包，重点发展基础软件、工业软件、信息安全软件，承接国际外包等。通信，重点发展新一代移动通信网络技术和产品，建立从终端到系统的完整产业链。数字视听，重点发展大屏幕数字高清平板电视、激光电视、网络智能多媒体终端等。物联网技术及设备，重点发展物联网所需关联器件与设备，下一代互联网技术设备，超级计算和信息处理技术设备等。动漫和创意文化产业，重点发展原创动漫及其衍生品生产和推广，游戏研发设计，动漫加工代工，广播电影电视及音像制作，艺术创意设计，文化艺术品创意创作等。

三 生物医药产业

依托沈阳三生制药、辽宁诺康制药、东软数字医疗、辽宁成大、东北制药集团、沈阳药科大学等骨干企业和高校，促进医疗设备和新医药项目研发、中试和产业化，重点发展生物医学工程、现代中药、化学新药、生物新药、生物医药产业服务外包。重点建设浑南生物医药产业核心区、棋盘山眼科生物医药产业园、新民生物医药产业园等。生物医学工程，加快发展生物医学设备、生物人工器官、生物医学材料等，重点发展多层CT扫描设备、MRI、PET机、全自动生化分析仪、多参数心电监控仪、高强聚焦超声肿瘤治疗系统、新型医用内窥镜、生物分子核医学显像等设备，新型骨关节、血管支架等产品；现代中药，重点发展用于肿瘤、肝病、心脑血管病等重大疾病治疗的中成药，质量稳定可控、技术含量高、具有显著中医药特色与优势的中药新药，中药制药关键技术研究和产业化等。化学新药，重点发展拥有自主知识产权、针对艾滋病、心脑血管疾病、肿瘤、结核等重大疾病的创新药物，对治疗常见病和重大疾病具有显著疗效的小分子药物，控释、靶向等各类新型制剂等。生物新药，重点发展用于心脑血管疾病、肿瘤等重大疾病以及单基因遗传病治疗的基因工程药物，生物疫苗，单克隆抗体药物，眼科生物药品、诊断试剂、新型酶制剂、核酸类药物等。生物医药产业服务外包，积极开展新药研发及生产流程外包服务，引进著名医药外包企业，培育生物医药产业新的增长点和创新发展模式。

四 航空产业

以沈阳国家民用航空高技术产业基地为基础，依托沈飞、黎明、601所、606所、626所、沈阳航空航天大学等骨干企业、科研院所和高校，重点发展支线飞机及部件、航空发动机、通用飞机、飞机维修及服务。重点建设浑南航空产业基地和北部通用飞机产业园。支线飞机及部件，重点发展波音和空客飞机大部件转包、冲8—Q400总装及大部件转包、C系列飞机转包、直升机及航空结构件、ARJ21国产支线飞机配套部件、C919国产飞机配套部件。航空发动机，重点发展大型航空发动机研发制造、CF34—10A发动机总装和维修、大机匣及短轴等航空发动机零部件转包，R0110系列重型燃气轮机等航空发动机技术衍生产品。通用飞机，重点发展塞斯纳 L—162 轻型飞机总装及零部件生产、SAC—10 商务飞机总装及零部件生产。飞机维修及服务，重点建设南航 A320 系列飞机维修基地、中一太客商务航空有限公司商务航空总部基地、通用飞机飞行员培训基地。

五 新材料产业

依托东大冶金、中科三耐、中科院金属所、东北大学等骨干企业、科研院所和高校，重点发展金属新材料、有机高分子新材料、无机非金属新材料、先进复合材料。重点建设高性能碳纤维复合材料产业基地、金属新材料产业园、现代建筑产业园和现代陶瓷产业园。金属新材料，重点发展服务于机械装备、航空航天、电子信息等重点行业的有色金属精深加工材料、多金属复合材料、高技术新型金属结构材料、功能性特种合金材料。有机高分子新材料，重点发展丙烯酸橡胶、合成纤维等精细化工材料，新型酶制剂、高性能水处理剂等生物化工材料，新型高性能工程塑料、有机硅、有机氟等化工新材料，高性能、新型催化剂及助剂材料。无机非金属新材料，重点发展服务于建筑业、航天航空、军工等领域的现代节能环保建筑材料、高效环保添加剂、高性能陶瓷制品以及产品性能改良剂等。先进复合材料，重点发展碳纤维原丝、聚丙烯腈碳纤维、碳纤维预浸料、碳纤维复合电缆芯、碳纤维复合材料风力发电叶片等。

六 新能源产业

依托沈阳鼓风机集团公司、沈阳远大集团公司、沈阳华晨金杯汽车有限公司、沈阳华创风能有限公司、沈阳工业大学风能技术研究所等骨干企业和科研院所，以新能源开发利用为重点，开展传统能源清洁利用，推进康平、法库等风电场建设，加快智能电网建设。重点发展 1.5MW—3MW 单机大容量风电机组等风电装备，核电用泵、阀等核电装备，新型混合动力汽车、纯电动汽车等新能源汽车，太阳能电池及相关配套产品，半导体照明应用产品。重点建设新能源汽车生产基地和风电装备产业基地。

七 节能环保产业

依托沈阳隆达环保、沈阳禹华环保等骨干企业，把加强环境保护与发展循环经济有机结合起来，推进垃圾处理余热发电、秸秆综合利用、污水处理厂中水余热供热、区域热电联产、建筑节能、绿色照明等工程。重点发展秸秆综合利用、余热余气循环再利用、燃煤催化燃烧节能、工业废水沼气发电、变频器调速节能、干熄焦、热泵节能等技术和装备等节能关键技术及装备，生活污水和工业废水治理成套设备、大气污染治理成套设备、固体废弃物处置成套设备、环境监测和环保监控仪器设备等环保关键技术和装备。重点建设沈阳市静脉产业示范基地。

第六编

提升企业创新活力水平的宏观管理策略

第十四章 政府推动企业创新活力提升的政策组合措施

企业创新是一项高投入、高风险、高收益的复杂系统工程。构建组合政策工具，健全和完善创新政策体系，一方面可以改善创新的外部环境，解决市场失灵和系统失效问题，促进企业快速发展；另一方面由于各项政策的目标与功能不同，有关政策分别作用于企业技术创新的研究开发、商品化、产业化等阶段，有利于调动创新主体的积极性，降低创新过程中的各种风险，保证创新活动的持续发展。

从国内外情况和沈阳市老工业基地技术创新实践看，提升企业创新活力的组合政策工具主要包括：财税政策、金融政策、贸易政策、政府采购政策、人才政策等。

财税政策的目标是根据公共财政的要求，支持企业共性技术、关键性技术和重大技术的研究开发，主要在研发阶段发挥作用；税收政策主要是为了引导企业立足于提高技术素质，走内涵式发展道路，它作用于企业技术创新的全过程；金融政策主要是促进企业高新技术产品产业化，同时，风险投资政策能够降低和化解企业研发和商品化过程中的风险；贸易政策是为了支持创新企业开拓国内和国际市场，促进高新技术产品生产的规模化；政府采购政策减少了高新技术产品进入市场初期的风险，引导市场需求方向，它在技术产品进入市场初期发挥作用；人才政策从长期和根本上影响企业技术创新活动，作用于企业技术创新的全过程。

第一节 财税政策

财税政策是指政府根据公共财政的要求，通过财政资源的分配，加大研究开发经费的投入，完善科技公共基础设施，减少企业技术创新风险。

同时通过税收优惠，引导和激励企业开展技术创新活动，促进企业技术创新的政策。

一 调整、改革财政投入和补贴政策

（一）提高政府对企业创新的财政扶持力度

在当前科技竞争日趋激烈的形势下，各国都在发展经济的同时力求增大 R&D 经费占 GDP 的比重，将这个比重保持在符合国家发展战略和适应本国经济发展需要的较高水平上。国际比较研究表明，各国经济发展的不同阶段，对科技的需求不同，当经济处于技术引进、仿制阶段时，其 R&D 支出占 GDP 比值不足 1%，而当经济进入自主创新为主阶段时，这个比值将超过 2%。当前，要发展沈阳的经济，必须提高 R&D 活动的经费投入，把经济增长引导到依靠技术创新上来，特别是沈阳作为全国装备制造业基地，正在逐步实现"沈阳制造"向"沈阳创造"的转变，必须加强核心技术的研究开发，这就要求沈阳必须大力推动创新活动的发展，加大财政对 R&D 活动的经费投入。

因此，建议规定政府对科技投入占 GDP 的比重及财政收入的比重必须达到规定的目标值，使科技投入的增长高于财政支出的增长速度。同时，合理确定政府科技投入的领域，安排的科技经费集中用于共性技术、关键性技术和重大技术的开发，重点解决国家、行业和区域经济社会发展中的重大科技问题。在科研经费的使用方面，引入竞争机制，实行严格的招投标制和课题负责制。改革和强化科研经费管理，对科研课题及经费的申报、评审、立项、执行和结果的全过程，建立严格规范的监管制度，确保政府科技经费的有效使用。

（二）加大高校和科研院所的基础研究投入，鼓励原始创新

基础研究是新知识产生的源泉和新发明创造的先导，是国家长期科技发展和国际竞争力提升的重要基础。发达国家基础研究的比重大多在 20% 左右，俄罗斯接近 15%，日本也在 10% 以上。2000—2007 年，沈阳原始创新投入（基础研究和应用研究）占全部 R&D 经费的平均比例较高，但主要是应用研究比重较大，拉动整体原始创新能力较强，而沈阳基础研究占全部 R&D 经费的平均比例仅为 5.68%，与发达国家和地区的基础研究方面的投入水平还有一定的差距，在提高 R&D 经费投入规模的同时，沈阳应加大基础研究的投入强度，缩小与国际先进水平的差距，实现

关键技术的自主知识产权，以加强科技发展后劲，推动经济发展。

（三）建立财政资金引导机制

可以采取财政补贴、财政贴息、财政资金企业化运作，如通过国有投资公司投资等间接财政支出，引导民间资金和其他资金的投入，建立多元化、多渠道的科技投入体系，形成一套社会资金共同投入企业技术创新的机制。

四、促进或扶持风险基金和风险投资公司的形成

政府应通过建立相应的风险防范机制，降低企业技术创新过程中的风险，尤其是产品研发和产品进入市场初期的风险损失。为此，应该通过财政资金引导等方式促进风险投资基金和风险投资公司的形成，加快风险投资业的发展，满足中小企业技术创新的资金需求。

二 调整和改革税收优惠政策

（一）调整企业技术创新税收优惠的环节和对象

政府税收政策调整的重点应集中在技术创新的研究、开发和应用推广上，避免误导企业偏离研究与开发方向。为此，应将对企事业单位及其科研成果的税收优惠转向对创新型企业成长时期或重大技术攻关、重大市场开拓等关键环节和阶段的税收优惠与扶持，强化对企事业单位科技投入方面的税收鼓励措施。同时统一内外资企业税负，实行公平竞争。

（二）调整税收优惠的方式

将原有侧重于优惠税率、减免税的直接优惠方式转变为直接优惠与间接优惠相结合，实行加速折旧、投资抵免、费用税前列支等间接优惠为主的方式。具体包括：一是对企业使用的先进设备以及为研究开发活动购置的设备或建筑物，实施加速折旧，促进企业的设备更新和技术进步；二是对企业从事研究开发的投资与再投资实行投资抵免政策，对企业的研究开发费用实行税前列支并超额扣除，提高企业从事技术开发的积极性；三是准许创新型企业按照销售或营业收入的一定比例设立各种准备金，如风险准备金、技术开发准备金、新产品试制准备金等，用于研究开发、技术更新等方面，这些准备金可以在所得税前据实或按照一定比例进行扣除。

（三）调整和增加企业税收优惠内容

政府可考虑扩大 R&D 费用超额扣除的优惠范围，规定只要 R&D 费用超过上一年或前几年一定比例的企业，可按实际发生额或增加额的一定比

例予以抵扣,受惠企业因当年亏损或盈利部分不足以抵扣规定扣除额的,可以往后结转5年;企业用于创新技术研究与开发的进口仪器、仪表等试验和检测设备和其他技术资料等免征关税和进口环节增值税。

对承担国家重大科技专项、国家科技计划重点项目、国家重大技术装备研究开发项目和重大引进消化吸收再创新项目的企业进口国内不能生产的关键设备、原材料及零部件免征进口关税和进口环节增值税;完善创新型企业计税工资所得税前扣除政策,给予技术创新企业的主要研发人员和经营管理人员个人所得更多税收优惠。

(四) 实行行业性优惠,取消区域性优惠

改变税收优惠政策只注重区域性的状况,统一技术开发区内、外创新型企业的税收优惠政策,保证创新型企业之间的公平竞争。

(五) 鼓励创新消费

鼓励消费者使用新产品,允许消费者购置新产品的支出从个人应税所得中扣除,拉动消费者对创新产品的需求。

第二节 金融政策

金融政策指政府通过建立和完善各类金融服务市场及创新金融工具,扩大投融资渠道,促进企业创新的政策措施,主要包括资金信贷、证券融资、风险投资、"中小企业板"、技术产权交易市场、中小企业担保基金等。企业创新资金主要通过银行、证券市场、民间资本等渠道解决。

从国外情况来看,一般可以分为美英模式和日德模式等两种模式。美英模式的特点是资本市场发达,政府的主要职责是引导企业到资本市场融资,银行对企业的融资所占比例较小。同时,民间风险投资公司较多。美英模式以证券融资投资为主,称为直接融资方式。其优点是以市场为主,有利于企业技术创新以市场为导向。同时,由于存在大量的风险投资公司,有利于满足创新型中小企业的资金需求。采取这种模式融资的企业负债率较低。但这种模式对市场经济发展的要求较高,同时,要求企业以技术创新为基础。日德模式侧重于利用政府金融机构,通过贷款的方式,积极、主动地帮助高新技术企业融资。日德模式以银行融资为主,称为间接融资方式。这种模式以政府扶持为主,见效快,但渠道单一,风险较大。我国由于金融体制改革滞后,银行效率较低,同时,资本市场不太发达,多层次资本市场尚未形成,因此必须坚持"两手抓",一手抓好间接融资,一手抓好直接融资。

为了能够有效地解决创新型中小企业资金缺乏这个瓶颈问题,就必须尽快完善以政府扶持资金为引导、企业投入为基础、风险投资作补充和银行贷款作保证的技术创新资金支持与保障体系。

一 设立专门以创新型企业为主要服务对象的金融机构

可以借鉴日本等国设立中小企业银行和中小企业投资公司等金融机构的做法,发展地方和民间的中小企业金融机构,壮大和规范城乡信用合作组织,建立起为创新型中小企业发展提供资金支持的稳定的融资渠道,以有组织的金融市场逐步取代无组织的民间借贷市场。并且中小企业金融机构应适当扩大对创新型中小企业贷款的利率浮动范围,以满足这类企业技术创新的信贷需求。另一方面,虽然相继落实了一些商业银行对创新型中小企业贷款的政策,但是商业银行对创新型中小企业的服务还需进一步加强。可以通过在商业银行中设立专门的创新型中小企业信贷部门,积极为创新型中小企业提供信贷、结算、汇兑、咨询、投资管理、票据贴现等全方位金融服务。最后,还应鼓励建立民营银行,民营银行的建立也可以有效地缓解创新型中小企业融资难的困境。

二 建立创新型企业贷款担保机构

担保贷款在创新型中小企业贷款中比例最大,担保基金的形式可借鉴美、德等国经验,并结合沈阳的具体情况。一是建立创新型中小企业风险基金。该基金采取三方投资的办法,由"中央财政拨一块、地方政府拿一块、企业自己出一块"共同出资成立基金组织。同时配合担保基金的运行,设立相关协会,由该协会担当基金的发起、组织和协调工作。二是设立创新型中小企业发展基金。该基金以地方财政拨款为主,吸纳部分社会资金共同组成。主要为创新型中小企业的新产品开发、新技术应用提供贷款贴息和担保。三是鼓励创新型中小企业间的资金互助。可借鉴日本"自有钱柜"经验,鼓励创新型中小企业加入资金互助协会,交纳一定入会费,可申请得到数倍于入会费的贷款额。

三 发展适应创新型企业需求的风险投资体制

风险投资不是一种借贷资本,而是一种权益资本,其着眼点不在于投资对象当前的盈亏,而在于其发展前景和资产的增值,以便通过上市或出售达到退资并取得高额回报的目的。风险投资以权益资本的方式注入资金,正好可以弥补创新型中小企业从传统的融资渠道难以获得企业发展所需的资金缺口,从而使其得以安心长期发展。

沈阳可以采取这样两种方式吸收资金建立风险投资基金:一是直接向社会发行并上市流通的风险投资基金。它主要是通过发行风险投资基金股份或受益证券的方式,吸引民间资本流向风险投资,从而使民间资金成为沈阳风险投资的主要来源。二是设立中外合资风险投资基金。发起人可由中外双方有实力和资信的投资公司共同组成。中方利用其在国内的优势,提供可以投资的项目以及具体运作,外方则在海外引进资金、技术和必要的基金管理经验。

总之,建立风险投资基金可以使更多的创新技术灵活地与国内外游资迅速融合,丰富沈阳金融资产形式,直接参与创新技术的开发与发展。这对解除沈阳创新型中小企业技术创新的资金瓶颈问题将起到重要的作用。

四 积极开拓创新型企业直接融资渠道

首先,在创新型企业股权融资渠道上,政府应建议以中小企业板块为代表的直接融资市场应该适当放宽上市条件,如对上市公司的净利润没有要求;对资本额或净资产要求很低或不要求(如仅仅要求公司满足资本金300多万元人民币即可);对公司经营或设立年限要求很低,一般最低年限要求13年等。在条件成熟时(目前阻碍创业板推出的主要问题是有关法规还不健全),尽快推出创业板,使得更多处于初创阶段的创新型中小企业有机会进入市场进行融资。

另外从企业角度出发,具备相当规模和条件的创新型中小企业可以通过协议出让非流通股份来控股上市公司,或者通过二级市场收购上市公司流通股以达到对其控股的目的。同时还应鼓励沈阳创新型中小企业到海外上市,像美国的 NASDAQ 小型资本市场,加拿大、新加坡、中国香港等地的第二板块市场都可以供沈阳适合条件的创新型中小企业选择。

其次,拓宽创新型中小企业的债券融资渠道。创新型中小企业成长性强、市场潜力大,在满足资产结构合理且具备较高的信用等级的条件下,应向它们开放债券市场,拓宽它们的融资渠道,允许这些企业在政策许可的范围内和债券资信评级的基础上发行短期债券。取消对创新型中小企业不利的额度要求,使一些优秀的创新型中小企业也可以通过发售企业债券来融资。具体可以采用担保发债制度,即创新型中小企业通过发债融资时须有负连带责任的第三方如银行、基金机构、担保公司等为其担保。

此外,沈阳市政府应加快沈阳创新型企业社会信用评级体系建设,在完善评级标准和评级制度的基础上,发行专门针对创新型企业的企业债券,拓宽企业技术创新活动的债权融资渠道。同时,加快债券品种创新,探索创新型企业发行债券的新途径。

第三节 贸易政策

贸易政策是世界各国支持本国企业技术创新,发展高新技术产业,促进创新技术产品进出口而采取的鼓励与限制措施。当前国际贸易中,各国政府一方面通过技术标准、环保标准、健康标准、保护知识产权等非关税壁垒措施保护国内新兴的高新技术产品市场,为国内技术创新企业启动最初的市场需求;另一方面通过出口退税、出口信贷、出口担保等出口促进政策积极扩大海外市场。

日本和韩国政府成功地运用了对外贸易政策,采取许可证贸易等进口措施,同时,鼓励企业技术创新产品出口,加快了企业技术创新和发展的进程。

近年来沈阳创新型技术产品国际贸易取得了很大进展,但是创新型技术产品贸易中的比较优势仍然是劳动力资源,创新型技术产品出口贸易以加工贸易为主,外资企业是创新型技术产品出口的主导力量。面对以WTO规则为框架的国际贸易新秩序,促进沈阳企业技术创新,发展创新技术产业的贸易政策取向应该是:以保护沈阳相对落后的创新技术产业为主旨,通过立法、制定规章制度等手段建立起一整套促进我国产品出口、限制我国能够生产的创新技术产品进口、促进高新技术引进、消化吸收、再创新的贸易政策体系。为此,一方面,要积极扩大出口,为创新型技术产品出口提供政策支持。同时,鼓励企业引进高新技术,加大消化吸收和再创新的力度，实现技术二次创新；另一方面，要大力实施科技强贸战略，促进企业原始性创新和集成创新，从源头上培育具有自主知识产权的创新型产品出口，调整出口产品结构。

一　调整和完善促进创新型技术产品出口政策

（一）构建政策性银行为主导、商业金融机构共同参与的出口信贷体系

沈阳的进出口业务银行作为政策性银行，应在沈阳出口信贷中起主导作用，其政策目标应适应沈阳技术创新战略，充分发挥政策性金融的功能，支持技术创新产品出口。同时，随着商业银行改革的深入，可以由市内商业银行承担出口融资业务，以扩大对出口企业的金融支持。

（二）增设专项基金支持高新技术产品出口

目前，沈阳政府促进高新技术产品出口的主要资金来源是中央外贸发展基金。由于中央外贸发展基金来源于出口商品招标收入，入世后出口商品招标收入已经逐渐减少。因此，可以借鉴发达国家出口促进资金来源于财政预算的经验，在财政预算中设立促进高新技术产品出口基金，保证资金来源的稳定和及时。外贸发展基金和高新技术产品出口基金应该采取有偿使用的办法，主要用于支持具有自主知识产权出口产品的研究开发、引进和消化吸收国外先进技术、自主知识产权保护、应对国外技术性贸易壁垒，同时，要切实落实出口退税政策，调动和保护企业出口的积极性。

（三）完善创新型技术产品出口公共服务平台建设，为企业提供优质的信息服务

当前，在中介机构和行业协会为企业提供信息方面很难发挥主导作用的情况下，政府应该主动做好服务工作。可以考虑建立统一、权威的国际贸易网站，推广企业的重点创新技术产品，向国内企业发布订购创新型技术产品的国家及商家名录等国际贸易信息；建立出口咨询网络系统，为企业提供国际贸易方面的政策咨询和专家咨询；建立出口企业和出口产品数据库，加强对沈阳重要骨干出口企业和出口主导产品的监测，及时发现和协调解决出口中存在的困难和问题；利用信息技术提高外贸部门的工作效率，实现服务体系的信息化、自动化和网络化。

二 积极采取措施应对技术壁垒

政府应加快信息网络建设，建立技术壁垒的预警机制，组织有关部门、专家学者和大中型出口企业进行外贸产品技术法规、标准调研，摸清对外贸易中遇到的技术壁垒。同时支持企业参与共性技术、关键技术的研究开发和标准化体系建设，推动企业采用国际标准和发达国家的先进标准；积极开展质量体系认证工作，健全质量检验监督体系，确保出口产品质量；加强技术壁垒知识的宣传、培训和普及工作，培养专门人才。

三 鼓励企业引进创新

从国外引进先进技术，在此基础上实现消化吸收和再创新是企业技术创新的有效途径。为了鼓励沈阳企业引进先进技术，特别是引进设计、制造、工艺等关键技术，实现引进创新，可以采取积极的财税政策。如对引进的技术专利、技术设计、技术数据及管理技术等软件技术免征关税和进口环节增值税，对引进技术所支付的技术转让费予以税前扣除或抵扣，对企业消化吸收资金予以拨款支持，对为企业引进创新提供服务的国外技术人员实行个人所得税优惠。对消化吸收再创新形成的先进装备和产品，纳入政府优先采购的范围。对订购和使用市内首台（套）重大装备的国家重点工程，政府优先予以安排等。

第四节 政府采购政策

政府采购也称为公共采购，是指各级政府为了开展政务活动或为公众提供公共服务的需要，在财政的监督下，以法定的方式、方法和程序，利用国家财政性资金和政府借款，从市场上为政府部门或所属公共部门购买商品、工程及服务的行为。政府采购不仅是指具体的采购过程，它是采购政策、采购程序、采购过程及采购管理的总称。

政府采购对企业自主技术创新的激励效应集中表现在培育和拉动创新产品的早期市场需求、引导市场发展方向、保护本地区中小型技术企业等方面。它可以降低技术创新产品早期进入市场的风险，提高企业效益；激励和引导企业增加技术创新投入，增强企业技术创新的信心；加速高新技术产品的市场扩散，促进创新型企业的发展。因此，对促进企业技术创新具有重要作用。世界发达国家和新兴工业国家纷纷运用政府采购政策促进企业技术创新，发展创新型技术产业。我国政府采购改革和开放较晚，在扶持企业技术创新方面尚未发挥应有的作用。因此，必须进一步加快政府采购改革开放的步伐，发挥市政府采购支持沈阳产业发展的功能，针对全市创新型技术产业所处的发展阶段和特点，制订相应的政府采购措施，帮助全市创新型技术企业获得更多的政府采购订单，促进企业的自主技术创新。

一 建立和完善沈阳市的政府采购制度

我国虽然在 2002 年通过了《政府采购法》，但是由于缺乏配套措施，基本制度很不完善。为贯彻沈阳市《关于提高自主创新能力，建设国家创新型城市的决定》的精神，发挥政府采购对科技创新的引导作用，沈阳市科技局会同市财政局等有关部门制定了《沈阳市政府采购自主创新产品目录》（以下简称"自主创新目录"）。自主创新目录实行动态管理，由沈阳政府采购网站及时发布沈阳创新企业及创新产品的相关信息。该政策极大地提升了沈阳企业创新的活力。未来沈阳市政府应在此基础上进一步加强这方面的管理。

因此，建议加强市政府采购法制建设，在《政府采购法》及《沈阳市政府采购自主创新产品目录》基础上更详尽地制定实施的配套规则，如政府采购指南、政府采购代理机构管理办法、政府采购监督管理办法、政府采购绩效评估办法等，为政府采购市场开放和推进企业创新确立制度基础。

二 在政府采购中重点保护沈阳的创新型企业

一般来说，技术创新企业往往处于发展的初创阶段，政府采购可以为它们提供更多的市场机会，从而降低技术创新风险，促进企业发展。为此，政府采购应优先安排向沈阳的创新型企业购买商品和服务，可以规定创新型企业产品的采购比例（如 10%—20%）。同时，将政府采购的总承包合同划出若干较小的分包合同，便于那些能够胜任政府采购的创新型企业获得。沈阳的企业管理部门和行业协会应该为创新型企业参与政府采购竞争提供信息、业务等方面的帮助，组织创新型企业联合投标，促进创新型企业获得政府采购的分包合约。

第五节 人才政策

当代企业间创新竞争的关键是人才的竞争。世界各国都把培养优秀科技人才、促进科技人才流动、广泛吸纳国外智力作为加快科技发展、提升企业创新活力的一项重要战略措施。在发挥政府重要作用的同时,采取市场化运作,实行国际化和开放式政策,主要表现为:实行开放式人才政策,利用迁徙奖励政策法规招揽高技术人才;创造公平竞争的环境,建立灵活的人才市场机制,运用优惠条件吸纳和激励人才;改革教育和培训体制,加快基础研究、工程技术、管理和技术转化等方面的人才培养。当前沈阳企业技术创新人力资源方面存在的问题表现为存量不足,员工素质普遍较低,高层次人才稀缺,创新人才、复合型人才、后备人才严重不足;高技术人才流失问题严峻;高技术人才和管理人才成长和创业的环境不完善等。因此,如何培养好、吸引好、利用好技术创新所需的各类人才,是推动企业创新活力、提高企业竞争力的重大课题。

一 改革分配制度,建立健全激励机制

由于人力资本在企业技术创新中起决定性作用,所以,必须针对各类人才的特点,建立健全与社会主义市场经济体制相适应、与工作业绩紧密联系、鼓励人才创新创造的分配制度和激励机制。为此,一方面要充分发挥企业现有人才的作用。实行多种分配方式,如技术入股、管理入股、创业股、股票期权等。同时通过企业股份制改造,让科技人员、管理人员和创业者持有公司股份,使技术要素、管理要素充分参与收益分配。另一方面,出台特殊政策,引导高水平的技术人才参与企业管理和决策,或者领办创办创新型企业。

二 建立有利于创新型人才引进的优惠政策

移民与留学制度在发达国家科技人才竞争战略中发挥了十分重要的作用。沈阳应该借鉴发达国家经验,建立吸引出国留学人员回市创业的优惠政策和吸引国外高智力年轻人才技术移民的特殊政策。一方面创造良好的工作、生活和创业环境,吸引我国大量海外留学生来沈研究和创业;另一方面推出和完善沈阳的技术移民政策与允许外籍人才在沈长期居留的优惠

政策，吸引全世界有杰出创造力的科学家到沈阳从事科研和任教，引进世界各国的高级工程技术人才、管理人才和沈阳市场急需的特殊工种的技术人员到沈阳重点创新型企业工作。从日本、韩国等政府引进人才的经验来看，吸引华裔人才和海外留学生回沈阳工作和创业，是当前沈阳引进境外人才的重点。

三 实施创新型人才保护措施

科技创新型人才是企业间竞争的最重要的战略资源，这类高级人才的流失会危及企业的安全。鉴于物质待遇低和创业环境差是造成部分创新型人才流失的主要原因，加之目前沈阳还难以在短期内从整体上改变这种状况，为防止人才流失，可以实施有重点、有步骤的人才保护战略，即对那些沈阳创新型企业中关系核心竞争力的人才、承担国家或地方重点工程和重点项目的人才以及重点创新企业的技术领导人物，建立专门的人才库，有针对性地重点保护，在创业环境和生活待遇上给予特殊政策。对他们取得的创新成果及时给予物质和精神奖励。同时在沈阳的国家级开发区和重点高校科研机构、重点创新型企业建立创新型人才保护基地，吸引拟流向外面的人才转向条件好的本地单位工作，调动和发挥他们的积极性和创造性。特别是要支持和促进企业博士后科研工作，吸引优秀博士和高级工程技术及管理人员到沈阳的创新型企业从事科技创新活动。

参考文献

[1] A. A. Lado, M. C. Wilson, "Human Resource Systems and Sustained Competitive Advantage: A Competency-Based Perspective", *Academy of Management Review*, 1994, 19 (4): 699 – 727.

[2] A. N. Link, "Firm Size and Efficient Entrepreneurial Activity: A Reformulation of the Schumpeter Hypothesis", *Journal of Political Economy*, 1980, 88 (4): 771 – 782.

[3] Arne Isaksen, Svend Otto Reme, "New Approaches to Innovation Policy: Some Norwegian Examples". *European Planning Studies*, 2001, 9 (3): 285 – 302.

[4] Atallah, G. "the Allocation of Resources to Cooperative and Noncooperative R&D". *Australian Economic Papers*, 2004, 43 (4): 435 – 447.

[5] B. Asheim, A. Isaksen, "SMEs and the regional dimension of innovation". *Bjorn T Asheim*, 2004: 21 – 46.

[6] B. Asheim, A. Isaksen, "Localised Knowledge, interactive learning and innovation: Between regional networks and global corporations". *Japanese Journal of Applied Physics*, 1997, 36 (3B): 3055 – 3057.

[7] B. Asheim, A. Isaksen. "Regional Innovation Systems: The Integration of Local 'Sticky' and Global 'Ubiquitous' Knowledge". *Journal of Technology Transfer*, 2002, 27 (1): 77 – 86.

[8] B. Asheim, Björn, *SME innovation policy and the formation of regional networked innovation systems*. Lund University Publications. 2004.

[9] B. Asheim, L. Coenen, "Knowledge bases and regional innovation systems: Comparing Nordic clusters". *Research Policy*, 2005, 34 (8): 1173 – 1190.

[10] B. Kogut, U. Zander, "Knowledge of the Firm, Combinative Capabilities, and the Replication of Technology", *Social Science Electronic Publishing*, 1992, 37 (7): 17 - 35.

[11] B. Wernerfelt, "A resource - based view of the firm", *Strategic Management Journal*, 1984, 5 (2).

[12] B. Wernerfelt, "A Resource-based View of the Firm", *Strategic Management*, Journal 5, 1984, pp. 171 - 180.

[13] Barney T. B., "Firm Resources and Sustained Competitive Advantage", *Journal of Management*, Vol. 17, 1991, pp. 99 - 120.

[14] Becker G. S. *Human Capital: A Theorical and Empirical Analysis with Special Reference to Education*, New York, Columbia University Press, 1964.

[15] Bengt-Ake Lundvall. *National Systems of Innovation: Towards a Theory of Innovation and Interaction Learning*, London and New York: Pinter, 1992, pp. 2 - 12.

[16] Braezyk, H-J., Cooker. P. Heidenreich, M. (Eds). Regional Innovation Systems: *The Role of Governance in a Globalized World*. London: UCL Press, 1998.

[17] Bruno Roelants. "Worker Co-operatives and Socio-economic Development: The Role of Meso-level Institutions". *Economic Analysis*, 2000, 3 (1): 67 - 83.

[18] C. Freeman. *A Study of Success and Failure in Industrial Innovation*. Palgrave Macmillan UK, 1973.

[19] C. J. Collins, K. G. Smith, C. K. Stevens, "Human Resource Practices, Knowledge-Creation Capability And Performance In High Technology Firms", *Selectedworks*, 2001.

[20] C. J. Dahlman, L. E. Westphal, "The Meaning of Technological Mastery in Relation to Transfer of Technology", *Annals of the American Academy of Political & Social Science*, 1981, 458 (1): 12 - 26.

[21] Cohen, W. M. and Levinthal, D. A. "Absorptive capacity: A new perspective on learning and innovation", *Administrative Science Quarterly*, 1990, 35: 128 - 152.

[22] C. T. Taylor, Z. A. Silberston, "The Economic Impact of the Patent System: A Study of British Experience", *Economic Journal*, 1974, 84 (334).

[23] D'Aveni, R. A., & Gunther, R. E., *Hyper-Competition: Managing the Dynamics of Strategic Maneuvering*. New York: The Free Press. 1994.

[24] D. Doloreux, S. Parto, S. Parto, "Regional innovation systems: Current discourse and unresolved issues". *Technology in Society*, 2005, 27 (2): 133 – 153.

[25] D. Doloreux. "Regional Networks of Small and Medium Sized Enterprises: Evidence from the Metropolitan Area of Ottawa in Canada". *European Planning Studies*, 2003, 12 (2): 173 – 189.

[26] D. Doloreux. "What we should know about regional systems of innovation". *Technology in Society*, 2002, 24 (3): 243 – 263.

[27] D. Dougherty, C. Hardy, "Sustained Product Innovation in Large, Mature Organizations: Overcoming Innovation-to-Organization Problems", *Academy of Management Journal*, 1996, 39 (5): 1120 – 1153.

[28] D. Leonard-Barton. "Core Capabilites and Core Rigidities: A Paradox in Managing New Product Development". *Strategic Management Journal*, 1992, 13 (1): 111 – 125.

[29] D. Markwell. "Talent spotting-how good are we?". *Education & Training*, 1981, 23 (3): 67 – 68.

[30] D. Ulrich, "Measuring human resources: An overview of practice and a prescription for results", *Human Resource Management*, 1997, 36 (36): 303 – 320.

[31] D'Aveni, R. A.. *Hypercompeition: managing the dynamics of strategic manoeuvring*. New York: Free Press. 1994.

[32] D. A. Garvin., "Building a learning organization", *Journal of Community Corrections*, 1993, 71 (4): 78 – 91.

[33] Danny Miller, "The Evolution of strategic simplicity: Exploring Two Models of organizational Adaption", *Journal of Management*, 1999, 22 (6).

[34] D. J. Teece, G. Pisano, A. Shuen, "Dynamic capabilities and strategic

manegement", *Strategic Management Journal*, 1997, 18 (7): 509 – 533.

[35] D. J. Teece, R. Rumelt, S. Winter, G. Dosi, "Understanding Corporate Coherence-Theory and Evidence", *Journal of Economic Behavior & Organization*, 1994, 23 (1): 1 – 30.

[36] D. J. Teece, G. Pisano, A. Shuen, "Dynamic capabilities and strategic manegement", *Strategic Management Journal*, 1997, 18 (7): 509 – 533.

[37] Dong-HoShin. "Regional innovation systems of Tsukuba, Japan". *General Information*, 2002. 9.

[38] E. Friedman, S. Johnson, P. Boone, A. Breach, "Corporate governance in the Asian financial crisis", *Journal of Financial Economics*, 1999, 58 (1 – 2): 141 – 186.

[39] Edith T. Penrose, *The Theory of the Growth of the Firm*, Oxford: Blackwell, 1959.

[40] Freeman C. Clark, J. and Soete, L., *Unemployment and Technical Innovation: a Study of Long Waves in economic Development*, Frances Pinter, 1982.

[41] Freeman C. *Technology Policy and economic Performance: lessons from Japan*. London: Pinter. 1987.

[42] Garvin, D. A, "Building a Learning Organization", *Harvard Business Review*, Jul-Aug, 1993, 71 (4): 78 – 91.

[43] Gemunden, H. G, Heydebreck, P., & Herden, R., "Technological lnterweavement: A Means of Achieving Innovation Success", *R&D Management*, Vol. 22, 1992: 359 – 376.

[44] G. S. Lynn, "Marketing and Discontinuous Innovation: The Probe and Learn Process", *Social Science Electronic Publishing*, 1996, 38 (3): 8 – 37.

[45] H. M. Sapolsky, "Organizational Structure and Innovation", *Journal of Business*, 1967, 40 (3): 497.

[46] Hitt, M. A. Hoskisson, R. E. Kim, "International Diversification: Effects on Innovation and Firm Performance in Product-diversified

Firms", *Academy of Management Journal*, 1997, 40 (4): 767 – 798.

[47] Howells, J. *Regional Systems of Innovation?* . Cambridge: Cambridge University Press; 1999.

[48] I. Nonaka, "IN Serch of the Twenty-first Century Company Model I New Models for the 21st Century—Managing the Knowledge-Creating Company", *Business Review*, 1995, 43: 1 – 7.

[49] I. Nonaka, "Ontological Foundation of Japanese Management", *Business Review*, 1991, 39: 25 – 36.

[50] I. Nonaka, "Strategic Alliance—Organizational Knowledge Creation and Dialogue", *Business Review*, 1991, 38: 1 – 14.

[51] I. Nonaka, I. , & Takeuchi, H. *The knowledge creating company*. New York: Oxford University Press. 1995.

[52] I. Nonaka, P Byosiere, CC Borucki, N Konno, "Organizational knowledge creation theory: A first comprehensive test", *International Business Review*, 1994, 3 (4): 337 – 351.

[53] I. Nonaka, *The Knowledge-Creating Company*. Oxford University Press, 1995.

[54] Ingemar Dierickx, Karel Cool, "Asset Stock Accumulation and the Sustainability of Competitive Advantage: Reply", *Management Science*, 1989, 35 (12): 1514 – 1514.

[55] J. Galende, J. M. D. L Fuente. "Internal factors determining a firm's innovative behaviour" . *Research Policy*, 2003, 32 (5): 715 – 736.

[56] J. Hage, M. T. Aiken, *Social change in complex organizations*. Random House, 1970, 16 (3) .

[57] J. Nahapiet, S. Ghoshal, "Social Capital, Intellectual Capital, and the Organizational Advantage", *Academy of Management Review*, 1998, 23 (2): 242 – 266.

[58] J. B. Meisel, S. A. Y. Lin, "The impact of market structure on the firm's allocation of resources to research and development", *Quarterly Review of Economics & Business*, 1983, 23 (4) .

[59] J. B. Quinn, "The Intelligent Enterprise: A Knowledge and Service Based Paradigm for Industry", *Research-Technology Management*,

1992, 36 (3): 84.

[60] J. C. Spender, "Knowledge and the firm: Overview", *Strategic Management Journal*, 1996, 17 (S2): 5 - 9.

[61] J. C. Spender, "Making Knowledge the Basis of a Dynamic Theory of the Firm", *Strategic Management Journal*, 1996, 17 (S2): 45 - 62.

[62] J. F. Rayport, J. J. Sviokla, "Exploiting the virtual value chain", *Harvard Business Review*, 1995, 73 (1).

[63] J. L. Pierce, A. L. Delbecq, "Organization Structure, Individual Attitudes and Innovation", *Academy of Management Review*, 1977, 2 (1): 341 - 344.

[64] J. R. Galbraith, *Designing Complex Organizations*, Addison-Wesley Longman Publishing Co., Inc., 1973.

[65] J. S. Brown, P. Duguid, "Balancing act: how to capture knowledge without killing it", *Harvard Business Review*, 2000, 78 (78): 73 - 80.

[66] J. W. Markham, "Market Structure, Business Conduct, and Innovation", *American Economic Review*, 1965, 55 (2): 323 - 332.

[67] K. Hoffman, M. Parejo, J. Bessant, L. Perren, "Small firms, R&D, technology and innovation in the UK: a literature review", *Technovation*, 1998, 18 (1): 39 - 55.

[68] K. Murphy, D. Nordfors, "Innovation Journalism Competitiveness and Economic Development", *Inovation Journalism*, Vol. 3, No. 4 May 29, 2006.

[69] Kanter, R. M., "Three Tiers for Innovation Research", *Communication Research*, Vol. 15, No. 5, October, 1988: 509 - 523.

[70] Keller R. T & Holland, W. E., "Communicators and Innovators in Research and Development Organizations", *Academy of Management Journal*, Vol. 26, No. A, 1983: 742 - 774.

[71] Kogut. B. & Zander. U., "Knowledge of the Firm, Combinative Capabilities and the Replication of Technology". *Organization Science*, 1992. 3 (3): 383 - 397.

[72] L. Coenen, B. T. Asheim, "Knowledge bases and regional innovation

systems: Comparing Nordic clusters". *Research Policy*, 2005, 34 (8): 1173 - 1190.

[73] L. A. G. Oerlemans, M. T. H. Meeus, F. W. M. Boekema. "Learning, innovation and proximity : an empirical exploration of patterns of learning: a case study". *Knowledge Innovation & Economic Growth the Theory & Practice of Learning Regions*, volume, 1998, 22 (8): 137 - 165.

[74] Larry E. Westphal, C. J. Dahlman, "The Meaning of Technological Mastery in Relation to Transfer of Technology", *Annals of the American Academy of Political & Social Science*. 1981, 458 (1): 12 - 26.

[75] M. Amendola, S. Bruno. "The behaviour of the innovative firm: Relations to the environment". *Research Policy*, 1990, 19 (5): 419 - 433.

[76] M. E. Porter. "Clusters and New Economics of Competition". *Harvard Business Review*, 1998, 76 (6): 77 - 90.

[77] M. E. Porter. "Location, Clusters and the New Economics of Competition". *Harvard Business Review*, 1998.

[78] M. D. Mumford, "Managing Creative People: Strategies and Tactics for Innovation", *Human Resource Management Review*, 2000, 10 (3): 313 - 351.

[79] Mincer, J., Studies in Human Capital, New York: Columbia University Press, 1999.

[80] M. J. Koch, R. G. Mcgrath, "Improving labor productivity: Human resource management policies do matter." *Strategic Management Journal*, 1996, 17 (5): 335 - 354.

[81] Nahapiet, J., & Ghoshal, S., "Social capital, intellectual capital, and the organizational advantage", *Academy of Management Review*, 1998, Vol. 23, pp. 242 - 266.

[82] P. Cooke, "Regional Innovation Systems: General Findings and Some New Evidence from Biotechnology Clusters". *Journal of Technology Transfer*, 2002, 27 (1): 133 - 145.

[83] P. Cooke, Gerd Schienstock. "Structural Competitiveness and Learning Regions". *Enterprise & Innovation Management Studies*, 2000, 1 (3):

265 - 280.

[84] P. Cooke, M. G. Uranga, G. Etxebarria. "Regional systems of innovation: an evolutionary perspective". *Environment & Planning A*, 1998, 30 (9).

[85] P. Cooke. "Regional Innovation Systems, Clusters, and the Knowledge Economy". *Industrial & Corporate Change*, 2001, 10 (4): 945 - 974.

[86] P. Cooke. "Regional Innovation Systems: Competitive Regulation in the New Europe". *Geoforum*, 1992, 23 (3): 365 - 382.

[87] P. Cooke. "The new wave of regional innovation networks: Analysis, characteristics and strategy". *Small Business Economics*, 1996, 8 (2): 159 - 171.

[88] P. Cooke. "The role of research in regional innovation systems: new models meeting knowledge economy demands". *International Journal of Technology Management*, 2004, 28 (3 - 6): 507 - 533.

[89] P. Cooke. *Regional Innovation and Learning Systems, Clusters, and Local and Global Value Chains*. Springer Berlin Heidelberg, 2003.

[90] P. A. L. Evans, *Duality Theory: New Directions for Human Resource and Organizational Management*, Physica-Verlag HD, 1991: 97 - 125.

[91] P. B. Evans, T. S. Wurster, "Getting real about virtual commerce", *Harvard Business Review*, 1999, 77 (6): 84 - 94.

[92] P. B. Evans, T. S. Wurster, "ネットワーク経済が迫るバリューチェーン再構築（知識イノベーション未来企業の条件）—（ネットワーク経済の未来）", *Diamond Harvard Business*, 1998, 23: 114 - 127.

[93] Peter F. Drucker. "Innovation and Entrepreneurship: Practice and Principles". *Social Science Electronic Publishing*, 1985, 7 (1): 77 - 78.

[94] Prahalad, C. K., & Hamel, G. "The Core Competence of the Corporation", *Harvard Business Review*, 1990, 05 May-Jun.

[95] R. Belderbosa, M. Carreeb, B. Diederenc, B. Lokshinb, R. Veugelersd. "Heterogeneity in R&D cooperation strategies". *International Journal of Industrial Organization*, 2004, 22 (8 - 9): 1237 - 1263.

[96] R. Buderi, "Engines of Tomorrow: How the World's Best Companies are Using Their Research Labs to Win the Future", *Harvard Business Review*, 2000, 43 (14): 72.

[97] R. Joseph. "The Knowledge Worker: Getting the Organizational and Informational Balance Right: A Review". *Innovation Management Policy & Practice*, 2004, 6 (1): 85 – 97.

[98] R. Moreno, R. Ortega-Argilés, J. S. Caralt. "Ownership structure and innovation: Is there a real link". *Annals of Regional Science*, 39 (4): 637 – 662, 2005.

[99] R. Mueser. "Identifying technical innovations". *IEEE Transactions on Engineering Management*, 1985, 32 (4): 158 – 176.

[100] R. Reed, R. J. Defillippi, "Causal Ambiguity, Barriers to Imitation, and Sustainable Competitive Advantage", *Academy of Management Review*, 1990, 15 (1): 88 – 102.

[101] R. M Grant, "Toward a knowledge - based theory of the firm", *Strategic Management Journal*, 1996, 17 (S2): 109 – 122.

[102] R. A. Bettis, M. A. Hitt, "The new competitive landscape", *Strategic Management Journal*, 1995, 16 (16): 7 – 19.

[103] R. A. Burgelman, C. M. Christensen, S. C. Wheelwright. "*Strategic Management of Technology and Innovation*". Strategic Management of Technology & Innovation, 1997, 14 (6): 153 – 161.

[104] R. A. Nolan, S. H. Haeckel, "Managing by wire", *Harvard Business Review*, 1993, 71: 122 – 132.

[105] R. R. Nelson. *National innovation systems : a comparative analysis*. Oxford University Press, 1993.

[106] R. W. Coff, "Human Assets and Management Dilemmas: Coping with Hazards on the Road to Resource-Based Theory", *Academy of Management Review*, 1997, 22 (2): 374 – 402.

[107] S. C. Solo. "Innovation in the Capitalist Process: A Critique of the Schumpeterian Theory", *Quarterly Journal of Economics*, 1951, 65 (3): 417 – 428.

[108] S. A. Snell, M. A. Shadur, P. M. Wright, "Human Resources Strate-

gy: The Era of Our Ways", *Blackwell Handbook of Strategic Management Blackwell Publishing*, 2000.

[109] Schultz, T. W. "*Investment in Human Capital*". *The American Economic Review*, 1961, 51 (1): 1–17.

[110] Scott A. Snell, James W. Dean, Jr. "Integrated Manufacturing and Human Resource Management: A Human Capital Perspective", *Academy of Management Journal*, 1992, 35 (3): 467–504.

[111] Simon, Herbert A. "Organizations and Markets", *Journal of Economic Perspectives*, 1991, 5 (2): 25–44.

[112] S. M. Harper, S. W. Becker. "On the Leading Edge of Innovation: A Comparative Study of Innovation Practices". *Southern Business Review*, 29 (Spring), 2004.

[113] Sunyang Chung. "Innovation in Korea". *International Handbook on Innovation*, 2003: 890–903.

[114] T. Davenport, L. Prusak, "Working with knowledge", *Executive Excellence*, 1998, Vol. 15 Issue 9.

[115] T. E. Bums, G. M. Stalker, "The Management Innovation", *Administrative Science Quarterly*, 1961.

[116] T. F. Loeb, "Trading Cost: The Critical Link Between Investment Information and Results", Financial Analysts Journal, 1983, 39 (3): 39–44.

[117] W. H. Starbuck, "LEARNING BY KNOWLEDGE-INTENSIVE FIRMS", *Journal of Management Studies*, 1992, 29 (6): 713–740.

[118] ［美］司托克斯著：《基础科学与技术创新》，周春彦等译，科学出版社1999年版。

[119] ［日］山崎正胜：《日本科技政策的特征》，《科学学研究》2002年第4期。

[120] 曹增节：《创新活力的学理环境分析》，《中共杭州市委党校学报》2006年第6期。

[121] 陈畴镛：《企业创新活力与路径》，科学出版社2009年版。

[122] 陈建辉：《激活企业创新之源——写在"2005中国自主创新品牌高层论坛"开幕前夕》，《经济日报》2005年11月3日。

［123］陈劲、李飞宇：《社会资本：对技术创新的社会学诠释》，《科学学研究》2001 年第 3 期。

［124］陈劲：《从技术引进到自主创新的学习模式》，《科研管理》1994 年第 2 期。

［125］陈抗、郁明华：《基于博弈论视角的企业技术创新行为研究》，《现代管理科学》2006 年第 1 期。

［126］陈至立：《加强自主创新和职业教育工作》，《人民日报》2005 年 9 月 22 日。

［127］杜辉：《"创新型城市"的内涵与特征》，《大连干部学刊》2006 年第 2 期。

［128］傅家骥：《技术创新学》，清华大学出版社 1998 年版。

［129］高佩义：《论企业活力》，《南开经济研究》1985 年第 3 期。

［130］郭斌、陈劲、毛义华：《对我国国有大中型企业技术创新体系与机制的探讨》，《管理工程学报》1997 年第 6 期。

［131］国务院发展中心等：《中小企业与政策研究》，北京科学技术出版社 1999 年版。

［132］［美］亨利·切萨布鲁夫：《开放式创新——进行技术创新并从中赢利的新规则》，金马译，清华大学出版社 2005 年版。

［133］胡斌、邵汝军：《基于模糊数学理论的企业创新活力识别模型研究》，《价值工程》2005 年第 2 期。

［134］胡斌、章仁俊、郡汝军：《企业创新活力综合评价模型研究》，《科技进步与对策》2005 年第 9 期。

［135］胡锦涛：《坚持走中国特色自主创新道路，为建设创新型国家而努力奋斗》，人民出版社 2006 年版。

［136］胡晓鹏：《中国学界关于自主创新问题的观点论证与启示》，《财经问题研究》2006 年第 6 期。

［137］胡亚文、吴翻：《工业产学研合作问题探讨》，《科技进步与对策》2006 年第 3 期。

［138］黄沛：《技术外溢过程中创新行为模型研究》，《管理学报》2005 第 1 期。

［139］黄天授：《面向 21 世纪的生物学哲学》，《自然辩证法研究》1999 年第 2 期。

[140] 霍丽、惠宁：《制度优势与创新型城市的形成》，《学术月刊》2006年第12期。

[141] 金吾伦、李敬德、颜振军：《北京如何率先成为创新型城市》，《前线》2006年第2期。

[142] 李斌、张景勇：《我国科技战略发生重大转变》，《解放军报》2002年1月14日。

[143] 李刚、陈昌柏：《企业自主创新模式选择》，《科技与经济》2006年第19期。

[144] 李国平、韩振海：《企业技术创新模式的选择分析——以青岛市为例》，《科研管理》2003年第24期。

[145] 李建波：《美国科研拨款"三原则"的启示》，《光明日报》2006年8月1日。

[146] 李维安等著：《现代企业活力理论与评价》，中国财政经济出版社2002年版。

[147] 刘昌明：《激发创新活力的因素和保障条件》，《科学与管理》2000年第1期。

[148] 刘和东、梁东黎：《R&D投入与自主创新能力关系的协整分析——以我国大中型工业企业为对象的实证研究》，《科学学与科学技术管理》2006年第8期。

[149] 刘树人、张久达、张晓文：《中国企业活力定量评价》，中国国际广播出版社1995年版。

[150] 柳卸林：《技术轨道和自主创新》，《中国科技论坛》1997年第2期。

[151] 马锋、张玉芳：《封闭式创新和开放式创新模式研究》，《航空工业经济研究》2006年第6期。

[152] 马建新：《科技型企业自主创新能力提升的主要评价指标体系及其路径选择》，《湖南大众传媒职业技术学院学报》2006年第5期。

[153] [美]迈克尔·波特：《竞争优势》，陈小悦译，华夏出版社1997年版。

[154] 毛建军：《自主创新是一种选择，更是一种实践》，《科技促进发展》2005年第9期。

[155] 苗东升：《系统科学辩证法》，山东教育出版社1998年版。

[156] 牛虎明:《企业创新模式的几个种类》,《电器工业》2007年第3期。

[157] 彭纪生、刘伯军:《模仿创新与知识产权保护》,《科学学研究》2003年第4期。

[158] 邱明锋:《论企业创新活力的实现途径》,《中国西部科技》2008年第7期。

[159] 饶友玲:《促进企业技术创新的政府行为选择》,《生产力研究》2005年第2期。

[160] 闫泽涛、计雷:《关于对企业活力产生的结构性基础因素分析》,《中国管理科学》2004年第6期。

[161] 尚勇:《从科技经济两方面把加强自主创新落到实处》,《中国科技产业》2005年第3期。

[162] 邵汝军、胡斌:《基于灰色模糊理论的企业创新活力评价研究》,《科技管理研究》2008年第4期。

[163] 宋河发、穆荣平等:《自主创新及创新自主性测度研究》,《中国软科学》2006年第6期。

[164] 宋艳、银路:《企业基于新兴技术的自主创新模式初探》,《电子科技大学学报》(社科版)2006年第8期。

[165] 孙冰、吴勇:《地区自主创新能力评价指标体系的构建——以大中型工业企业为实例的研究》,《科技与经济》2006年第4期。

[166] 孙岚、纪建悦、张志亮:《LG自主创新的SWOT分析及其模式选择》,《科学管理研究》2007年第25期。

[167] 孙月平、许善明、张徽:《国外促进中小企业技术创新的经验及其对南京的启示》,《南京社会科学》2005年第9期。

[168] 田能瑾、解洪成:《企业技术创新的动力分析及模式选择》,《造船技术》2000年第2期。

[169] 王立军:《浙江民营企业自主创新的模式与特点》,《政策瞭望》2006第5期。

[170] 王森、胡本强、蒋宗峰:《我国新型工业化进程中企业自主创新的模式与策略》,《经济纵横》2005年第10期。

[171] 王一鸣、王君:《关于提高企业自主创新能力的几个问题》,《中国软科学》2005年第7期。

[172] 王子君：《外商直接投资与国家自主创新》，《财经科学》2004 年第 6 期。

[173] 温瑞珊、龚建立、王黎娜：《企业自主创新能力评价研究》，《集团经济研究》2005 年第 9 期。

[174] 翁君奕、林迎星：《创新激励驱动知识经济的发展》，经济管理出版社 2003 年版。

[175] 吴绍芬、尚勇：《谈科技自主创新的三含义》，《中国高等教育》2005 年第 8 期。

[176] 夏保华：《企业持续技术创新的结构》，东北大学出版社 2001 年版。

[177] 谢燮正：《科技进步、自主创新与经济增长》，《中国工程师》1995 年第 5 期。

[178] 新华社：《温家宝在国家科教领导小组全体会议上强调：高度重视和大力推进自主创新》，《光明日报》2005 年 7 月 20 日。

[179] 徐大可、陈劲：《后来企业自主创新能力的内涵和影响因素分析》，《经济与社会体制比较》2006 年第 2 期。

[180] 徐长明：《中国汽车业需作大转折》，《市场报》2005 年 10 月 21 日。

[181] 许庆瑞：《研究、发展与技术创新管理》，高等教育出版社 2000 年版。

[182] 许庆瑞：《研究与发展管理》，高等教育出版社 1986 年版。

[183] 许文兴、周闽军、陈金明：《林业企业技术创新模式研究》，《林业经济问题》双月刊 2001 年第 21 期。

[184] 阎军印、孙班军：《企业技术创新的系统分析与评价》，中国财政经济出版社 2002 年版。

[185] 杨德林、陈春宝：《模仿创新、自主创新与高技术企业成长》，《中国软科学》1997 年第 8 期。

[186] 杨冬梅、赵黎明、闫凌州：《创新型城市：概念模型与发展模式》，《科学学与科学技术管理》2006 年第 8 期。

[187] 杨华峰、邱丹、余艳：《创新型城市的评价指标体系》，《统计与决策》2007 年第 11 期。

[188] 杨瑞龙：《自主创新成为发展与转变经济增长方式战略重点》，《北

京周报》2005 年 11 月 21 日。
[189] 姚洋、章奇：《中国工业企业技术效率分析》，《经济研究》2001 年第 10 期。
[190] 张继飞、刘科伟、刘红光、张洁：《城市创新体系与创新型西安建设研究》，《城市规划》2007 年第 9 期。
[191] 张军：《企业创新活力测评指标体系初探》，《生产力研究》2004 年第 5 期。
[192] 张培刚：《创新理论的现实意义：对熊彼待〈经济发展理论〉的介绍和评论》，《经济学动态》1991 年第 2 期。
[193] 张炜、杨选良：《自主创新概念的讨论与界定》，《科学学研究》2006 年第 12 期。
[194] 张欣：《发达国家促进技术创新的经验》，《上海工业》2004 年第 9 期。
[195] 赵忆宁：《"技术引进"与"自主创新"的论争》，《瞭望新闻周刊》2003 年第 27 期。
[196] 周林洋：《集成创新——现代企业的创新模式（之一）》，《金山企业管理》2007 年第 2 期。
[197] 周元等：《中国区域自主创新研究报告（2006—2007）》，知识产权出版社 2007 年版。
[198] 朱高峰：《自主创新：把技术与经济融为一体》，《光明日报》2005 年 1 月 13 日。
[199] 朱跃：《关于企业活力及其标准的不同观点述要》，《理论前沿》1992 年第 4 期。
[200] 祝宝良：《自主创新能力不强掣肘我国经济发展》，《中国科技产业》2005 年第 10 期。

后　记

　　企业创新活力研究是一个非常复杂的问题，涉及的学科理论非常广泛、研究的难度较大。但是该选题的理论价值和实践意义却使我对其产生了极大的兴趣。经过长时间的思考和大量文献检索，本书在前人研究的基础上提出了自己的理论观点与模型，建立了较为系统的企业创新活力体系框架，并在企业创新绩效评价等方面进行了大胆的探索和创新。然而本书的研究仅仅是从一个侧面对该问题进行了详细剖析，在此方面还有更多的理论及实际问题需要我继续努力，去不断地丰富和完善这一领域的理论体系。

　　本书的最终完成，不仅凝结着我的汗水与思索，更离不开身后默默支持我的各界朋友和家人等。此书的出版首先要感谢沈阳师范大学的鼎力支持和沈阳师范大学管理学院的大力帮助，特别要感谢沈阳师范大学郝德永校长、邵永运处长等各位领导对该专著项目的关怀、指导和悉心帮助。此外，在本书写作过程中，还承蒙沈阳师范大学管理学院院长张淑华教授、副院长金福教授、沈阳师范大学旅游管理学院院长毛金凤教授等人的指教和点拨，他们拓宽了我的学术视野和研究思路，使我受益匪浅。还要特别感谢中国社会科学出版社的姜阿平编辑，以及沈阳师范大学旅游管理学院相关同事的大力支持。

　　同时，本书在写作过程中参考了许多学者的著作、论文和相关的研究成果，正是在他们的许多理论观点和学术思想的启发下，使我完成了本书的写作和学术研究成果，再次向他们表示深深的感谢。对于所有帮助过我的人，我都心存感激，并将这份感激保存至以后的学习和研究中去。

隋鑫

2015 年 9 月